I0078382

Matkalla vapauteen

Pyhiinvaellus Intiaan

1. osa

Swami Paramatmananda Puri

Mata Amritanandamayi Center
San Ramon, California, Yhdysvallat

Matkalla vapauteen
Pyhiinvaellus Intiaan
1. osa

Julkaisija:
  Mata Amritanandamayi Center
  P.O. Box 613
  San Ramon, CA 94583-0613
  Yhdysvallat

Copyright © 2021 Mata Amritanandamayi Center, P.O. Box 613
  San Ramon, CA 94583-0613
  Yhdysvallat

Kaikki oikeudet pidätetään
Tätä kirjaa tai sen osaa, kirjan arvostelussa käytettävää lyhyttä
katkelmaa lukuun ottamatta, ei saa jäljentää, tallentaa haku-
järjestelmään tai lähettää missään muodossa – elektronisesti,
mekaanisesti, valokopioimalla, nauhoittamalla tai muulla tavoin
ilman julkaisijan lupaa.

Yhteystiedot Suomessa:
  www.amma.fi

Intiassa:
  www.amritapuri.org
  inform@amritapuri.org

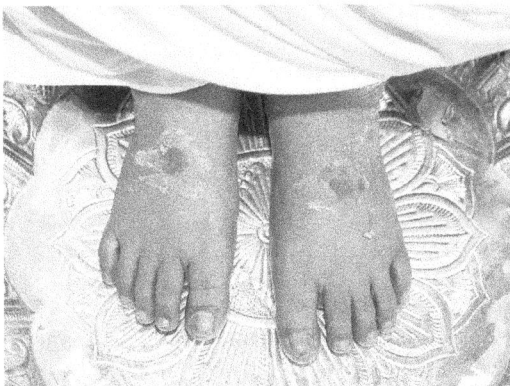

Tämä kirja omistetaan nöyrästi

Sri Mata Amritanandamayi Devin

Jumalallisen Äidin inkarnaatiolle,
syvällä antaumuksella, kunnioituksella ja arvostavasti tervehtien

gurucaraṇāmbuja nirbhara bhaktaḥ
saṁsārād acirād bhava muktaḥ |
sendriya mānasa niyamād evaṁ
drakṣyasi nijahṛdayastham devam ||

Täysin antautuneena Gurun lootusjalkojen
juureen,vapaudu pian jälleensyntymisestä.
Hallitsemalla aistisi ja mielesi,
näe sydämessäsi asustava Jumala.

BHAJA GOVINDAM v.31

Sisällys

Esipuhe

Tämä kirja on kirjoitettu muutamien etsijätovereitteni pyynnöstä. Heidän, jotka ovat kokeneet, että minun elämäni ja kokemukseni joidenkin aitojen intialaisten pyhimysten seurassa viimeisten kahdenkymmenenviiden vuoden aikana olisivat mielenkiintoista ja hyödyllistä luettavaa toisille henkisen polun kulkijoille. Kuultuani heidän pyyntönsä mieleeni tulivat yhden tällaisen pyhimyksen sanat, joiden mukaan vain Itse-oivalluksen saavuttaneen sielun tulisi kirjoittaa henkisyydestä kirja. Jos tietämätön ihminen (joka ei ole oivaltanut totuutta) tekisi niin, hän lankeaisi vain itsekkyyden ansaan ja kokisi henkisen lankeemuksen. Minä kerroin tämän näille hyvän toivojille, mutta he kuitenkin uudistivat pyyntönsä. Lopulta sanoin heille, että jos henkinen mestarini Mata Amritanandamayi sanoisi, että minun tulisi kirjoittaa kirja, voisin vain siinä tapauksessa tehdä niin tietäen, että hänen armonsa suojelisi ja ohjaisi minua. Kun nämä ystäväni olivat sitten lähestyneet Ammaa ja puhuneet hänelle, hän puolestaan sanoi minulle, että minun tulisi kirjoittaa kirja palveluksena toisille oppilaille.

Vaikka tämä kirja onkin omaelämäkerta, sen tarkoituksena on silti tuoda esille Intian *mahatmojen* (tietäjien) opetusten suuruus ja heidän menetelmänsä. Jos lukija tämän kirjan luettuaan kokee innostusta lähteä etsimään heidän seuraansa, saadakseen osakseen heidän oivalluksensa ihmeelliset hedelmät, on tämä kirja enemmän kuin täyttänyt tarkoituksensa. Muinainen pyhimys Narada sanoi *Narada Bhakti Sutrissa* (Antaumuksen ajatelmissa):

Harvinaista on suurten pyhimysten seura, lähes mahdoton tavoittaa, mutta Jumalan armosta sen saa varmasti osakseen. (jae 39-40)

5

Vaikka onkin totta, että aina on ollut ja aina tulee olemaan huijareita pyhimysten valeasussa, ehkäpä tänä päivänä vielä enemmän kuin aiemmin. Jos ihminen kuitenkin on vilpitön ja peräänantamaton etsiessään totuutta, hän tulee varmasti löytämään todellisen *mahatman* (suuren sielun). Tämä ohjaa ja suojelee häntä henkisellä polulla, jota on verrattu partakoneen terällä kävelemiseen, sillä niin vaikeaa on sillä kulkea ilman että putoaa siltä. Niin kauan kuin ihmiskunta elää maan päällä, tulee olemaan tällaisia valaistuneita sieluja, jotka voivat ohjata meitä ja sammuttaa janomme, etsiessämme etsimme henkistä kokemusta ja mielenrauhaa. Ei kannata kuitenkaan ajatella, että vain ne jotka ovat tunnettuja, ovat suuria. Itse asiassa moni *mahatma* on melko tuntematon suurelle maailmalle. Siunattuja ovat he, jotka ovat autuaallisia ja jotka kykenevät tekemään toisistakin autuaallisia.

Swami Paramatmananda Puri
Amritapuri, Intia 1987

Sri Mata Amritanandamayi

Luku 1

Matkan alku: Chicagosta Intiaan

"Olen kuullut monien henkisellä polulla olevien saaneen kokea välähdyksen kosmisesta tietoisuudesta. Voisitko selittää minulle, millainen tämä kokemus oikein on?" kysyin.

Ratnamji, vähän tunnettu mutta suuri mystikko Intiasta, vastasi minulle epäröimättä, hieman ilkikurinen hymy huulillaan:

"Kun pimeänä yönä välähtää yhtäkkiä salama, jos olet silloin kukkulalla niin kuin me nyt, silloin ympäröivä maisema, joka on ollut melko lailla näkymätön hetkeä aiemmin, tulee valaistuksi ja näkyväksi muutamien sekuntien ajaksi. Seuraavassa hetkessä kaikki on kuitenkin jälleen pimeää."

Heti kun hän lopetti lauseensa, salama välähti taivaan poikki. Koko alue tuli valaistuksi monen kilometrin matkalta, minkä jälkeen oli jälleen pimeää. Vaikka taivas olikin pilvinen, salamointia ei ollut aiemmin ilmennyt. Olin melko lailla innoissani saadessani nähdä hänen kertomansa esimerkin saman tien luontoäidin dramaattisena esityksenä. Ihmettelin sitä, kuinka luonto oli tuntunut odottavan juuri tätä hetkeä. En kysynyt enää muuta. Menin saman tien huoneeseeni ja kävin nukkumaan miettien, saisinko tavata tämän ihmeellisen miehen uudelleen.

En kuitenkaan saanut unta. Minun oli vaikea uskoa todeksi hyvää onneani, että olin saanut tulla aidon pyhimyksen luokse lähes etsimättä. Näinkö minä unta? Kuinka olinkaan tullut tähän pyhään paikkaan maailman toiselta laidalta? Mieleni lensi menneisyyden tapahtumiin, jotka olivat saaneet minut lähtemään Yhdysvalloista ja matkustamaan Intiaan. Kaikki oli alkanut isäni kuoltua, seitsemän vuotta aiemmin.

"Voi luoja! Neal, tule pian! Isälle on tapahtunut jotakin!"

Kun juoksin vanhempieni makuuhuoneeseen, löysin isäni tajuttomana, äänen koristessa hänen kurkussaan. Asetin hänet nopeasti, mutta samalla rauhallisena, selälleen sänkyyn ja ryhdyin hieromaan hänen sydäntään painaen välillä voimakkaasti sydänalaa niin kuin olin nähnyt TV-ohjelmassa tehtävän ihmisille, joiden sydämen toiminta on heikentynyt. Hän ei näyttänyt reagoivan tähän millään tavalla, niinpä soitin välittömästi perhelääkärille ja poliisille. Äitini ja sisareni olivat hysteerisiä, joten ohjasin heidät pois huoneesta ja odotin poliisin saapumista. Apu saapui pian, mutta isäni oli jo kaiken avun ulottumattomissa – hänen sydämensä oli pysähtynyt 44-vuotiaana. Hän oli ollut menestynyt liikemies, matkalla miljonääriksi. Hän ei koskaan ollut ollut vakavasti sairas, mutta nyt kuolema oli äkkiä vienyt hänet mennessään.

Sukulaisia alkoi saapua ja he yrittivät lohduttaa äitiäni ja sisartani, mutta ei siitä ollut paljoakaan apua. Sitten he kääntyivät minun puoleeni, joka olin perheen nuorin, kaksitoistavuotias siihen aikaan. Olin melko rauhallinen ja kiintymätön enkä tuntenut pienintäkään tarvetta itkeä, mikä saattoi järkyttää sukulaisiani. Lähdin kävelylle ja mietiskelin tapahtuneen merkitystä. Minne isäni oli mennyt? Hänen ruumiinsa makasi makuuhuoneessa ja se haudattaisiin pian. En tulisi enää koskaan näkemään häntä. Tunsin jonkinasteista tyhjyyttä, en muuta. Minusta tuntui, että olin jollakin lailla väärässä paikassa, kaikki itkivät, mutta minä olin tavanomainen itseni. Koko hautajaisten ajan yritin parhaani mukaan itkeä, sillä tunsin jonkinlaista syyllisyyttä, koska kaikki muut paitsi minä itkivät, mutta ei siitä ollut apua. Kyyneleet eivät vain suostuneet tulemaan. Kyse ei ollut siitä, ettenkö olisi rakastanut isääni, mutta jostakin syystä minä en tuntenut kiintymystä.

Pian isäni kuoleman jälkeen nuoruuden väistämättömät halut alkoivat versoa mielessäni. Ulkopuolinen maailma alkoi elää minussa. Kouluaikanani ainoa ajatukseni oli se, miten voisin nauttia maailmasta. Äitini ei ollut este tälle, sillä hän ei halunnut ryhtyä estelemään minua ajatellen, että olin joutunut kärsimään niin paljon menetettyäni isäni. Ehkä hän ajatteli, että ulkoapäin asetettu kuri olisi ylimääräinen kärsimyksen aihe minulle tai ehkä häneltä puuttui isälle ominainen tiukka luonne. Jos hän olisi löytänyt tavan hallita minua tässä vaikutuksille alttiissa elämänvaiheessa, henkinen elämäni olisi saattanut myöhemmin sujua paremmin kuin mitä tapahtui. Itsekkyydestäni ja ylimielisyydestäni, sekä äitini lempeästä luonteesta johtuen sain kasvaa kuin villiruoho.

Vapaus oli toinen nimeni. En tiennyt siinä vaiheessa, että vaikka vapaus ja anarkia näyttävätkin ulkonaisesti samanlaisilta, ne ovat toistensa vastakohtia. Todellinen vapaus syntyy sisäisestä itsekurista ja sen tunnistaa sisäsyntyisestä tyyneydestä, johon elämän väistämättömät ylä- ja alamäet eivät vaikuta. Anarkia puolestaan on sitä, että tanssii mielihalujen ja oikkujen tahdissa välittämättä seurauksista. Kaukana siitä, että nauttisi vapauden suomasta rauhasta ja autuudesta anarkisti on aina levoton, omien mielijohteidensa orja, elämään liittyvien nautintojen ja tuskan vaihtuvien aaltojen paiskoessa häntä sinne ja tänne. Jos ei saata omaa mieltään järjestelmällisesti kurinalaisuuteen, todellinen vapaus ei ilmene. Tuossa vaiheessa en tietenkään tiennyt enkä välittänyt näiden kahden välisestä erosta.

Kun pääsin lukiosta, äitini kysyi, mitä halusin valmistujais-lahjaksi. Kerroin hänelle, että haluaisin kovasti lähteä Eurooppaan kesäksi ennen kuin tekisin päätöksen opiskelujeni suunnasta. Hän suostui ja pian kiertelin Eurooppaa yksinäni. Suurin odotuksin matkustin paikasta toiseen ja vierailin kuuluisilla historiallisilla muistomerkeillä ja katsomassa taideteoksia, kuten Eiffelin-tornia, Westminster Abbeyä ja Leonardo da Vincin patsaita. Jollakin lailla ne näyttivät kaikki samanlaisilta; kasalta tiiltä, sementtiä, puuta ja terästä, jotka oli vain aseteltu hieman eri tavoin. Mikään ei saanut minua tuntemaan mitään. Kovasti odottamani kiertue osoittautui tylsäksi.

Ajattelin, että ehkä minussa oli jotakin vialla. Miten oli mahdollista, että nämä kohteet innostivat miljoonia turisteja, eivätkä ne saaneet aikaan minussa minkäänlaisia tunteita? Vaikka olin vasta seitsemäntoista vuoden ikäinen, ryhdyin kysymään itseltäni vakavasti, mikä oli elämäni tarkoitus. Nautinnot ja viihde näyttivät olevan elämäni välittömiä päämääriä, mutta olin jo saanut kokea ensimmäiset pettymykseni tämän kiertueen aikana. Ehkäpä nautinnon tavoitteluni tuottaisi paremman tulok-sen tulevaisuudessa vai oliko nautinto vain mieleni luomaa? Se mikä antoi niin paljon onnea niin monille, ei tuottanut minulle lainkaan iloa. Palasin Yhdysvaltoihin, pettyneenä ja jollakin lailla hämmentyneenä – kuitenkin päättäen löytää sen, mikä tekisi minusta onnellisen.

Palattuani Euroopasta vanhempi veljeni Earl kutsui minut Ann Arboriin, Michiganiin, missä hän opiskeli filosofian maiste-rin tutkintoa varten. Ajoin autolla Chicagosta ja saavuin perille illallisaikaan. Olin yllättynyt huomatessani, että veljestäni oli tullut kasvissyöjä. Hän oli selvästikin paremmassa kunnossa, terveempi ja rauhallisempi kuin nähdessäni hänet viimeksi. Kysyin häneltä, mikä oli saanut hänet muuttamaan ruokailutottumuksiaan.

"Puoli vuotta sitten ryhdyin opiskelemaan ja harjoittamaan hathajoogaa. Löysin täältä Ann Arborista opettajan, joka on ollut useita vuosia Intiassa opiskellen siellä joogaa mestarin johdolla. Hän on melko epätavallinen persoona. Haluan, että tapaat hänet. Hän selitti minulle, että ruoka on olemukseltaan sekä karkeaa että hienosyistä. Karkea osa rakentaa kehoamme ja hienosyinen olemuspuoli vaikuttaa mieleemme. Kasvisravinnon hienosyiset elementit ovat parempia terveytemme kannalta ja tekevät hiljalleen mielestä hyväntahtoisemman, mikä taas saa aikaan sen, että on helpompi meditoida. Meditaation avulla voimme kokea Itse-oivalluksen autuuden, autuuden, jonka rinnalla maalliset nautinnot ovat mitättömiä. Voimme tuntea intuitiivisen kokemuksen kautta, että me emme ole aineellinen keho emmekä levoton mieli, vaan katoamatonta puhdasta olemassaoloa ja autuutta. Tätä on Itse-oivallus tai oman tosiolemuksen tunteminen. Moni on saavuttanut tuon tilan, ja he sanovat, että ihmiselämän todellinen päämäärä on tuossa kokemuksessa. Me voimme mennä tapaamaan häntä huomenna."

Intia, jooga, meditaatio... valon välähdys leimahti siihen asti kuolleessa sydämessäni. Olin innoissani ja samaan aikaan peloissani mahdollisuudesta tavata *joogini*.[1] Ajattelin, että hänen täytyi tulla jostakin neljännestä ulottuvuudesta.

Aamulla veljeni vei minut joogaopettajansa talolle. Mikä yllätys! Hän oli lopulta kuitenkin ihminen! Barbara oli keski-ikäinen

---

[1] *Joogini* tarkoittaa naispuolista joogan harjoittajaa, joogan taitajaa.

nainen, eloisa, suloinen ja luonnollinen. Tunsin helpotusta, sillä olin odottanut näkeväni vakavan hahmon, joka leijuisi metrin verran maanpinnan yläpuolella päällään seisoen! Meistä tuli saman tien ystäviä. Hän antoi minulle *Bhagavad-Gitan*, joogan tunnetun pyhän tekstin ja kehotti minua lukemaan sen. Syötyämme lounasta hänen kanssaan ja puhuttuamme tavallisista asioista palasimme Earlin talolle. Lyhyt mutta kenties kohtalokkain tapaaminen minun elämässäni! En oivaltanut vielä silloin, että henkisyyden siemen oli kylvetty ja pian se versoaisi ja kasvaisi syvän sisäisen rauhan puuksi.

Illalla otin esille *Bhagavad-Gitan*, joka on kenties kaikkein arvostetuin hindulaisuuden pyhistä kirjoituksista, ja joka sisältää kaikkien niiden ydinsisällön. Se on osa suurempaa tekstiä, *Mahabharataa*, ja pitää sisällään Itsen tuntemisen tieteen filosofian sellaisena kuin Sri Krishna, Jumalan inkarnaatio, opetti sen oppilaalleen Arjunalle taistelutantereella. Monet kuuluisat oppineet ovat ympäri maailmaa ylistäneet sitä sanoen, että se pitää sisällään korkeimman viisauden, minkä ihminen voi saavuttaa. Minä en osannut edes lausua sen nimeä oikein, mutta ryhdyin siitä huolimatta lukemaan sitä parasta toivoen.

Kun luin sitä, jokainen sana sai väristyksen kulkemaan sydämeni lävitse. Minusta tuntui siltä kuin olisin ollut Arjuna ja Sri Krishna olisi puhunut suoraan minulle. Kaikki kysymykset, jotka olivat painaneet mieltäni, saivat nyt vastauksen, ja jopa sellaiset kysymykset, jotka eivät olleet muotoutuneet selkeästi mielessäni, tulivat selkeästi vastatuiksi ja epäilykseni katosivat. Ennen kuin luin *Bhagavad-Gitan*, en tiennyt mitä sana 'viisaus' tarkoitti. Mielen luonne ja elämän päämäärä selitettiin yksiselitteisellä kielellä. Ilmiselvästikin, tai ainakin siltä minusta näytti, elämän tarkoituksena ei ollut etsiä ja nauttia aisti-iloista loputtomasti, aina kuolemaan asti. Pikemminkin tuli ymmärtää kirkkaasti mitä mieli on, puhdistaa se ja mennä sen tuolle puolen voidakseen kokea todellisuuden, jossa vallitsee hiljainen, korkein autuus. Ensimmäisen kerran sen jälkeen, kun olin ollut pieni poika, minä itkin. Nuo kyyneleet eivät syntyneet surusta tai itsekkyydestä vaan ilosta. Tuona yönä en nukkunut, minun haluni lukea koko kirja oli niin voimakas. Aina silloin tällöin veljeni tuli katsomaan mikä oli hätänä. Mitä saatoin sanoa? Olin astunut toisenlaiseen maailmaan tuona yönä.

Seuraavana päivänä päätin ryhtyä noudattamaan kasvisruoka-valiota. Naiivi kun olin, ajattelin, että se riittäisi Itse-oivalluksen saavuttamiseen. Odotin saavuttavani korkeimman *samadhi*-tilan tai sulautumisen korkeimpaan todellisuuteen muutamassa päivässä! Vietin veljeni seurassa muutamia päiviä ja palasin sitten Chicagoon onnellisena siitä, että olin löytänyt elämälleni suunnan.

Päätin, etten haluaisi mennä suoraa päätä yliopistoon. Minusta näytti siltä, että tuollaisen laitosmaisen opiskelun perimmäinen tarkoitus oli mahdollistaa rahan ansaitseminen, mikä puolestaan tekisi mahdolliseksi nauttia elämän niin sanotuista nautinnoista. Tunsin, että yksinkertainen elämä, johon ei tarvittaisi paljoa rahaa, riittäisi minulle, niinpä yksinkertainen työ riittäisi. Miksi minun pitäisi viettää neljä tai kuusi vuotta elämästäni yliopistossa?

Tämä päätös oli tietenkin pettymys äidilleni. Hän oli odottanut, että eläisin tavallista elämää ja menisin yliopistoon, mutta hän suostui kuitenkin ehdotukseeni. Toivoen, että muuttaisin mieleni myöhemmin, hän salli minun valita oman suuntani. Myytyäni kiikarini, autoni ja muun omaisuuteni, jotka olivat tyypillisiä ylemmän keskiluokan amerikkalaiselle teinille, päätin matkustaa länsirannikolle ja etsiä rauhallisen paikan, missä voisin syödä kasvisruokaa ja meditoida! Sitä paitsi aistinautintoihin liittyvät toiveeni eivät olleet vielä täysin tyydytetyt. Vaikka olinkin lukenut *Bhagavad-Gitan*, en ollut vielä ymmärtänyt, että jos aistit eivät olleet hallinnassamme, mielestämme ei tulisi koskaan rauhallista. Ilman rauhallista mieltä menestyksellinen meditointi ja sen seurauksena ilmenevä Itsen oivaltaminen olisivat mahdottomia saavuttaa. Niin kuin mitä tahansa tiedettä, myös joogan tiedettä tuli seurata sääntöjen ja menettelytapojen mukaisesti, jos haluttiin saada toivottuja tuloksia. Ajattelin virheellisesti, että koska Itse-oivallus oli korkein autuuden muoto, se voitaisiin saavuttaa umpimähkäisellä yrityksellä ja hyvällä onnella niin kuin maailman nautinnot ja huvitukset.

Ajoin sisareni auton muutamien ystävieni seurassa Kalifornian Berkeleyhin syksyllä 1967. Kasvissyönti ei ollut tuohon aikaan suosittua Yhdysvalloissa, niinpä sellaisen ruoan löytäminen oli todella vaikeaa. Kuinka pitkään voisin elää pelkillä juustoleivillä ja salaatilla? Tässä vaiheessa ajattelin, että ehkä henkinen elämä ei ollutkaan minua varten, mutta häpeäntunne siitä, että joutuisin myöntämään tappion näin pian, esti minua antamasta periksi. Saapuessamme Berkeleyihin otin tavoitteeksi löytää ihanteellisen talon, joka olisi oikeanlaisessa ympäristössä. Tämä ei ollut niin helppoa kuin olin kuvitellut. Etsittyäni monta päivää ja ajettuani kilometrikaupalla eri puolilla Berkeleytä epäonnistumisen tunne valtasi minut. Juuri tuolla hetkellä, ilman että minun olisi tarvinnut enää etsiä, sopiva talo kiinnitti huomioni ja niinpä me vuokrasimme sen. Se oli tarpeeksi iso meille kaikille ja jopa muillekin. Kirjoitin veljelleni ja sisarelleni ja myös he päättivät muuttaa Kaliforniaan, niinpä he liittyivät pian seuraani.

Yhdeksi tärkeimmistä päämääristäni elämässä tuli Itse-oivalluksen saavuttaminen, mutta ollakseni täysin rehellinen sitäkin voimakkaampi oli haluni elää yhdessä naisen kanssa. Tämä on täysin normaali halu kenelle tahansa nuorelle amerikkalaispojalle, mutta kotona asuminen äidin kanssa oli tehnyt siitä vaikeaa, jos ei mahdotonta. Tämä oli yksi syy siihen, että jätin Chicagon taakseni ja muutin Kaliforniaan, joka oli siihen aikaan taivas minunlaisilleni ihmisille. Asetuttuani uuteen taloomme ajatukseni keskittyivät välittömän päämääräni saavuttamiseen. Päätin, että koska olin luonteeltani tietyssä määrin varauksellinen sopivan seuran löytämisen suhteen, sen tulisi tapahtua samalla tavalla kuin tämän talon löytäminen – johdatuksen armosta. Niinpä en tehnyt mitään löytääkseni itselleni tyttöystävää. Saattaa kuulostaa oudolta, mutta seuraavana päivänä tyttö ilmestyi ovelleni. Hän oli tullut etsimään minua! Hän oli kuullut minusta Chicagossa ja tullut Kaliforniaan etsimään minua. Kertoiko hän totuuden tai ei, sitä en tiedä, mutta en välittänytkään tietää, sillä näin toiveeni täyttyi.

Tämän kokemuksen vaikutus mieleeni oli sellainen, että ryhdyin uskomaan, että mitä hyvänsä todella tarvitsisin, se järjestettäisiin minulle. Olen itse asiassa saanut kokea tämän totuuden lukemattomia kertoja aina tähän päivään asti. Tietenkin se mikä on tarpeen, vaihtelee ajan ja paikan mukaan ja saattaa olla tuskallista tai yhtä hyvin miellyttävää. Jos olemme kärsivällisiä ja pidämme päämääränämme Jumalan oivaltamista, tulemme huomaamaan, että olosuhteet muovautuvat henkiselle kehityksellemme otollisiksi. Tuossa vaiheessa tyttöystävä oli se mitä tarvitsin. Myöhemmin pyhimysten seura oli tarpeen. Ja vielä myöhemmin sairaudet ja kärsimykset olivat välttämättömiä. Itse asiassa se mitä tapahtuu tällä hetkellä, on parasta henkiselle oppilaalle ja sen kaikkein armollisin olento antaa hänelle oikeaan aikaan, mystisellä tavalla.

Kun Earl saapui, hän antoi minulle uuden kirjan luettavaksi. Se kertoi suuren intialaisen pyhimyksen, Ramana Maharshin, elämästä ja opetuksista. Ollessaan kuudentoista vuoden ikäinen Ramana koki yhtäkkisen kuolemanpelon. Hänen terveydessään ei ollut mitään vialla eikä ollut olemassa mitään muutakaan syytä, joka olisi voinut synnyttää tuon pelon. Siitä huolimatta hän koki kuolevansa ja että hänen tuli ratkaista tämä ongelma siinä paikassa. Hän kävi makuulle ja eläytyi siihen, että hän kuolee. Silloin hän ajatteli mielessään: 'Nyt ruumiini on kuollut, mutta minä tunnen silti, että 'minä' loistaa sisälläni. Minä olen sen tähden kuolematon henki enkä eloton ruumis.' Tässä ei ollut kyse loogisesta päättelystä vaan intuition välähdyksestä ja suorasta kokemuksesta. Tämä ei ollut pelkkä välähdys todellisuudesta, jonka tietämättömyyden pimeys pian peittoaisi alleen. Tuosta hetkestä alkaen tietoisuus siitä, että hän oli puhdas henki, kuoleman tavoittamattomissa, säilyi hänessä muuttumattomana aina siihen asti, kunnes hän jätti ruumiinsa viisikymmentäviisi vuotta myöhemmin, vuonna 1950. Vähän ennen kuolemaansa Ramana vakuutti oppilailleen, että hän tulisi olemaan heidän kanssaan ja ohjaamaan heitä ruumiinsa kuoleman jälkeenkin. Hän saavutti oivalluksen kysymällä itseltään spontaanisti: 'Kuka minä olen?' Ymmärtäen, että ei sen enempää ruumis kuin mielikään ollut hänen todellinen olemuksensa. Ja kokiessaan selkeästi olevansa puhdas tietoisuus, joka läpäisee kaiken, hän vapautui kaikista haluista ja peloista, jopa kuolemanpelosta, minkä jälkeen hän vakiintui täydelliseen rauhan tilaan. Ramana asui pyhän vuoren, Arunachalan, juurella eteläisessä Intiassa säteillen henkistä valoa ja rauhaa. Hänestä tuli elävä esimerkki siitä, millä tavoin

Itse-oivalluksen saavuttanut pyhimys elää päivittäistä elämäänsä. Hän opetti että saavuttaaksemme tuon tilan, meidän tuli joko antautua valaistuneen olennon jatkuvan ohjauksen alaisuuteen, tai kulkea itsenäisesti Itsen tutkimisen polkua. Omaksumalla jommankumman lähestymistavan me voimme saavuttaa riittävän rauhallisuuden ja keskittyneisyyden voidaksemme kokea totuuden sisällämme.

Hänen opetuksensa ja elämänsä vetosivat minuun suuresti ja niinpä päätin ryhtyä harjoittamaan molempia hänen menetelmiään. Itsen tutkimista harjoitin istumalla hiljaa ja toistamalla mielessäni: 'Minä, minä, minä...' Pyrin samalla keskittämään huomioni tämän sanan merkitykseen, siihen, mikä loistaa sisälläni 'minuutenani'. Jokapäiväisessä elämässäni pyrin harjoittamaan Ramanalle antautumista, pidin häntä mestarinani hyväksyen ne olosuhteet, missä kulloinkin huomasin olevani reagoimatta sen enempää myönteisesti hyviin olosuhteisiin, kuin kielteisesti epämiellyttäviin olosuhteisiin. Veljeni opetti minulle muutamia hathajoogan harjoituksia voidakseni parantaa terveyttäni ja puhdistaa hermostoani. Kaikki tämä auttoi minua saamaan kevytmieliseen elämääni itsekuria. Tuossa vaiheessa ajattelin, että menisin naimisiin ja eläisin elämää, joka koostuisi sekä henkisestä että maallisesta elämästä tai henkistyneestä maallisesta elämästä. Asiat menivät kuitenkin toisin.

Eräänä päivänä Earl sai kirjeen Barbaralta, joogaopettajaltaan, Michiganista. Siinä sanottiin: "Olen iloinen saatuani kuulla, että Neal harjoittaa niitä liikkeitä, jotka opetin sinulle. Hän on vielä nuori. Miksi hän ei ryhtyisi munkiksi ja omistaisi elämäänsä kokonaan Itsen saavuttamiselle?" Hän näytti minulle kirjettä. Luettuani sen minusta tuntui kuin henkilöstä, joka on juuri ollut syömässä makeaa kiisseliä ja saanutkin yhtäkkiä maistaa tulista maustetta. Olin melko onnellinen tyttöystäväni ja meditaatio-harjoitusteni kanssa enkä aikonut luopua kummastakaan. Niinpä suljin koko asian mielestäni ja jatkoin entiseen tapaan.

Ollessani meditoimassa muutamia päiviä myöhemmin kes-kittyneisyyteni voimistui yhtäkkiä ja mieleni keskittyi yhteen pisteeseen. Mieli, joka oli kuin pieni valo, katosi, ja sillä hetkellä vallitsi vain ääretön valo, täydellinen autuus ja kaikkialla läsnä oleva ykseys. Tunne yksilöstä ja objektiivisudesta katosi. Kokemus oli sanoin kuvaamaton. Sen jälkeen mieleni, joka oli kuin alaslas-keutuva hissi, tuli jälleen eläväksi, jolloin tulin tietoiseksi kehos-tani ja maailmasta, mutta seuraavassa hetkessä se sulautui jälleen valoon. Tämä toistui kolme tai neljä kertaa, minkä jälkeen minä itkin ja nyyhkytin kuin pieni vauva ajatellessani tuota valtavaa rauhaa ja laajuutta. Silloin minulle kirkastui varmuudella se, että tulisin kerran vielä sulautumaan lopullisesti tuohon korkeimpaan valoon käytyäni läpi monia tuskallisia oppitunteja elämässäni.

Tunsin, että Ramana oli jollakin selittämättömällä tavalla saanut aikaan tämän ylevän kokemuksen, sillä olinhan sisäisesti omistanut elämäni hänelle. Hän oli vakuuttanut oppilailleen, että hän olisi heidän kanssaan jopa kehonsa kuoleman jälkeen, niinpä hänen täytyi olla myös minun kanssani. Elin sen suuren harhaluulon vallassa, että saatuani kokea tällaisen ihmeellisen kokemuksen ja harjoitettuani meditaatiota vasta muutaman päivän, saisin kokea sen jälleen yhä uudelleen. Kunhan vain jatkaisin meditoimista, siitä tulisi pysyvä, ja näin tulisi tapahtu-maan korkeintaan muutaman viikon kuluttua! Tuskin on tarpeen edes sanoa, mutta niin ei tapahtunut, vaikkakin tuon autuuden muisto ja maku ovatkin säilyneet mielessäni siitä hetkestä alkaen. Välähdys päämäärästä antoi kuitenkin toivoa ja nyt minun tuli kulkea sitä jyrkkää polkua, joka johtaisi siihen.

Siitä lähtien mieleni alkoi asteittain muuttua. Tunsin hienoisen, kevyen humaltumisen harjoitettuani joogaa. Kyse ei ollut pelkästään kehollisesta virkistymisen tunteesta. Sen tähden päätin välttää tyttöystäväni seuraa mahdollisimman paljon ja niinpä ajoin aamujoogan jälkeen autollani Berkeleyn takana oleville kukkuloille. Luin henkisiä kirjoja, meditoin ja katselin kukkuloita ja laaksoja auringonlaskuun asti. Ajatus siitä, että minun tulisi palata tyttöystäväni luo auringonlaskun jälkeen masensi minua, niinpä palasin vastentahtoisesti talollemme. Noudatin tätä ohjelmaa useiden päivien ajan, mutta se ei näyttänyt ratkaisevan ongelmaa. Tyttöystäväni alkoi epäillä, että tapasin toista naista päiväsaikaan, niinpä hän halusi omistaa minut entistä voimallisemmin illan aikana.

Tämä tilanne sai minut ymmärtämään, että miehen ja naisen välinen suhde perustui ensi sijassa oman edun tavoitteluun. Jos hän olisi todella rakastanut minua, eikö hän olisi pyrkinyt tekemään minusta onnellisen eikä onnettoman? Olin kertonut hänelle henkisistä kokemuksistani ja siitä, miksi menin vuorille päiväsaikaan, samoin kuin siitä, miten seksuaalinen läheisyys vaikutti sisäisen autuuden kokemukseeni. Itse asiassa en lapsenkaltaisella viattomuudellani salannut häneltä mitään, mutta hän kykeni ajattelemaan vain omaa nautintoaan. Kysyin häneltä eräänä päivänä:

"Jos ajaisin hiukseni ja partani, rakastaisitko minua yhä? Tai jos en enää kykenisi harjoittamaan seksiä kanssasi, rakastaisitko minua yhä?"

Hänen kasvoilleen tuli järkyttynyt ilme, eikä hän vastannut kysymykseeni. Tämä sai minut ymmärtämään, että se mitä me kutsumme rakkaudeksi ei ole muuta kuin molemminpuolista itsekkäiden kehon ja mielen halujen tyydyttämistä. Suurimmaksi osaksi se perustuu fyysiseen vetovoimaan, jota tunnemme toisiamme kohtaan sekä tiettyyn määrään luonteiden sopivuutta. Tällainen niin sanottu rakkaus on hyvin pinnallista, ja mikä hyvänsä epäsopu tuo sen rymisten alas.

En tiennyt vielä tuohon aikaan suurten pyhimysten pyyteettömästä jumalallisesta rakkaudesta kärsivää ihmiskuntaa kohtaan, mutta tiesin, että pinnallisella rakkaudella ei ollut paljoakaan arvoa minulle. Pohdin, millä tavoin voisin vapauttaa itseni tästä tilanteesta satuttamatta lisää hänen huolten painamaa mieltään. Sen lisäksi veljeni joogaopettajan sanat 'ryhdy munkiksi, ryhdy munkiksi' alkoivat piinata minua ja minusta alkoi tuntua siltä, että juuri niin minun tulisi tehdä. Mutta miten?

Tässä vaiheessa Barbara, Earlin joogaopettaja, muutti Nepaliin miehensä kanssa, joka oli saanut sinne siirron rauhanturvaajien komentajana. Veljeni kysyi minulta, olinko halukas lähtemään hänen ja hänen vaimonsa ja vauvansa kanssa Nepaliin, sillä hän oli halukas tapaamaan Barbaran ja vierailemaan samalla Intiassa. Hän sanoi, että matkalla voisin mennä Zen-luostariin ja ryhtyä zen-munkiksi, jos se sopisi minulle. Pidin tätä kultaisena mahdollisuutena paeta tukalaa tilannettani ja niinpä suostuin heti lähtemään hänen mukaansa. Tein väliaikaisia taloudellisia järjestelyjä tyttöystäväni hyväksi. Lupasin kirjoittaa hänelle, ja jos mahdollista, pyytää häntä tulemaan sinne. Halusin, että eromme olisi hänelle mahdollisimman tuskaton. En tullut edes ajatelleeksi ehdotukseni mielettömyyttä, mutta hän kyllä ajatteli sitä.

"Jos vaikka tulisinkin, niin mitä minä tekisin luostarissa?" hän kysyi minulta hieman vihaisena ilmiselvästä vilpittömyyden puutteestani johtuen. Tällä kertaa minulla ei ollut antaa hänelle vastausta.

Lopulta lähtöpäivämme koitti ja hyvästelin lyhyesti laiturilla äitini, tyttöystäväni ja muutamat ystäväni, jotka olivat tulleet saattamaan meitä. Kun laiva irtautui laiturista, huokaisin syvään helpotuksesta. Luovuin kaikesta, mikä oli minulle tuttua, mutta jollakin tavoin olin melko välinpitämätön asian suhteen. Tunne oli samanlainen kuin isäni kuoleman hetkellä. Laivan puskiessa aaltojen poikki elämäni oli ottamassa uuden suunnan, ja mietin mitä mahtoi olla edessä.

Kun laiva suuntasi San Franciscon lahdelta merelle, kiipesin ylemmälle kannelle ja istuudin alas. Vaikka olin vasta kahdeksantoista vuoden ikäinen minusta tuntui kuin olisin vapautunut pitkästä avioliitosta. Niin kuin olisin mies, joka oli kiivennyt ylös syvyyksistä. Uskoni Ramanaan oli ilmiselvästi kantanut. Tunsin, että hän oli aivan varmasti auttanut minut pois vaikeasta tilanteesta. Istuessani siellä ja katsellessani alapuolellani olevaa kantta tunsin yhtäkkiä kuin joku olisi kevyesti painanut päälakeani, ja suuri rauhan tunne alkoi virrata mielessäni. Mieleni liikkeet rauhoittuivat ja kun katselin alas, saatoin nähdä miesten ja naisten keskustelevan keskenään. Minulle valkeni, paremman sanan puuttuessa, että sukupuolten välinen vetovoima oli suurin voima luonnossa, aiheuttaen suuren osan ihmiskunnan jatkuvasta toimeliaisuudesta. Tämä saattaa olla hyvinkin alkeellinen havainto, ja myönnän, että näin onkin asianlaita, mutta tuolla hetkellä se oli minulle uusi oivallus. Tuolla hetkellä tiesin, että en tulisi seuraamaan samaa nautinnon polkua kuin tavalliset miehet, vaan että yrittäisin saavuttaa Itsen äärettömän autuuden tai kuolla sitä yrittäessäni. Vaikka en tiennyt mitään puhdasoppisesta luostarielämästä tai siitä, että sukupuolista pidättäytymistä pidetään keskeisenä itsekurin muotona, jos halutaan saavuttaa valaistuminen, niin tunsin siitä huolimatta tarvetta siveään elämään, jotta voisin omistautua ylevän päämäärän saavuttamiselle. En ollut lukenut mistään eikä minulle ollut kerrottu, että seksuaalinen tarve tuli hallita ja sublimoida. Tulin tähän tulokseen omien kokemusteni pohjalta.

Earl ja minä olimme päättäneet matkustaa mieluummin laivalla kuin lentokoneella, sillä halusimme jatkaa joogan harjoittamista säännöllisesti, ilman taukoja. Harjoitimme jooga-asentoja tunnin ajan joka aamu ja toisen tunnin illalla. Sen lisäksi omistimme hieman aikaa meditaatiolle ja henkisten kirjojen lukemiselle. Emme kiirehtineet Japaniin saapumista, ja laivan hidas eteneminen sopi erinomaisen hyvin elämäntapaamme. Kun muut vielä nukkuivat, minä heräsin jo puoli viideltä, otin suihkun ja harjoitin joogaa ja meditaatiota laivan kannella. Puhdas ilma, laajan meren rauha ja nousevan auringon mahtava draama tyynnyttivät mieltäni. Mutta levoton haluni kokea henkinen oivallus aiheutti sydämessäni jatkuvaa paloa.

Jostakin syystä lapsenomainen usko *mahatmaan*[2] oli alkanut versoa mielessäni. En ollut koskaan elämäni aikana ajatellut Jumalaa, paitsi kerran tai kaksi ollessani lapsi, kun en voinut saada sitä mitä kovasti halusin, rukoilin Häntä kokeen vuoksi. Olin hämmästynyt, kun minulle rakas toive täyttyi! Molemmat vanhempani olivat agnostikkoja ja he olivat lähettäneet minut pyhäkouluun, ei uskosta tai pelosta Jumalaa kohtaan, vaan koska suurin osa meidän yhteisömme lapsista kävi siellä. Jumala tuntui olevan heille vain sana, jota käytettiin yhdessä toisten sanojen kanssa, kuten 'Ei herran tähden', 'yksin Jumala tietää' ja 'Herra paratkoon!'.

---

[2] *Mahatma* tarkoittaa 'suurta sielua', valaistunutta olentoa.

En ajatellut koskaan tässäkään vaiheessa, että Jumala, universaali läsnäolo, ohjaisi elämääni vaan että se oli Ramana Maharshi, joka oli luvannut ohjata oppilaitaan, joiden joukkoon kuuluin nyt minäkin. En koskaan järkeillyt, miten se olisi ollut mahdollista. Kuinka yksi mies saattoi hallita toisen elämän olosuhteita? Erityisesti mies, joka oli asunut viidentoistatuhannen kilometrin päässä ja joka oli kuollut kahdeksantoista vuotta sitten. Ramana oli oivaltanut Itsen ja sellaisena hän ei ollut eikä ole erillinen korkeimmasta tietoisuudesta, joka ei tunne syntymää eikä kuolemaa. Pitäessäni tätä evankelisena totuutena koin sen joka hetki tuosta hetkestä eteenpäin.

Luonteeni kävi läpi syvällistä muutosta nopeassa tahdissa. Keskustellessani toisten kanssa laivalla kuuntelin myötätuntoisesti heidän ongelmiaan. Aloin nähdä, että jokainen, oli hän sitten kuinka onnellinen tahansa, etsi edelleen suurempaa ja parempaa onnea. Halun toteuttaminen teki tilaa vain uudelle halulle. Ihmiset eivät näyttäneet tietävän tai välittävän siitä, että maallisen onnen tuolla puolen olisi jotakin. Heidän mielenkiintonsa näytti kohdistuvan vain rahaan, seksiin, maineeseen ja terveyteen. Tavoitellessaan näitä asioita he näyttivät saavan ainoastaan gramman verran nautintoa hikoiltuaan ensin kilon verran. Ja ennen kuin he huomasivatkaan, vanhuus ja kuolema veisivät heidät mennessään.

Sydämeni täytti raskaus ajatellessani, että 'tässäkö oli kaikki mitä kuului tavallisen ihmisen elämään? Syntymä, nautinnon tavoittelu ja sitten kuolema'? Olin saanut nauttia hetken onnesta, joka oli kaikkien aistien ja mielen tuolla puolen. Kuljin henkistä polkua, entä toiset? Kun en saanut tähän mitään tyydyttävää vastausta, aloin nähdä ihmisten elämän ja ongelmat myötätuntoisesta näkökulmasta. En halunnut mitään keneltäkään, vaan annoin sen sijaan sen minkä kykenin. Minusta näytti siltä, että itsekkyys sokaisi ihmiset kaikelle muulle paitsi heidän omalle pienelle maailmalleen, niin kuin sananlaskun sammakon kaivoonsa.

Tutkiessani eräänä päivänä laivan kirjastoa löysin teoksen, jonka oli kirjoittanut Swami Sivananda Rishikeshistä, pienestä kaupungista Himalajan juurella. Hänen opetuslapsensa Swami Chidananda oli joskus matkustanut tällä samalla laivalla ja lahjoittanut kirjan sen kirjastoon. Kirja käsitteli henkisen elämän kaikkia puolia. Lukiessani sitä löysin siitä lauseen, jossa sanottiin, että oli sitten kyse kenestä hyvänsä, niin jos hän halusi saavuttaa Itse-oivalluksen, elävän mestarin seura olisi välttämätön. Aloin miettiä mitä minun tulisi tehdä. Eikö Ramana Maharshi riittäisi? Yöllä, toisten jo nukkuessa, menin laivan keulaan särkevin sydämin. Ensimmäistä kertaa elämässäni itkin sydämeni pohjasta, huusin pimeään yöhön:

"Oi Ramana, mitä minä teen? Kuinka voin saavuttaa päämäärän ilman mestaria? Kuka osoittaa minulle tien ja opettaa minulle, kuinka elää henkistä elämää? Voisiko olla mahdollista, että olisi olemassa joku toinen, joka olisi yhtä suuri kuin sinä? Minä en hyväksy ketään, joka on vähäisempi kuin sinä. Etkö sinä osoitakaan minulle tietä?!"

Itkin kuin pieni lapsi. En ollut koskaan kokenut sellaista surua tai tiennyt minkälainen autuus liittyi siihen, että itkee koko sydämestään Jumalalle, gurulle. Seuraavien kuukausien aikana tulin tietämään, että rukoukseni oli todellakin kuultu.

Laiva pysähtyi Havaijille ja menimme katselemaan päivän ajaksi nähtävyyksiä. Ajelimme vuokra-autolla ympäri saarta ja saavuimme kauniille hiekkarannalle, jonka edessä avautui turkoosinvärinen merivesi, sininen taivas ja merestä nousevat jyrkät, rosoiset kalliot. Näkymä oli kutsuva, mutta minun mieleni oli muualla. En kyennyt nauttimaan mistään, niin kuin mies, joka suree rakastettuaan, olin poissaoleva ja kykenemätön osallistumaan mihinkään täydestä sydämestä. Earl ja hänen vaimonsa nauttivat tästä paikasta valtavasti, ja jotta en olisi saanut heitä tuntemaan oloaan epämukavaksi minun takiani, teeskentelin olevani kiinnostunut ja nauttivani.

Muutaman merellä vietetyn päivän jälkeen me saavuimme Japaniin. Kun laskeuduimme laivasta Yokohamassa, Earl päätti, että meidän tulisi matkustaa junalla Kiotoon, temppelien kaupunkiin. Muutaman tunnin kuluttua saavuimme paikkaan, josta oli tuleva minun kotini seuraavien kuukausien ajaksi.

Kun olimme asettautuneet mukavaan majataloon, Earl koki, että ensimmäiseksi meidän tulisi etsiä käsiimme Gary Synder, tunnettu amerikkalainen runoilija, jonka tiesimme asuvan Kiotossa. Hän oli vieraillut Ramana Maharshin ashramissa Intiassa ja kirjoittanut muutamia runoja ashramin neljännesvuosittain ilmestyvään aikakauslehteen. Ramanan seuraajina ajattelimme, että hän voisi neuvoa meille, missä meidän olisi hyvä asua ja vierailla. Kolmen tai neljän tunnin jälkeen, kun olimme jo luopuneet toiveesta löytää hänen asuinpaikkansa, eräs englantia puhuva herrasmies osoitti sen meille.

Gary oli hyvin ystävällinen ja vieraanvarainen. Hän kutsui meidät sisään ja pyysi vaimoaan laittamaan meille teetä. Hän kertoi meille eläneensä kahdeksan vuotta zen-munkkina, minkä jälkeen hän oli päättänyt avioitua. Hän oli mennyt naimisiin japanilaisen tytön kanssa ja he olivat vastikään saaneet vauvan. Hän käänsi parhaillaan joitakin buddhalaisia tekstejä englannin kielelle, minkä lisäksi hän kirjoitti runoja. Hän suunnitteli parhaillaan paluuta Yhdysvaltoihin aloittaakseen siellä henkisen yhteisön. Hän olisi ilomielin vuokrannut talonsa meille lähtiessään Yhdysvaltoihin, mutta hän oli jo luvannut sen jollekulle toiselle. Hän vakuutti, että löytäisi meille sopivan paikan seuraavana päivänä ja että hän tulisi tapaamaan meitä majataloomme. Sitten Gary kääntyi minun puoleeni ja kysyi suunnitelmistani. Kerroin hänelle halustani ryhtyä munkiksi, ehkäpä zen-munkiksi, mutta en ollut siitä vielä varma. Kysyin häneltä, oliko olemassa jotakin paikkaa, missä voisin saada kokeilla sellaista elämää. Hän näytti olevan hyvin iloinen kuullessaan pyrkimyksestäni ja sanoi, että hän näyttäisi minulle sellaisen paikan sen jälkeen, kun olisimme ensin asettuneet aloillemme. Tunsin oloni rauhalliseksi ja mukavaksi hänen lähellään ja ajattelin, että hän oli varmaankin saavuttanut hyvän henkisen tason saamansa zen-koulutuksen avulla. Toivoin, että hän antaisi minulle neuvoja henkistä polkuani varten enkä pettynytkään toiveessani. Kun lähdimme, hän saattoi meidät ovelle. Kaikissa idän maissa on tapana ottaa kengät pois jalasta ennen kuin astutaan taloon. Me olimme jättäneet kenkämme ovelle. Gary vilkaisi niitä. Yksi kenkäpari oli asetettu nätisti vierekkäin, kun taas toiset oli huolimattomasti viskattu sinne tänne. Hän odotti nähdäkseen, mikä pari kuului kenellekin. Nähdessään minun ottavan ensimmäisen parin hän hymyili ja sanoi:

"Näen tällaisesta yksinkertaisesta asiasta minkälainen on ihmisen mieli. Hänen, joka on kiinnostunut meditaatiosta, tulee olla aina tarkkaavainen ja elää järjestyksentäyteistä ja keskittynyttä elämää. Vain silloin hän kykenee saavuttamaan keskittymisen meditaatiossaan."

Olin iloinen saadessani kuulla tällaisen käytännöllisen ohjeen ja yhä tänäkin päivänä ajattelen sitä, kun otan kengät jaloistani ennen kuin astun johonkin taloon. Tuolla hetkellä painoin mieleeni tämän erionmaisen ohjeen ja päätin noudattaa sitä niin kauan, että oivaltaisin sen tuottaman hedelmän. Vaikka tämä ohje olikin pieni, sen seurausvaikutukset olivat laaja-alaiset. Ei ainoastaan kenkien asettelu, vaan kaikki toimet tuli tehdä keskittyneesti ja huolellisesti. Päätin pyrkiä parhaani mukaan seuraamaan hänen ohjettaan.

Seuraavana aamuna Gary tuli majataloomme. Japanissa kukaan vieras ei lähesty ketään suoraan, mielessään tärkeä asia. On käytettävä välimiestä. Vaikka se onkin hankalaa, se varmistaa molemmille osapuolille sen, että toinen on luotettava, toisin sanoen parempi katsoa kuin katua. Tämä järkevä toimintatapa pätee kaikkialla idässä. Lopulta hän löysi hyvin mukavan kaksikerroksisen rakennuksen kohtuullisella vuokralla. Asetuimme siihen muutaman päivän kuluttua.

Eräänä iltana Gary kutsui meidät kanssaan läheiseen zen-temppeliin. Hän kertoi minulle, että temppelin yhteydessä oli pieni meditaatiokeskus, jota johti japanilainen zen-mestari. Maallikot saivat istua siellä meditoimassa kolmena tai neljänä päivänä viikossa Roshin, eli mestarin ja hänen avustajansa ohjauksessa. Hän kysyi, olisinko halukas harjoittamaan meditaatiota siellä. Vastasin innokkaana myöntävästi.

Saavuimme sinne illalla puoli kuuden aikaan. Keskus oli pieni rakennus, joka oli rakennettu varsinaisen Zen-temppelin muuriin kiinni. Sisäpuolella oli hyvin miellyttävä pieni japanilainen puutarha, kirjasto ja oleskeluhuone, Roshin asunto ja meditaatiohalli tai zendo. Vaihdettuamme muutamia sanoja Roshin kanssa Gary johdatti Earlin ja minut zendoon, missä me kolme istuuduimme kohotetulle lavalle. En tiennyt mitä odottaa, joten tarkkailin mitä kaksikymmentä muuta ihmistä tekivät. Gongi kumahti ja jokainen suoristi selkänsä tyynyllään, jolla istui. Minä istuin puolilootuksessa ja yritin mietiskellä sisälläni säteilevää 'minää'. Saatoin nähdä Roshin avustajan kävelevän hitaasti hallia edestakaisin pidellen litteää keppiä kädessään, ja minä mietin, mihin sitä oikein käytettäisiin. Sain kysymykseni pian vastauksen. Hän asteli lähelläni istuvan miehen luo ja koputti häntä kepillä kevyesti olkapäähän. Tervehdittyään toisiaan itämaiseen tyyliin yhteen liitetyin käsin edessäni oleva mies kumartui ja sai kaksi terävää läimäystä kepistä selkäänsä. Hätkähdin pelosta! Pelätessäni lyöntiä en enää kyennyt keskittymään. Mieleni oli jatkuvasti miehessä ja hänen kepissään. Puolen tunnin kuluttua jalkani puutuivat ja selkäni alkoi taipua. En uskaltanut liikuttaa jalkojani, etten saisi kepistä. Pelkäsin, että jalkani putoaisivat pois tai että ne eivät enää koskaan tulisi eloisiksi! Avustaja jatkoi hidasta kävelyään hallissa. Sitten, suureksi mielipahakseni, hän pysähtyi eteeni ja kopautti minua kepillä olkapäähän. Hikoillen runsaasti tervehdin häntä ja kumarsin – LÄIMÄYS! Se oli ohi ennen kuin edes ymmärsin mitä oli tapahtunut. Tunsin polttavan tuntemuksen, mutta en kipua. Toisaalta tunsin piristyväni heti sen jälkeen ja suoristauduin. Jalkani tuntuivat yhä puisilta.

Kun neljäkymmentä minuuttia oli kulunut, gongiin kumautettiin jälleen. Meditoijat nousivat tyynyiltään, astelivat zendosta ja kävelivät reippaasti ja hiljaa ympäriinsä viiden minuutin ajan pyrkien samalla jatkamaan meditaatiotaan. Sitten he palasivat zendoon ja jatkoivat meditaatiota. Tämä toistui vielä kerran. Sitten muutama munkki resitoi Panjaparamita Sutran sointuvalla äänellä ja kaikki kumarsivat. Sen jälkeen he menivät kokoontumistilaan ollakseen siellä hetkisen Roshin seurassa teetä juoden. Roshi, joka oli jo lähes kuusikymmentävuotias, säteili lapsenkaltaista viattomuutta. Kysyin häneltä, miten hän oli saavuttanut sellaisen onnen tilan.

"Minusta tuli munkki kahdeksanvuotiaana. Vakuutuin Buddhan opetusten totuuksista ja omistauduin täysin valaistumisen saavuttamiselle. Kun toinen maailmansota alkoi, jopa munkit vedettiin asepalvelukseen, mutta kaksi tai kolme vapautettiin johtuen heidän omistautumisestaan luostarielämälle. Minä olin yksi heistä. Saavuttaakseni nykyisen onnellisen olotilani olen työskennellyt niin kovasti, että välillä olen ajatellut, että luuni murtuisivat. Jos haluat itsellesi samaa, sinun tulee olla valmis murtamaan luusi."

Nuo sanat jättivät syvän jäljen mieleeni. Juotuamme teetä palasimme taloon. Gary kertoi meille, että voisimme istua zendossa neljänä iltana viikossa aina samaan aikaan, minkä jälkeen hän lähti asioilleen. Matkalla kotiin tunsin itseni nöyryytetyksi, en kuitenkaan kipeällä tavalla vaan jotenkin raikkaalla tavalla. Alitajuisesti olin ajatellut itsestäni suuria, mutta ylpeyteni ja ylimielisyyteni oli saanut iskun avustajan kepistä. Roshin sanat kaikuivat korvissani. Päätin, että tapahtui mitä tahansa, minä palaisin zendoon seuraavaan istuntoon ja "murtaisin luuni".

Kaksi päivää myöhemmin Earl ja minä palasimme meditaatiokeskukseen. Menin suoraa päätä zendoon ja etsin itselleni istumapaikan. Kesän kuumuus oli painostava ja hyttyset viettivät juhlaa. Zendon sisällä ei ollut pienintäkään tuulenvirettä. Mutta minähän olin tullut rikkomaan luuni, eikö niin? Istuminen alkoi gongin soitolla. Olin juuri aloittanut meditaation, kun mielestäni tuli syvästi keskittynyt. Ajatukset vähenivät ja tunne 'minästä' ilmeni selkeästi hienoviritteisenä valaistuksena ja valoenergiana sisälläni. Tunsin melko selkeästi, että en ollut keho enkä mieli vaan tuo valon virta. Olin riemuissani. Tuo kokemus säilyi istumisen loppuun asti. Kun Earl ja minä lähdimme zendosta, lähes törmäsin lähestyvään bussiin. Huomasin, että minun oli melko mahdotonta kiinnittää huomiota ulkopuolella oleviin asioihin enkä todellakaan välittänyt mitä tapahtuisi sen seurauksena.

Onneksi Earl otti minua käsivarresta kiinni kysyen, mikä oli vikana. Ajattelin, että hän ei ehkä usko minua tai että äänessäni saattaisi olla ylpeyttä. Ajateltuani asiaa vastasin varovasti:

"Kun meditoimme tuolla, tunsin yhtäkkiä, että olen vain 'minä' enkä keho. Itse asiassa keho tuntui olevan melko vieras ilmiö, erillinen minusta. Tämä tunne jatkuu edelleen. Ja mieleni tuntuu olevan pesty puhtaaksi viileällä vedellä niin, että se tuntuu rauhalliselta ja puhtaalta. Alan vasta nyt ymmärtää hieman Ramanan opetuksia."

Earl näytti olevan hautautunut omiin ajatuksiinsa ja niin me saavuimme talollemme puhumatta sen enempää. Tuo valoisuuden tunne kesti vielä puolisen tuntia, sitten se hälveni hiljalleen. Olin tietenkin innokas kokemaan tuon tilan uudelleen ja odotin sitä, että pääsisin jälleen zendoon. Joka kerta kun palasin zendoon meditoimaan, koin saman kirkkauden ja raikkauden, puhtaan valon. Kuumuus, hyttyset ja jalkojen särky saivat minut tarrautumaan entistä voimakkaammin sisäiseen rauhaani. Jokaisen istunnon jälkeen minusta tuntui kuin olisin ollut viileässä suihkussa. Ja vaikka kesän kuumuus oli sietämätön, minusta tuntui siltä kuin ilma olisi ollut melko miellyttävä. Tämä kokemus sisäisestä valosta jatkui aina jonkin aikaa meditaation jälkeen ja sitten se hälveni niin kuin aikaisemminkin.

Eräänä päivänä Earl kutsui meidät piknikille. Tullessamme hänen luokseen havaitsimme, että siellä oli kahdeksan tai kymmenen länsimaalaista, jotka olivat ilmiselvästi hänen ystäviään. Me menimme läheiselle kukkulalle ja istuuduimme rinkiin Garyn ollessa keskellä. Hän ryhtyi laulamaan:

"Hare Krishna Hare Krishna Krishna Krishna Hare Hare Hare Rama Hare Rama Rama Rama Hare Hare."

Hän lauloi sydämensä pohjasta ja näytti siltä, että voisi purs-kahtaa itkuun. Olin hyvin liikuttunut ja utelias tietämään mitä hän oikein lauloi. Kun hän lopetti, me istuimme hiljaisuuden vallassa jonkin aikaa. Sitten kysyin häneltä laulusta.

"Ystäväni, Richard Alpert,[3] joka oleskeli Intiassa jonkin aikaa, opetti minulle tämän laulun. Se pitää sisällään erilaisia Jumalan nimiä. Intiassa korkeinta todellisuutta kutsutaan erilaisin nimin. Täällä me voimme kutsua sitä Buddha-luonnoksi, mutta siellä ihmiset kutsuvat sitä Krishnaksi, Ramaksi tai Hariksi. Jumalallisten nimien laulaminen tuottaa ainutlaatuisen autuuden. Meidän tulisi pyrkiä sulautumaan ja tulemaan yhdeksi Sen kanssa laulaessamme."

Kuultuani tämän minun kiinnostukseni matkustaa Intiaan heräsi uudelleen eloon. Vaikka epäilemättä sainkin kokea henkistä rauhaa zendossa vietettyjen meditaatioharjoitusten ansiosta, tunne siitä, etten kuulunut Japaniin, kalvoi mieleni pohjalla. Buddhalainen kulttuuri tuntui minulle vieraalta. En kyennyt ajattelemaan, että voisin koskaan pitää sitä omanani. Me olimme viettäneet neljä kuukautta Japanissa ja myös Earl oli halukas jatkamaan matkaa Intiaan. Niinpä me ostimme liput ensimmäiseen laivaan, joka menisi Bangkokiin. Hyvästeltyämme Garyn ja hänen perheensä, lähdimme.

Pysähdyimme Manilassa, Hongkongissa ja muutamissa muissa paikoissa ennen kuin saavuimme Bangkokiin. Löysimme halvan huoneen Bangkokista ja ajattelimme katsella hieman paikkoja. Kun Earl ja hänen vaimonsa menivät tiedustelemaan,

---

[3] Richard Alpert tultiin myöhemmin tuntemaan henkisellä nimellä Ram Dass. Hän oli intialaisen pyhimyksen, Neem Karoli Baban, oppilas ja hänet tunnettiin myöhemmin Yhdysvalloissa henkisenä opettajana. Hän kuoli joulukuussa 2019.

missä meidän kannattaisi vierailla, minä ryhdyin harjoittamaan joogaa. Olin juuri lopettanut harjoitukseni ja istuin lootusasennossa valmiina aloittamaan meditaatioharjoituksen, kun ovelta kuului koputus. Naisen ääni kysyi, voisiko hän tulla sisälle. Kun sanoin kyllä, ovi avautui ja sisään asteli vetävän näköinen, niukasti pukeutunut nainen. En ensin ymmärtänyt mitä hän halusi, koska hän puhui thain kieltä ja ajattelin, että hän kuului hotellin henkilökuntaan. Lopulta, kun katselin hänen eleitään, ymmärsin, että hänen täytyi olla prostituoitu, ja että hän oli etsimässä työtä. En ollut koskaan ennen nähnyt prostituoitua tai en ollut ainakaan tunnistanut sellaista. Tunsin hetken verran pienoista kiusausta. Sitten tajusin, että istuin lootusasennossa, jolloin sain voimaa sanoa hänelle:

"Harjoitan joogaa. Etkö näe?"

Hän ei kuitenkaan ymmärtänyt mitä sanoin eikä ollut varmaankaan nähnyt aiemmin kenenkään harjoittavan joogaa. Hän kysyi uudelleen, halusinko, että hän jäisi ja minä toistin:

"Jooga, jooga…"

Kunnes hän lopulta tuli kärsimättömäksi ja marssi suuttuneena ulos. Olin jollain lailla onnistunut pelastamaan itseni lankeamiselta, mutta tunsin itseni onnettomaksi siitä, että minulla ei ollut ollut voimaa yksinkertaisesti sanoa:

"Poistu!"

Nähtävyyksien katseleminen Thaimassa koostui vierailusta erilaisissa buddhalaisissa temppeleissä. Tämä vain lisäsi haluani päästä Intiaan, maahan, missä buddhalaisuus syntyi. Muutaman päivän päästä nousimme lentokoneeseen ja saavuimme pyhimysten siunattuun maahan. Istuessamme Kalkutan lentokentällä odottamassa jatkolentoa Nepaliin olin tuskin tietoinen siitä, että olin lentokentällä. Jokainen tuuma maata, jokainen puu ja jokainen ihminen tuntui olevan täynnä pyhyyttä. Ajattelin yhä uudelleen, että tässä pyhässä maassa Sri Krishna oli syntynyt ja opettanut *Bhagavad-Gitan* Arjunalle. Tässä maassa Buddha oli syntynyt ja levittänyt valaistumisen evankeliumia ja täällä Ramana Maharshi oli saavuttanut tiedon Itsestä. Jokainen mies, jolla vain oli parta, näytti minusta pyhimykseltä. Voisi sanoa, että olin sinisilmäinen, mutta jopa vieläkin, elettyäni Intiassa 28 vuotta,[4] koen, että se on pyhin paikka maan päällä. Onnen tunteeni Intiaan saapumisesta oli kaiken kuvailun tuolla puolen, mutta saman tien me olimme jo matkalla Nepaliin.

Saavuttuamme Katmanduun menimme saman tien Barbaran, veljeni amerikkalaisen joogaopettajan, talolle. Hän oli ollut jo monen tärkeän elämänmuutokseni välikappale, antamalla minulle *Bhagavad-Gitan* luettavaksi ja ehdottamalla, että minun tulisi ryhtyä munkiksi. Ihmettelin, mitä oppisin häneltä tällä kertaa. Nepalin hallitus oli osoittanut hänelle ja hänen miehelleen kauniin, tilavan, kolmikerroksisen rakennuksen asuttavaksi. Se oli hyvin lähellä Intian suurlähetystöä ja muutaman minuutin kävelymatkan päässä riisipelloilta. Kirkkaana päivänä Himalajan lumihuippuiset vuoret näkyivät kaukaisuudessa. Barbara oli muuttanut talon ylimmän kerroksen studioksi, missä hän saattoi harjoittaa ja opettaa joogaa. Paikka oli ilmava, valoa oli runsaasti ja kauniit näkymät avautuivat eri suuntiin. Minä sain oman huoneen.

Barbara oli juuri palannut Nepaliin Intian matkaltaan. Hän oli matkustanut Etelä-Intiaan voidakseen vierailla Ramana

---

[4] Neal Rosner (Swami Paramatmananda) saapui Intiaan vuonna 1968 ja on asunut siellä koko tämän ajan lukuun ottamatta vuosia 1990-2001, jotka hän vietti Amman pääashramin vetäjänä San Ramonissa, Kaliforniassa. Ja asuu yhä Intiassa v. 2020 (kääntäjän huomautus).

Maharshin ashramissa. Hän kupli iloa ja kertoi minulle voineensa tuntea siellä selvästi Ramana Maharshin läsnäolon. Hän sanoi, että henkinen rauha oli niin kouriintuntuva, että sitä olisi melkeinpä voinut leikata veitsellä. Eikä se ollut mitään hautausmaan rauhaa vaan säteilevää rauhaa, joka ympäröi Itse-oivalluksen saavuttanutta pyhimystä. Pyhä Arunachalan vuori oli näyttänyt Barbarasta elävältä, hän oli kävellyt vuorella ja sen ympäri useita kertoja kokien syvää mielen keskittyneisyyttä. Hän kertoi minulle, että ashramissa oli Ramana Maharshin opetuslapsi, Ratnamji nimeltään, joka oli ashramin todellinen henki. Hän oli itse asiassa sitä mieltä, että ilman häntä ashramissa ei olisi ollut elämää, vaikka se olikin rauhan tyyssija.

Ratnamji oli tullut Ramana Maharshin luokse vuonna 1942, kahdenkymmenen vuoden ikäisenä, ja hänestä oli tullut Ramanan henkilökohtainen avustaja aina vuoteen 1950 asti, jolloin Ramana oli jättänyt ruumiinsa. Sen jälkeen Ratnamji oli matkustellut eri puolilla Intiaa ollen läheisissä tekemisissä monen pyhimyksen kanssa ja palvellen heitä. Hän oli omistanut kolmekymmentä vuotta elämästään voimallisille henkisille harjoituksille ja opiskelulle. Hän säteili ympärilleen ja hänellä oli laaja tietomäärä pyhistä kirjoituksista. Ja mikä tärkeintä, sanojensa voimalla hän kykeni ylevöittämään kuulijansa ymmärryksen korkeuksiin ja antamaan heille henkisen kokemuksen. Barbara sanoi, ettei minun tulisi jättää tapaamatta häntä. Tämä oli enemmän kuin kykenin kestämään. Olin jo muutenkin levoton, kun ajattelin ashramiin matkustamista ja kun kuulin nämä sanat, kaipuuni vain kasvoi. Mieleni täyttyi halusta pakata tavarani ja juosta Ramana Maharshin pyhään läheisyyteen. Earl tahtoi, että kävisimme katsomassa nähtävyyksiä ja viettäisimme jonkin aikaa Himalajalla. Minun silmäni taas olivat aina suunnattuna maata kohden, sillä yritin ylläpitää meditaatiotani päivin ja öin. Sanoin hänelle, että Himalajan vuoristo tulisi olemaan siellä aina, mutta me emme, henkinen oivallus olisi saavutettava välittömästi. Hän häkeltyi sanoistani. Kerroin hänelle, että lähtisin mieluummin Intiaan ja kiirehtisin Ramana-ashramiin niin pian kuin mahdollista.

Loukkaantuneena ja hieman suuttuneena Earl sanoi, että voisin tehdä niin kuin halusin, että minun ei tarvitsisi tulla hänen mukaansa. Siihen asti hän oli ollut oppaani huolehtien aina siitä, että voin hyvin ja olin onnellinen. Hän oli järjestänyt matkamme ja kantanut vastuun siitä, että asiat sujuivat mukavasti. Niinpä oli pelkästään luonnollista, että hän tunsi itsensä loukatuksi osoittaessani yhtäkkiä omaa tahtoa. Mutta mitä minä saatoin tehdä? Koin itseni metallinpalaseksi, jota voimakas magneetti veti pois kaikesta muusta paitsi itsestään. Kerroin hänelle tämän ja lähdin ostamaan lippua Intiaan.

Seuraavana päivänä Earl, Barbara ja hänen miehensä saattoivat minut lentokentälle oltuani Nepalissa vain muutaman päivän. Tunsin oloni epävarmaksi. Olin lähdössä omille teilleni yhdeksäntoista vuoden ikäisenä. Olin tuhansien kilometrien päässä kotimaastani ja olin syöksymässä pää kolmantena jalkana uuden kulttuurin keskelle, josta en tiennyt mitään. Minulla ei ollut mitään muita suunnitelmia tulevaisuuden varalle kuin se, että minun pitäisi jollakin tavoin päästä Ramana-ashramiin ja saavuttaa oivallus Itsestä. Ei tullut kysymykseenkään, että olisin ryhtynyt väittelemään sisäisen kutsun kanssa, jonka takia olin valmis jättämään jokaisen ja kaiken. Se oli yhtä kirkasta kuin aurinko keskipäivän taivaalla, mutta siitä huolimatta tulevaisuus pelotti minua hieman.

Jätettyäni Nepalin taakseni ja saavuttuani jälleen Kalkuttaan nousin ensimmäiseen lentokoneeseen, joka vei minut

Etelä-Intiassa olevaan Madrasiin, joka oli määräänpääni, Tiru-vannamalaita, lähinnä oleva lentokenttä. Kirjauduin hotelliin, vein laukkuni huoneeseen ja lähdin kävelylle. Näin, että suurin osa ihmisistä käveli paljain jaloin. Tällaisessa ilmastossa ei näyttänyt olevan tarvetta jalkineille. Ja miehillä näytti olevan dhoti, kangas, joka oli kietaistu lantiolle ja roikkui nilkkoihin saakka. Se oli helppo pestä ja kuivata, se oli halpa ja sopi kuumaan ilmastoon. Niinpä päätin luopua länsimaisista vaatteistani ja kengistäni. Ostin dhotin ja pyysin hotellinjohtajaa näyttämään minulle, miten sellaista pidettiin. Kun hotellinjohtaja oli näyttänyt minulle, kuinka dhotia käytettiin, yritin useita kertoja sitoa sen lantiolleni, mutta heti kun aloin kävellä sen kanssa, se putosi, jolloin jäin seisomaan hotellin aulaan alusvaatteisillani. Yritettyäni useita kertoja sain sen lopulta pysymään päälläni pidempiä aikoja.

Sitten oli aika totuttautua intialaiseen ruokaan. En ollut koskaan elämäni aikana syönyt punaista chiliä. Vaikka tuo sana tarkoittaakin kylmää, se on kaikkea muuta. Ja sen lisäksi kaikki ihmiset Intiassa syövät käsin, eivät lusikalla tai haarukalla. He sanovat, että ruokailuvälineen käyttäminen on kuin käyttäisi tulkkia rakkaussuhteessaan. Ravintolan tarjoilija tiedusteli minulta, haluaisinko lusikan, mutta kieltäydyin. Katselin ujosti, kuinka toiset söivät ja yritin sitten itse. Täytyy sanoa, että sain suuhuni enemmän ruokaa kuin syömäpuikoilla, mutta se ei silti tarkoittanut paljoakaan. Tarjoilija yritti useamman kerran painostaa minua ottamaan lusikan, mutta minä olin jääräpäinen. Siinä missä naapuripöydän mies söi annoksensa kymmenessä minuutissa, minulta meni siihen puoli tuntia. Sen lisäksi pöytä ja vaatteeni olivat melko lailla sotkussa. Puolikuolleena nöyryytyksestä nousin lopulta pöydän taistelutantereelta ja menin voitokkaana pesemään käsiäni, iloisena siitä, että pahin oli takana. Ja toivoin, että seuraavalla kerralla olisi helpompaa.

Seuraavana aamuna hotellinjohtaja kertoi minulle, että bussi lähtisi aina kerran tunnissa Tiruvannamalaihin, aamukuudesta alkaen. Onneksi hän kirjoitti paikallisella kielellä kaupungin nimen paperilapulle, koska ääntämykseni oli hänen mukaansa niin huvittava, että saattaisin muuten päätyä Pakistaniin. Maksettuani hotellilaskun otin polkupyörärikshan bussiasemalle. Matkalaukku toisessa kädessä, paperilappunen toisessa, samalla kun dhotini valui yhä uudelleen alas, minä taisin tarjota ainutlaatuisen näkymän kanssamatkustajilleni. Lopulta bussi lähti liikkeelle ja minä asetuin epämukavalle penkille ja odotin näkeväni vilauksen pyhästä Arunachala-vuoresta.

Luku 2

Astian tyhjentäminen – Tiruvannamalai 1968

Kaksisataa kilometriä ja viisi tuntia myöhemmin löysin itseni pyhän vuoren juurelta. Muinaisen hindulegendan mukaan tämä vuori oli ollut ensimmäinen paikka maan päällä, missä Jumala oli ilmentynyt luomisen jälkeen säteilevänä valopilarina, joka ulottui loputtomana taivaisiin. Jumalan palvojien rukoiltua, että hän omaksuisi karkeamman olomuodon, hän oli muuttunut vuoreksi, Arunachalaksi, joka tarkoitti punaista tai tulista vuorta, punaisen viitatessa jumalalliseen valoon. Aikojen saatossa lukemattomat henkiset oppilaat ovat tehneet Arunachalasta kotinsa koettuaan, että se oli otollinen paikka henkisille harjoituksille. He olivat jättäneet vauraan elämän taakseen ylistäen tämän vuoren kykyä poistaa heidän henkinen tietämättömyytensä ja paljastaa heidän sisällään loistava totuus. Lähempänä meidän aikaamme Ramana Maharshi tunsi oivalluksensa jälkeen valtavaa vetovoimaa tätä kukkulaa kohtaan ja siellä hän eli yli viisikymmentä vuotta. Hän kertoi omasta kokemuksestaan seuraajilleen, että vaikka korkein todellisuus onkin kaikkialla läsnä oleva, se ilmenee erityisen voimakkaana tietyissä paikoissa maan päällä. Henkiset oppilaat voivat tuntea näiden paikkojen vaikutuksen ja saada siitä hyötyä omalle henkiselle kasvulleen. Monien pyhimysten itsekuriharjoitusten yhteenlaskettu vaikutus on tunnettavissa Arunachalalla, joka on ihanteellinen paikka pyrkiä koulimaan omaa mieltään, jotta totuus voitaisiin omaksua. Muutamia vuosia sitten ryhmä amerikkalaisia geologeja otti kivinäytteitä vuorelta, jolloin he havaitsivat, että tämä vuori oli muodostunut samaan aikaan kuin maankuori. Monista mullistuksista ja tulvista huolimatta, jotka ovat pyyhkineet maanpinnan yli, Arunachala on säilynyt koskemattomana.

Linja-autoasemalta saatoin nähdä, että kaupunki levittäytyi vuoren juurelle. Kaupungin keskustassa oli valtava temppeli, joka oli ollut elokuvateatterien tuloon asti ihmisten uskonnollisen ja sosiaalisen elämän keskipiste. Siellä pidettiin yhä vuoden aikana useita juhlia, joissa esitettiin musiikkia, tanssia ja näytelmiä. Ihmiset pystyttivät sinne kojuja, joissa myytiin erilaista ruokaa, kodinhoitotarvikkeita ja leluja lapsille. Kasvattaakseen ja valistaakseen tavallisia ihmisiä eettisyyden merkityksestä ja kertoakseen ylevistä aiheista sekä tehdäkseen heidät tietoisiksi elämän tarkoituksesta, aina iltaisin auringonlaskun jälkeen, eräs oppinut, joka oli perehtynyt hyvin vanhoihin kirjoituksiin, luki muutamia säkeitä ja selitti niiden merkityksen paikalle kokoontuneelle väkijoukolle. Oppineita kutsuttiin myös muualta luennoimaan, ja sen lisäksi järjestettiin keskustelutilaisuuksia. Tällä tavoin väkijoukkoja pyrittiin jo aikoinaan valistamaan henkisten asioiden suhteen, sillä muuten he olisivat käyttäneet kaiken aikansa maallisiin asioihin. Yhä tänäkin päivänä tällaisia toimintoja järjestetään hindutemppeleissä, mutta osallistuminen on vähentynyt kovasti johtuen nykyajan villityksestä nautintojen ja huvitusten suuntaan. Tämä Arunachala-jumalalle omistettu temppeli oli yksi Intian suurimpia temppelialueita, joka levittäytyi kymmenen hehtaarin alueelle ja sitä reunustivat valtavan korkeat muurit ja

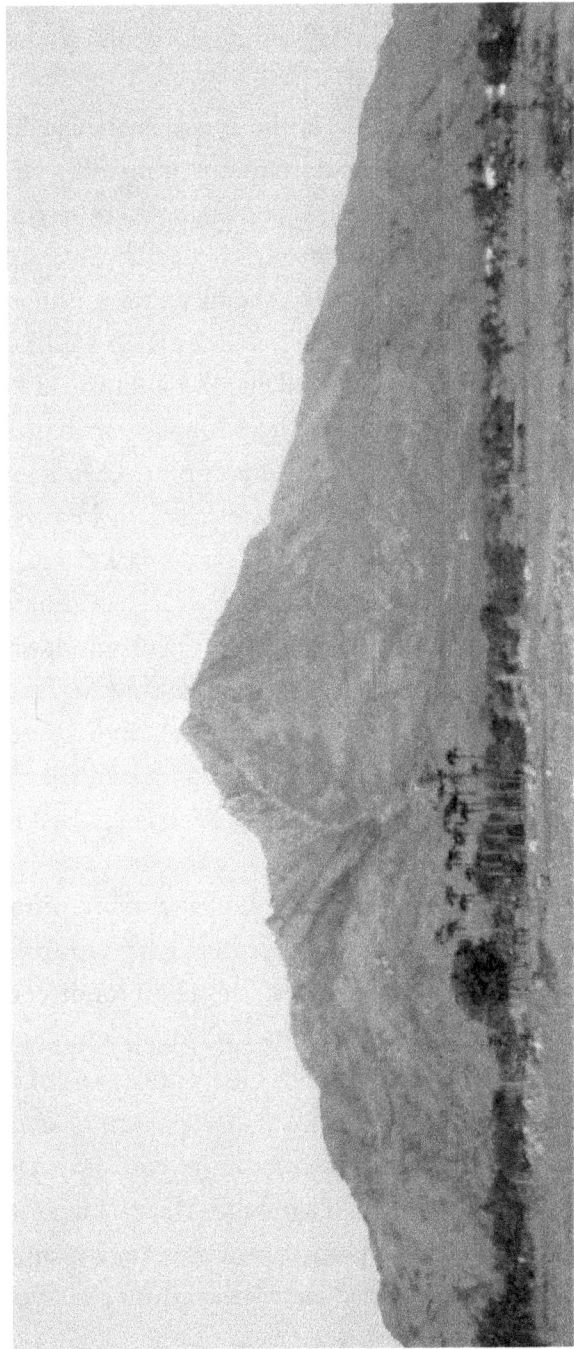

Pyhä Arunachala-vuori

porttirakennelmat. Sen pelkkä koko innosti vierailijaa synnyttäen hänessä hämmästyneen, kunnioittavan tunteen.

Nousin hevosten vetämiin vaunuihin ja matkasin kohti Sri Ramanashramia, joka oli ollut Ramanan asuinpaikka yli viiden-kymmenen vuoden ajan. Se sijaitsi kahden kilometrin päässä kaupungista, rauhallisella esikaupunkialueella. Siihen aikaan, kun Ramana saapui sinne, mitään esikaupunkia ei ollut olemas-sakaan. Kaupungin ja ashramin tai erakkomajan välillä oli vain joutomaata. Ashramin toisella puolella oli hautausmaa kaupun-gin vainajille ja ihmiset kävivät siellä ainoastaan hautajaisten aikaan. Nyt tuumaakaan tyhjää maata ei ollut enää kaupungin ja hautausmaan välissä. Ashramiin vievä tie oli täynnä härkä-vankkureita, polkupyörällä liikkuvia ihmisiä ja kyläläisiä, jotka kävelivät kaupunkiin tai sieltä takaisin. Koska Tiruvannamalaissa oli sadekausi vain kuukauden tai kahden ajan vuodessa, se oli kuuma ja pölyinen paikka, mutta se ei vähentänyt sen muinaista pyhyyden ilmapiiriä. Olin vieraillut vain Madrasissa, suuressa, puolittain länsimaistuneessa kaupungissa. Nyt sain nähdä todel-lista Intiaa – kyliä, joissa elettiin yksinkertaisesti ja ikivanhan kulttuurin mukaisesti.

Saapuessani ashramiin toimiston poika tervehti minua. Olin lähettänyt sähkösanoman etukäteen kertoen saapumisestani. Minut vietiin saman tien puhtaaseen, sievään huoneeseen ashra-min alueelle ja jätettiin yksikseni. Katselin ympärilleni. Huoneessa oli sänky, kaappi ja tuuletin. Tämä olisi minun kotini. Tapah-tuisipa mitä hyvänsä, olin päättänyt olla täällä niin kauan, että saavuttaisin Itseä koskevan oivalluksen. Ajattelin sitä surua, mitä äitini täytyi tuntea, kun olin niin kaukana. Hänen kuvansa ilmes-tyi mieleeni yhä uudelleen. Myöhemmin opin tietämään, että jos emme voi vapauttaa itseämme sukulaisistamme, ystävistämme ja muista ihmisistä, jotka kenties ajattelevat edelleen meitä, se voi vieraannuttaa meidät meditaatioharjoituksestamme. Kamppailtuani jonkin aikaa tällaisten häiriötekijöiden kanssa pyysin Ramanaa täyttämään mieleni yksinomaan hänen läsnäolollaan. Ja niin menneisyyttä koskevat ajatukset hiljalleen vaimenivat.

Istuessani huoneessa ja miettiessäni, mitä tekisin seuraavaksi, sama poika ilmestyi ja kysyi, halusinko nähdä ashramia. Vastasin innokkaana:

"Kyllä."

Ashramin alue oli lähes kolmen hehtaarin laajuinen. Alueella oli suurikokoinen ruokailuhalli ja keittiö, toimisto ja kirjasto, navetta, koulu missä opiskeltiin vedantaa tai hindulaisuuden pyhiä kirjoituksia, huoneita miesvieraille ja pieni sairaala. Naiset ja perheet majoitettiin ashramin ulkopuolella olevalle alueelle, missä oli sitä varten rakennettuja majoja. Ramana Maharshin pyynnöstä naisten odotettiin lähtevän ashramista pimeän tultua ja nukkuvan lähellä olevassa majoituspaikassa, jotta vältyttäisiin houkutuksilta, joita saattaisi syntyä sukupuolten välillä. Vaikka Ramana kohteli kumpaakin sukupuolta tasa-arvoisesti, hän oli silti hyvin tietoinen inhimillisistä heikkouksista. He, jotka tulivat hänen luokseen, olivat ilmiselvästi omistautuneet sille, että voisivat oppia hallitsemaan mielensä ja aistinsa, voidakseen ylittää ne ja löytää todellisen Itsen. Tietoisena siitä, että seksi on kaikkein voimakkain energia, joka saa mielen hämmennyksiin, tuli luoda sopivanlainen ilmapiiri, jotta tällainen mahdollisuus voitaisiin minimoida. Miesten ja naisten pitäminen erillään yöaikaan näytti olevan kaikkein parhaimpia keinoja.

Minua kiinnosti kaikkein eniten Ramanan Maharshin hauta tai Samadhi niin kuin sitä kutsuttiin. Nähdessäni sen ensi kertaa ritualistinen jumalanpalvelus oli parhaillaan menossa. Samadhi oli avoin kaikilta suunnilta ja sitä ympäröi vain rauta-aita tai säleikkö. Haudalla oli suurikokoinen, vaalea marmorinen lootuksenkukka, jonka keskellä oli Shivalingam, viisitoista senttiä korkea ovaalin muotoinen musta kivi. Hindu-pyhimykset olivat havainneet aikojen saatossa, että pyöreä tai ovaali muoto kuvasti parhaiten muotoa vailla olemassa olevaa todellisuutta, sillä se on vailla alkua ja loppua. Koska muotoa vailla oleva todellisuus on käsityskyvyn tuolla puolen, johtuen sen äärimmäisestä hienoudesta, muinaiset pyhimykset kokivat, että siihen keskittyminen olisi erittäin vaikeaa, jos meille ei annettaisi minkäänlaista mielikuvaa. Kun sitä vastoin keskittyisimme muotoon, joka kuvasti jumaluutta, mielemme saavuttaisi asteittain tyyneyttä ja hienovaritteisyyttä, jolloin alkaisimme havaita saman jumaluuden sisällämme. Silloin kaikki maailmankaikkeuden muodot olisivat täynnä jumaluutta mielen värjääntyessä sillä. Aivan kuin, jos pitäisimme vihreitä silmälaseja, näkisimme kaiken vihreänä. Meidän havaintomme maailmasta kuvastaa oman psyykkeemme tilaa. Kun mieli täyttyy jumalallisella läsnäololla, tasa-arvoinen näkemys ilmenee meissä luonnollisella tavalla. Se tarkoittaa sitä, että näemme nyt jumalallisen läsnäolon kaikkialla. Näin ei tietenkään voi tapahtua ennen kuin saavutamme virheettömän keskittymisen. Yhden muodon valitseminen maailmankaikkeuden äärettömistä muodoista ja jumaluuden visualisoiminen siihen on yksi keino saavuttaa tällainen keskittyneisyys, sen *mahatmat* tunnustivat ja olivat sen myös kokeneet.

Hindu-rituaalissa pidämme Jumalaa rakkaana vieraanamme ja uhraamme antaumuksellisesti hänelle erilaisia asioita, kuten vettä, ruokaa, kukkia ja laulun. Viimeinen uhraus on kamferin polttaminen jumalankuvan edessä. Kamferista ei jää poltettaessa mitään jäljelle. Se yksinkertaisesti haihtuu kokonaan. Kun sitä poltetaan Jumalan edessä, meidän pitäisi tuntea, että uhraamme oman yksilöllisyytemme hänelle. Jos yksilöllisyys uhrataan ja otetaan vastaan, jäljelle jää yksin Jumala ydinolemuksenamme. Tätä on Jumal-oivallus tai Itse-oivallus.

Katsoessani, kuinka pappi poltti kamferia Samadhin edessä tunsin selvästi elävän läsnäolon säteilevän siitä, samaan tapaan kuin tunsin meditaation aikana valon säteilyn – sillä erolla, että tämä säteily tuli nyt ulkopuoleltani. Tunsin syvää rauhaa ja olin iloisen yllättynyt, kun kuulin, että tänne Ramana Maharshin pyhät jäännökset oli haudattu.

Tuosta päivästä alkaen, seuraavien kahdentoista vuoden ajan, hänen haudastaan tuli elämäni keskipiste. Sen äärellä tunsin hänen elävän läsnäolonsa ja sain hälvennettyä monta epäilystäni, hänen pelkän läsnäolonsa vaikutuksesta. En kantanut tässä vaiheessa huolta siitä, oliko Jumala olemassa vai ei. Tiesin, että Ramana pitäisi minusta aina huolta. Hiljalleen minulle valkeni, että sitä olentoa, jota minä kutsuin Ramanaksi, kutsuttiin Jumalaksi, Allahiksi, Kristukseksi tai Krishnaksi eri uskontojen piirissä. Ääretön todellisuus saattoi ilmetä missä tahansa hahmossa, joka sopi parhaiten siihen aikaan ja paikkaan voidakseen siten siunata ja ohjata oppilaita.

Tuona yönä sain kokea ensimmäistä kertaa elämässäni näyn. Olin juuri nukahtanut. Istuin sängyllä, kun Ramana Maharshi tuli huoneeseeni. Hän istuutui viereeni ja taputti minua kevyesti polvelle sanoen:

"Olen iloinen siitä, että olet tullut."

Hänen kasvonsa hehkuivat jumalallista valoa ja pehmeän autuaallinen läsnäolo säteili hänestä. Minusta tuntui samalta kuin lapsesta äitinsä vierellä. Heräsin yhtäkkiä täysin virkeänä. Sain nyt kokea epävarmassa mielessäni, että olin tehnyt oikean

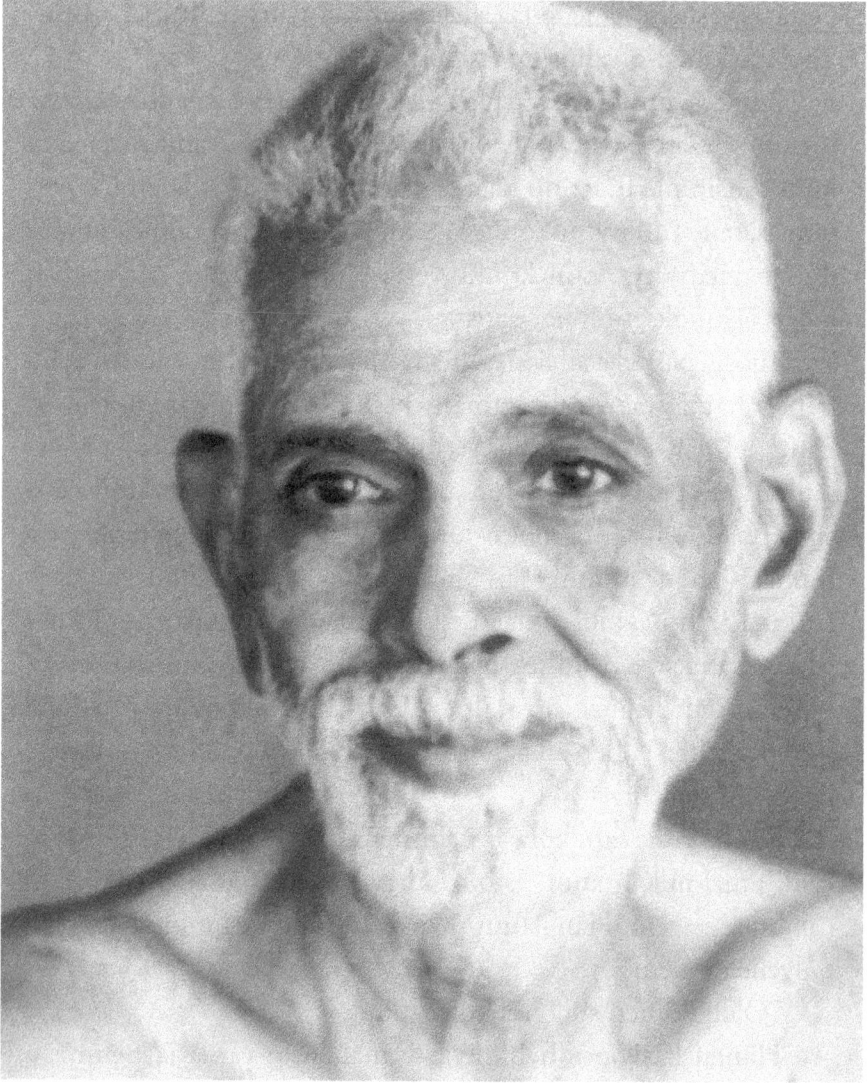

Sri Ramana Maharshi

valinnan jättäessäni kaiken ja tullessani hänen luokseen. Tämä oli ensimmäinen monista näyistäni.

Seuraavana päivänä ryhdyin noudattamaan päivittäistä ohjelmaa, joka koostui enimmäkseen meditaatiosta, opiskelusta ja joogasta. Koin tarvitsevani kahdeksan tuntia unta, niinpä menin yhdeksän aikaan nukkumaan ja heräsin viiden aikaan aamulla. Puoli kahdeksan illallisen jälkeen olin aina unelias yhdeksän aikaan, ellei sitten ollut jotakin, joka todella vaati huomiotani. Myöhemmin ymmärsin, että jos söi raskaasti illalla, se toi mukanaan uneliaisuuden johtuen ruoansulatuksen raskaudesta. Jos taas söi vähän tai ei ollenkaan illalla, viisi - kuusi tuntia unta riitti hyvin.

Vietin suurimman osan ajastani hallissa, missä Ramana oli asunut viimeiset kaksikymmentäviisi vuotta elämästään jatkuvasti laajenevan oppilasjoukon ympäröimänä. Huone oli muutettu meditaatiohalliksi hänen poistuttuaan ja siellä istui ihmisiä meditoimassa aamuneljästä aina iltakymmeneen asti. Minä tapasin viettää siellä kahdeksan tuntia päivästä yrittäen meditoida.

Kuukausi oli kulunut siitä, kun olin asettunut ashramiin, kun hyvin merkityksellinen asia tapahtui. Kävellessäni huoneestani meditaatiohalliin – silmät luotuina maahan niin kuin tavallista – niin joku, joka lähestyi minua vastakkaisesta suunnasta, sanoi:

"Sanohan veljeni, onko sinulla hyviä meditaatioita?"

Kohottaessani katseeni näin partaisen hahmon, joka säteili ympärilleen niin vahvasti, että koko olemustani ravisteli tyrmistys, niinpä minä vain murahdin:

"Mmm."

Hän oli matkalla jonnekin eikä pysähtynyt keskustelemaan kanssani. Vaikka muistinkin hämärästi lukeneeni, että pyhimysten ympärillä oli jumalallista säteilyä, en ollut koskaan itse saanut nähdä sellaista. Vai olinko sittenkin? Kun Ramana Maharshi oli ilmestynyt uneeni kuukausi sitten, olin nähnyt samanlaisen säteilyn hänen kasvoillaan. Ihmettelin, kuka tuo tutunoloinen vieras saattoi olla, mutta hänen säteilevä olemuksensa oli mykistänyt minut niin, että en ollut kyennyt ajattelemaan selkeästi. Istuin meditaatiohallissa horroksessa.

Iltapäivällä amerikkalainen pariskunta, joka vieraili parhaillaan ashramissa, kysyi minulta, halusinko kuulla Ramanan opetuslapsen puheen tuona iltana. Sovimme, että tapaisimme ashramin takana olevalla kukkulalla illallisen jälkeen. Kun saavuin sinne kahdeksan aikaan illalla, hämmästyin, sillä tuo opetuslapsi oli sama partainen mies, joka oli puhutellut minua aamulla. Hän tervehti minua hymyillen leveästi ja kehotti minua istuutumaan viereensä. Hän puhui muutamista filosofisista aiheista. Minä kysyin häneltä, minkälainen on kosmisen tietoisuuden välähdyksenomainen kokemus. Sain dramaattisen vastauksen salaman valaistessa maiseman muutamien sekuntien ajaksi. Kun palasin huoneeseeni, vietin unettoman yön odottaessani sitä, että saisin tavata hänet uudelleen.

Seuraavana päivänä olin jälleen kukkulalla ystävieni seurassa odottamassa Ratnamjia, niin kuin he häntä kutsuivat. Missä olinkaan saanut kuulla tuon nimen? Ajateltuani asiaa pitkään oivalsin, että hänen täytyi olla juuri se Ratnamji, josta Barbara oli kertonut minulle ollessani Nepalissa. Nyt ymmärsin. Ratnamji saapui pian, kasvot säteillen niin kuin aina. Ennen Ratnamjin tapaamista en ollut koskaan aiemmin tavannut ihmistä, joka oli läpeensä onnellinen kaiken aikaa. Hän suorastaan pursui onnellisuutta. Olin innokas esittämään hänelle kysymyksen, joka oli vaivannut minua siitä lähtien, kun olin lähtenyt Yhdysvalloista.

"Ratnamji, saanko esittää kysymyksen?"

"Kyllä, minkälaisen?" hän kysyi hymyillen samalla minulle. "Siitä lähtien kun lähdin Yhdysvalloista kuusi kuukautta sitten, olen kokenut, että raha on taakka. Haluan ryhtyä munkiksi, mutta samaan aikaan pidän rahaa taskussani. Eikö olisi parempi, että antaisin rahani ashramille ja eläisin siellä rauhallisesti loppuelämäni ajan?"

"Veljeni, sinä olet vasta aloittamassa henkistä elämääsi eikä sinulla ole vielä henkisten harjoitusten sisäistä omaisuutta. Sitten kun sinulla on se, Jumala tulee aina huolehtimaan sinusta. Vaikka antaisit kaikki rahasi ashramille, niin kuinka pitkään he antaisivat sinun olla täällä? Ehkä muutamia kuukausia ja sitten he haluaisivat lisää rahaa ja jos sinulla ei olisi sitä, he pyytäisivät sinua lähtemään. Mitä tekisit silloin? Siitä huolimatta on melko helppo elää ilman rahaa. Siihen tulee vain tottua ja sopeuttaa tarpeensa siihen mitä saa. Se ei ole mitenkään erityisen suurta tai vaikeaa. Mutta on paljon vaikeampaa omistaa hieman rahaa ja käyttää sitä vapaasti, laskematta kuinka paljon sitä on jäljellä ja kuinka paljon sitä tulee. Halu elää tekee ravinnosta välttämättömyyden ja rahaa halutaan voidaksemme ostaa ruokaa. Riippuvuus rahasta on samanlaista kuin takertumisemme elämään. Voisimme itse asiassa kutsua rahaa maallisen ihmisen ulkonaiseksi elämän hengitykseksi. Jos se otetaan häneltä pois, hän tuntee kuolevansa. Jos sen sijaan käyttää rahaa vapaana riippuvuudesta, voi tarkkailla samalla sitä, miten mieli toimii ja hiljalleen poistaa kiintymyksen, joka saattaa väijyä sisällämme. Jos olisin sinä, jatkaisin meditaatiotani ja käyttäisin samaan aikaan rahojani kantamatta huolta tulevaisuudesta."

Olin vaikuttunut hänen käytännöllisestä tiedostaan koskien henkistä elämää ja sitä, miten mieli toimii. Vapauduin taakastani. Suuri kunnioitus ja rakkaus täytti sydämeni tätä viisasta miestä

Sri Ratnamji

kohtaan, joka oli yksinkertainen ja onnellinen kuin lapsi, mutta viisaudessaan syvällinen kuin pyhimys. Iloitsin hänen seurastaan kuin nälkäinen mies, joka saa ravitsevan aterian. Ihmettelin, millä tavoin voisin rakentaa läheisemmän suhteen häneen. En edes tiennyt, missä hän asui tai kuinka hän vietti aikansa. Kuunneltuani hänen puhuvan ystävilleni, me erosimme.

Seuraavana iltana kävin nukkumaan yhdeksän aikaan illalla. Yhdentoista aikaan kuulin oveltani koputuksen. En halunnut tulla häirityksi, niinpä en noussut ylös enkä vastannut. Hetken päästä kuulin koputuksen ikkunaltani, sänkyni viereltä.

"Neal! Neal! Oletko hereillä?"

"En!" vastasin hieman ärsyyntyneenä.

"Avaa ovi. Minä olen nälkäinen", ääni sanoi.

Nousin vastahakoisesti ylös ja avasin oven. Ratnamji käveli sisään.

"Minun piti mennä kaupunkiin tänään tapaamaan muutamia oppilaita. Heidän isänsä oli hiljattain kuollut ja he halusivat, että minä menisin heidän luokseen laulamaan jumalallisia nimiä ja lohduttamaan heitä. Minulla on vatsavaivoja. Jos en syö aina silloin tällöin, ne pahenevat. Onko sinulla mitään syötävää?"

Hän katsoi minua tarkkaavaisesti nähdäkseen, olinko vihainen siitä, että minut oli herätetty.

Minulla oli maapähkinöitä ja raakasokeria huoneessani. Kaivoin ne esille ja annoin hänelle hieman niitä pitäen loput itselläni. Se sattui olemaan hänen lempipurtavaansa. Hän pyysi aina lisää ja lisää, kunnes huomasin harmistuneena, että kaikki oli syöty. Hän kertoili mitä oli sanonut ihmisille kaupungissa lohduttaakseen heitä ja kuinka hän oli pitänyt heille pieniä opetuspuheita. Hän katseli samalla minua tarkasti. Ajattelin yhä, että painuisin takaisin unten maille, mutta hän ei lähtenyt ennen kuin vasta yhden jälkeen. Tunsin erikoislaatuista autuutta istuessani hänen seurassaan, mutta samaan aikaan koin mielipahaa siitä, että minua oli häiritty. Ja haluni jatkaa unta pilasi tunnelmaa.

En arvannut, että hän koetteli minua voidakseen arvioida mielentilaani. Halusinko todella tulla munkiksi vai halusinko takertua sellaisiin asioihin, jotka eivät olleet todellisuutta, kuten uni? Hän tiesi, millä tavoin saisi sen selville. Juuri edellispäivänä olin kysynyt rahasta luopumisesta ja nyt olin jo huolissani, koska maapähkinävarastoni oli syöty. Laskin jo mielessäni, kuinka paljon rahaa menisi siihen, jos hän tulisi joka ilta syömään maa-pähkinöitä ja raakasokeria ja kuinka paljon rahaa jäisi sen jälkeen! Tässä oli ensimmäinen käytännöllinen oppituntini rahan käyttä-misessä ilman kiintymystä. Ja minä olin tietenkin epäonnistunut surkeasti.

Ratnamji oleskeli ashramin sairaalassa olevassa huoneessa. Hän avusti pääpappia päivittäisessä jumalanpalveluksessa Ramanan Samadhilla. Tästä palveluksesta johtuen hänelle annettiin huone, jotta hänen ei tarvitsisi lähteä ashramista useita kertoja mennäkseen lepäämään. Jumalanpalvelus pidettiin näet kolme kertaa päivässä, mikä tarkoitti sitä, että hän kulutti suurimman osan päivästään puhdistaen, tuoden vettä, järjestellen uhraustar-vikkeita ja pitäen kaiken järjestyksessä seuraavaa jumalanpalve-lusta varten.

Syötyään maapähkinäni hän saapui seuraavana päivänä huo-neeseeni ja asettui makaamaan lattialle. Hänen huoneessaan ei ollut tuuletinta ja kuumuus oli päiväsaikaan melko sietämätön. Hän ajatteli, että voisi hyötyä tuulettimestani ja samalla voisimme viettää aikaa yhdessä. Johtuen väärästä ylemmyydentunteestani, närkästyin hänen tunkeutumisestaan yksityisalueelleni, mutta samaan aikaan nautin hänen seurastaan. Minä makasin sängyllä ja

hän lattialla. Olin siihen aikaan niin tylsämielinen ja epäkunnioit-
tava, että en tarjonnut hänelle sänkyäni. Hän oli siihen aikaan
48-vuotias ja minä 19. Koska minut oli kasvatettu Yhdysvalloissa,
en tiennyt, kuinka minun tulisi käyttäytyä vanhempien ihmis-
ten ja pyhimysten läheisyydessä. Ja vaikka olisin tiennytkin, en
olisi varmaankaan käyttäytynyt oikealla tavalla ylimielisyyden ja
laiskuuden takia.

Ajattelin siihen aikaan itsestäni suuria jätettyäni kotini. Ja
koska osasin muutamia joogaliikkeitä ja hieman meditaatiota,
tunsin olevani jo täysiverinen joogi. En ollut tullut koskaan
ajatelleeksi, että todellinen joogi on hyvin nöyrä johtuen per-
soonattoman todellisuuden läsnäolosta hänen sisällään. Hän on
oivaltanut, että hänen persoonallisuutensa tai yksilöllisyytensä ei
ole mitään, vain pelkkä varjomainen olemus, joka on jatkuvan
muutoksen alainen ja yksin se persoonaton olemassaolo, joka
on yksilön perusta, on todellinen ja muuttumaton. Aallot ovat
osa valtamerta eikä toisinpäin. Aallot tulevat ja menevät, mutta
valtameri säilyy aina samana. Todellinen *mahatma* tai suuri sielu
on hän, joka kokee, että hän ei ole mitään ja että yksin Jumala,
universaali Itse, on todellinen.

Kysyin Ratnamjilta, kuinka hän tuli Ramanan luo. Hän
vastasi kertomalla ihmeellisen tarinan. Nähdessäni hänen vilpit-
tömyytensä en epäillyt sen todenperäisyyttä.

"Kun olin kahdeksantoista ikäinen", hän sanoi aloittaen
tarinansa, "olin juuri lopettanut koulun ja sain luonnontieteiden
kandidaatin paperit ja apurahaa jatkaakseni opintojani. Olin hyvä
oppilas. Siinä vaiheessa aloin kärsiä arvoituksellisesta sairaudesta.
Se sai aikaan pohjattoman janon, minkä takia jouduin juomaan
suuria määriä vettä päivän aikana. Kun sanon suuria määriä,
tarkoitan 50-75 litraa vettä tai kolmesta neljään ämpäriä vettä

kahdenkymmenneljän tunnin aikana. Tämä oli jo sinällään outoa, mutta ihmeellisintä tässä oli se, että virtsasin silti vain tavanomaisen määrän. Vaikka joinkin 75 litraa vettä päivässä, virtsasin vain puolisen litraa. Tunsin samalla suurta kipua selkärankani ytimessä. Sukulaiseni veivät minut tapaamaan erilaisia lääkäreitä – yrttilääkäriä, homeopaattia, länsimaista lääkäriä ja erilaisia maaseutulääkäreitä – mutta siitä ei ollut mitään apua. He eivät löytäneet sen paremmin ongelmalleni syytä kuin parannustakaan. Lopulta minut lähetettiin Madrasin hallituksen sairaalaan, 650 kilometrin päähän kylästäni. Serkkuni lähti saattamaan minua sinne.

Oltuani siellä kaksi kuukautta minut lähetettiin kotiin jotakuinkin samassa kunnossa. Lääkärit olivat hämmennyksissään tilastani. Tulin päivä päivältä heikommaksi ja lopulta päätin lähteä kotiin odottamaan kuolemaani. Serkku ja minä nousimme junaan ja matkustimme paikkaan, mikä oli kahdensadan kilometrin päässä kotoani. Siellä asui toinen serkkuni. Päätimme syödä lounasta ja viettää yön siellä ennen kuin jatkaisimme matkaa seuraavana päivänä. Kun saavuimme serkkumme luo, hän toivotti meidät tervetulleiksi ja kysyi, miksi olimme olleet Madrasissa. Kuultuaan tilastani hän sanoi:

'Tässä kaupungissa vierailee parhaillaan mies, josta sanotaan, että hän kykenee parantamaan monia parantumattomiksi sanottuja sairauksia. Mennäänkö tapaamaan häntä ennen kuin lähdette? Hän ei ole lääkäri, mutta olen kuullut, että hän vaipuu transsiin ja antaa sitten parannuskeinon.'

Yritettyäni jo kaikkea muuta ajattelin: 'Miksipä ei? Mitä hävittävää minulla olisi?'

Menimme heti lounaan jälkeen tapaamaan tätä herrasmiestä. Heti kun kävelin huoneeseen, hän huudahti:

'Ratnamji on tullut! Tule heti tänne!'

Olin tietenkin hämmästynyt, yhtään liioittelematta. Kuinka hän saattoi tietää nimeni? Eihän siellä kukaan osannut odottaa meitä, saatikka että olisivat tunteneet meidät. Menin hänen luokseen ja näin, että hän istui maassa, Hanumanin patsaan edessä. Patsas oli koristeltu kukin ja suuri kasa betelin lehtiä oli sen edessä."

"Kuka on Hanuman?" kysyin Ratnamjilta tässä vaiheessa tarinaa.

"On olemassa ikivanha teksti nimeltä *Ramayana*, joka kertoo Raman elämäntarinan. Häntä pidetään Jumalan inkarnaationa täällä Intiassa, siinä missä Jeesusta pidetään lännessä. Hindut uskovat, että Jumala ilmestyy lukemattomia kertoja historian aikana opastaakseen ihmisiä oikealle tielle, joka johtaa jumaloivallukseen. Hän ojentaa pahantekijöitä ja auttaa hyveellisiä. Hän syntyy eri puolille maailmaa aina se mukaan, kun tarvetta on tai lähettää läheisiä opetuslapsiaan tai pyhimyksiä tähän maailmaan tekemään työtä varustaen heidät jumalallisilla voimilla. Tuhansia vuosia sitten Rama syntyi Pohjois-Intiaan näytelläkseen siellä oman elämänsä näytelmän. Hanuman oli yksi hänen uskollisista palvelijoistaan ja oppilaistaan ei-ihmisten parissa. Hän oli näet apina, mutta hyvin älykäs ja uskollinen. Itse asiassa hän oli *Ramayanan* mukaan osa Jumalaa, joka laskeutui alas osallistuakseen Sri Raman jumalalliseen näytelmään ja sellaisena häntä palvotaan yhä tänäkin päivänä. On havaittu, että hänen palvontansa on tehokasta pahojen henkien karkottamisessa."

"Mitä tarkoitat pahoilla hengillä?" kysyin Ratnamjilta. "Uskotko todella, että sellaisia on olemassa?"

"No, minä olin hyvin järkiperäinen, niin kuin sinäkin henkisissä ja uskonnollisissa asioissa sinun iässäsi. Jos en ollut kokenut jotakin itse, en pitänyt sitä totena. Olin jopa kirjoittanut erääseen

Tiruvannamalain kukkapuutarhassa

sanomalehteen tuomiten tietyt perinteiset hindujen uskomukset ja tavat. Mutta mitä sitten tapahtui, vakuutti minut siitä totuudesta, että on olemassa muutakin kuin se minkä näemme silmillämme. Hanumandas, niin kuin tätä herrasmiestä kutsuttiin, viittasi minua tulemaan lähemmäksi. Hän sulki silmänsä ja sanoi, kuiskaten minulle hitaasti, että minulla ei ollut mitään sairautta, että ongelmani oli kokonaan jotakin aivan muuta ja että Hanumanin armosta se tulisi poistumaan. Tuossa kaupungissa oli uusi Hanuman-temppeli. Hän kehotti minua kävelemään sen ympäri satakahdeksan kertaa joka päivä kuukauden ajan ja palaamaan sitten hänen luokseen. Kun hän kehotti minua kulkemaan temppelin ympäri, hän sanoi:

'Kulje minun temppelini ympäri!' jotta ymmärtäisin, että Hanuman itse puhui minulle.

Emme olleet kovin vaikuttuneita, kun lähdimme sieltä ja menimme serkkuni talolle. Olin jo viettänyt niin paljon aikaa lääkäreiden ja sairaaloiden parissa, että ajattelin: 'Mitä sen on väliä, vaikka yrittäisinkin tätä kuukauden ajan? Jos mitään ei tapahtuisi, olisin ainakin viettänyt aikani palvoen Jumalaa Hanumanin hahmossa.' Päätin ryhtyä kävelemään temppelin ympäri seuraavana päivänä.

Menin heti aamusta Hanumanin temppelille. Sen ympäri kulki polku, joka oli tehty niitä varten, jotka halusivat palvoa tekemällä pyhän kierroksen. Rukoilin Hanumanilta menestystä tähän ponnistukseeni ja kiersin temppelin 108 kertaa ja palasin kotiin. Sinä yönä, heti kun olin nukahtanut, näin unessa Hanumanin pienikokoisen hahmon seisomassa sänkyni vierellä. Hän hymyili ja viittoili sängyn toiselle puolelle. Katsoessani sinne näin aavemaisen hahmon. Pelästyin hieman, mutta sitten hahmo katosi. Hätkähdin hereille ja huomasin, että Hanuman seisoi yhä sänkyni vierellä! Muutamien sekuntien kuluttua Hanuman katosi. En kyennyt enää nukkumaan tuona yönä vaan istuin toistaen Hanumanin nimeä ja mietiskelin."

"Auringon noustua menin Hanumandasin talolle ja kerroin hänelle edellisen illan kokemuksestani. Hän sanoi minulle, ettei ollut mitään syytä huoleen. Haamu oli ottanut minut valtaansa ja käyttänyt kehoani tyydyttääkseen voimakkaan janonsa. Näytettyään minulle hänen hahmonsa Hanuman oli vakuuttanut minulle, että hän vapauttaisi minut tuosta loisesta. Moni on joutunut kokemaan vastaavaa, hän sanoi.

Minä jatkoin temppelin kiertämistä vielä 29 päivää, mutta jano ei vähentynyt lainkaan. Uskoni alkoi horjua. Mutta kun heräsin kolmantenakymmenentenä päivänä, jano oli kadonnut. Odotin koko päivän nähdäkseni mitä tapahtuisi, mutta tunsin oloni täysin normaaliksi ja kipu selkärankani ytimessä oli asettunut. Olin riemuissani. Käytyäni temppelissä menin Hanumadasin luokse ja kerroin hänelle hyvät uutiset. Kysyin, voisiko hän vihkiä minut Hanumanin mantran käyttäjäksi voidakseni palvoa häntä. Ja hän suostui tähän. Asuin hänen ja hänen vaimonsa luona, aivan kuin olisin ollut heidän lapsensa. Matkustin hänen kanssaan eri kyliin auttaen häntä hänen työssään, kun hän poisti pahoja henkiä. Autoin päivittäisessä jumalanpalveluksessa, keitin uhrattavia ruoka-aineita ja autoin missä vain kykenin.

Eräänä päivänä meitä pyydettiin yhteen kylään, missä 26-vuotiaan naisen uskottiin olevan pahan hengen vallassa. Hän puhui jatkuvasti sujuvaa englantia, joka oli täysin tuntematon kieli hänelle. Kun saavuimme, meidät ohjattiin tytön talolle ja tyttö tuotiin sisään. Hanumandas kysyi, kuka hän oli. Ei vastausta. Hän toisti kysymyksen ja vakuutti, että ei ollut tullut vahingoittamaan häntä. Tyttö alkoi puhua täydellistä englantia sanoen:

'Olin yliopisto-opiskelija ja tapanani oli kävellä tämän talon ohitse joka päivä mennessäni kouluun. Rakastuin tämän tytön kauneuteen. Minulla oli voimakas halu saada nauttia hänen seurastaan. Tämä ei tietenkään olisi mahdollista, ellemme menisi naimisiin. Eräänä päivänä jouduin äkkiä onnettomuuteen ja kuolin. Nyt minä nautin hänestä hienosyisessä hahmossa. Jos luulet, että Hanuman voi vapautua minusta, erehdyt. En lähde tästä yhtä helposti kuin ystäväni, joka jätti Ratnamjin kehon!'

Olin vähintäänkin ihmeissäni kuullessani nuo sanat. Ilmiselvästi nuo olennot elivät maailmassa, joka oli meille ihmisille näkymätön. Noudattaen tiettyjä riittejä Hanumandas vapautti tytön haamun otteesta.

Olin ollut pari vuotta Hanumandasin kanssa, kun hän kutsui minut eräänä päivänä luokseen transsissa ollessaan. Hän sanoi, että Etelä-Intiassa oli suuri pyhimys nimeltä Ramana Maharshi ja että minun tulisi mennä sinne ja elää hänen lähellään. Palvelemalla häntä voisin saavuttaa elämän todellisen päämäärän, oivalluksen todellisesta olemuksestani. Hanumandas ei ollut koskaan kuullut tästä pyhimyksestä aiemmin enkä ollut minäkään. Kyseltyämme saimme kuulla, että hän oleskeli Arunachala-vuoren juurella, kaupungissa nimeltä Tiruvannamalai. Sanottuani jäähyväiset ensimmäiselle gurulleni ja hänen vaimolleen matkustin Arunachalaan.

Kun tulin tänne, menin suoraan siihen halliin, missä Ramana Maharshi istui sohvallaan. Hän viittasi minut istuutumaan alas. Kumarsin hänelle ja istuuduin lattialle. Suljettuani silmäni olin aikeissa ryhtyä toistamaan mantraa, jonka olin saanut oppia Hanumandasilta. Mutta, outoa kyllä, en kyennyt muistamaan sitä! Olin toistanut sitä tuhansia kertoja viimeisen kahden vuoden aikana, mutta nyt olin tyystin unohtanut sen. Seuraavassa hetkessä koin tietoisuuden kehostani katoavan ja sen paikalla oli säteilevä valon valtameri. Mieleni oli täydellisen hiljaa ja täynnä sanoin kuvaamatonta rauhaa ja valoa. En tiennyt, kuinka kauan olin tuossa tilassa.

Lopulta, jonkin ajan kuluttua, avasin silmäni ja näin, että Ramana katsoi minua hymy huulillaan. Kumarsin hänelle ja lähdin hallista. Milloin tahansa istuinkaan hänen läheisyydessään seuraavien päivien aikana, sama kokemus toistui. Tunsin, että kuuluin tänne ja halusin tehdä tästä paikasta pysyvän kotini. Halusin asettua ashramiin. Tunsin kuitenkin, että tarvitsisin äitini luvan ennen kuin asettuisin tänne pysyvästi. Lähdin Maharishin luota ja palasin kotiin junalla. Matkustaessani junalla tunsin saman rauhan ja valon, jonka olin kokenut hallissa. Saavuin kotikylääni ja kerroin äidilleni mitä olin kokenut. Hän vuodatti ilon kyyneleitä ja sanoi:

'Lapseni, myös minä halusin elää maailmasta luopumisen henkistä elämää, mutta jotenkin minä päädyin naimisiin. Olin pettynyt, kun yhdelläkään yhdeksästä lapsestani ei ollut samaa halua. He kaikki tyytyivät maalliseen elämään. Vain sinä, nuorimmaiseni, olet vastaus rukouksiini. Toiveeni saada elää nunnan elämää löytää täyttymyksensä sinun kauttasi. Mene poikani. Ramana on sinun isäsi ja sinun todellinen kotisi on Arunachala. Hän kutsuu sinua. Sinulla on minun täysi siunaukseni.'

Niin minä palasin tänne ja hiljalleen minut hyväksyttiin Ramanan henkilökohtaiseksi avustajaksi. Siitä on nyt noin 22 vuotta."

Siinä vaiheessa, kun Ratnamji päätti tarinansa, hänen oli jo aika lähteä, sillä hän noudatti tarkkaa aikataulua. Hän nousi ylös ja lähti, ja minä lähdin hänen peräänsä. Halusin nähdä, miten hän käytti aikaansa. Illalla hän puhdisti Samadhi-pyhäkön, liittyi

Vedojen lausumisharjoitukseen, osallistui jumalanpalvelukseen ja meni sen jälkeen harjoittamaan yksinään kahdeksi tunniksi meditaatiota. Illallisen jälkeen hän tapasi vierailevia oppilaita, opiskeli tai käveli yksinään tai toisten seurassa Arunacahalavuoren ympäri. Hän ei mennyt koskaan nukkumaan ennen yhtätoista. Hän nousi joka aamu puoli neljältä ja noudatti samanlaista ohjelmaa, puhdisti pyhäkön ja osallistui jumalanpalvelukseen ja meditaatioon aina lounaaseen asti. Hän suoritti myös omassa huoneessaan jumalanpalveluksen tai *pujan,* niin kuin sitä kutsutaan. Seurasin häntä muutamien päivien ajan ja ihmettelin, miten hän pärjäsi vain neljän ja puolen tunnin unella. Lopulta lähestyin häntä pyynnöllä, joka tietämättäni muutti koko elämäni.

"Ratnamji, sinä näytät rasittavan itseäsi niin paljon. Onko olemassa mitään mitä minä voisin tehdä, joka vapauttaisi sinut osasta taakkaasi?" kysyin häneltä.

"Hyvä, miksi et aloittaisi poimimalla kukkia aamun jumalanpalvelukseen? Sinun on annettava ne minulle kuuden aikaan aamulla. Jotta olisit ajoissa, sinun tulee aloittaa työ puoli viiden aikaan. Sitä ennen on parasta, että käyt vessassa, harjaat hampaasi ja otat suihkun. Siten olet valmis jumalalliseen palvelukseen."

Pitääkö minun aloittaa puoli viideltä? Se tarkoittaa sitä, että minun pitää nousta neljältä! On hämmästyttävää havaita, että näennäisesti välttämättömästä ja vaikeasti luovuttavasta aamuunesta voi helposti luopua, kun se on välttämätöntä. Jos meidän pitää olla lennolla viideltä, niin emmekö nousekin silloin jo puoli neljältä? Tosiasiassa monet niin sanotut välttämättömyydet ovat pelkästään tarpeettomia tottumuksia. Suurin osa meistä nukkuu liikaa, syö liian paljon, puhuu ylenpalttisesti ja huolehtii liikaa ajatellen, että kaikki tämä on välttämätöntä.

Opin pian, että ihminen voi vähentää elämän välttämättömyyksiä minimiin säästääkseen energiaa ilman, että siitä aiheutuisi keholle mitään haittaa. Meidän elämänkaaremme ja energiamme, jos niitä vain käytetään oikein, voivat viedä meidät päämäärään tämän elämän aikana. Kuluttaessamme elämänvoimaamme liialliseen nukkumiseen ja muihin tarpeettomiin toimiin, emme saavutakaan sitä päämäärää, minkä olemme aikoneet saavuttaa. Ei ole mitenkään epätavallista kohdata ihmisiä, jotka ovat meditoineet 20 tai 30 vuotta, mutta eivät ole saavuttaneet tuntuvaa kehitystä eivätkä ole saaneet mitään henkistä kokemusta, lukuun ottamatta hieman mielenrauhaa, joka saattaa sekin kadota helposti. Jos tutkisimme tarkoin heidän sisäistä elämäänsä, havaitsisimme että he ovat tuhlanneet energiansa tietämättömyyden ja huolimattomuuden seurauksena, ja ovat siten hukanneet sen mihin ovat pyrkineet. Jos haluamme, että vesi saavuttaa ylemmät kerrokset nopeasti, meidän tulee varmistaa, että alempien kerrosten hanat ovat kiinni. Samalla tavoin, jos haluamme saavuttaa henkistä kasvua nopeasti, meidän tulee olla hyvin taloudellisia voimavarojemme kanssa, jotta energiamme voivat nousta keskittymisen avulla yhä korkeammalle ja korkeammalle kohti päälakea voidaksemme lopulta sulautua Korkeimpaan Todellisuuteen.

Oli keskitalvi. Vaikka päivisin olikin kuuma, yöllä oli hyvin viileää. Aikaisin aamulla lämpötila putosi ehkä kymmeneen asteeseen celsiusta. Kun en tiennyt, että kuumaa vettä oli saatavilla ashramin kylpyhuoneesta, pidin kylpyhuoneessani olevassa tynnyrissä vettä varastossa. Kylmän veden kaataminen viileänä aamuna päälleni oli nopea keino päästä kehotietoisuuden tuolle puolen.

Kylvettyäni ja puettuani kannoin korin ashramin laajaan kukkapuutarhaan. Vaikka kukkien poimiminen laajasta puutarhasta aikaisin aamulla olikin miellyttävää, siihen liittyi yksi vaikeus. Alue oli täynnä skorpioneja ja erilaisia käärmeitä, harmittomista vesikäärmeistä aina kuningaskobraan. Taskulampun kantaminen ei ollut mahdollista, koska molemmat kädet tarvittiin työhön ja ainoa valo oli himmeä, kahdenkymmenenviiden watin lamppu verannalla, vajaan viidenkymmenen metrin päässä.

Tässä tarjoutui todellinen mahdollisuus antautua mestarille. Oliko minun mieleni kukissa vai käärmeissä? Hiljalleen minussa kehittyi luottamus Ramanaa kohtaan niin, että en edes ajatellut käärmeitä ja skorpioneja. Mehiläistä tai hyttystä myrkyllisemmät olennot eivät pistäneet minua koskaan. Joinakin aamuina satoi kaatamalla, sillä sadekausi oli juuri alkanut. Satoi tai ei, kukkien tuli olla pyhäköllä tasan kello kuudelta. Ajattelin, että ostaisin sateenvarjon, mutta Ratnamji ei ottanut sitä kuuleviin korviinsa. Hän sanoi, että koska halusin tulla munkiksi, minun piti tulla toimeen vähimmällä mahdollisella. Hän näytti minulle, miten dhotin voi sitoa sillä tavalla, että se palveli sateenvarjona, vähän niin kuin poncho, mutta puuvillainen vain.

Poimiessani kukkia havaitsin erikoisen tavan, jolla minun mieleni toimi. Ennen kuin poimin kukan, silmäni olivat jo seuraavassa. Olin ihmeissäni keskittymiskyvyn puutteestani. Kukkien poimimisesta tuli itse asiassa keskittymisen ja antautumisen harjoitus, kärsivällisyydestä puhumattakaan. Vietyäni kukat Samadhille halusin yhä tehdä töitä. Ratnamji sanoi, että voisin lakaista pyhätön ympäristön ja pestä sille johtavat portaat. Olen vasenkätinen, joten kun otin luudan ja ryhdyin lakaisemaan, hän huomasi että käytin hänen mukaansa väärää kättä ja vaikka vastustinkin, hän edellytti, että vain oikeaa kättä tuli käyttää tehdessään jumalallista palvelustyötä. Kysyin häneltä, että eikö ollut hieman vanhanaikaista pitää vasenta kättä vääränä kätenä. Hän vastasi, että menneisyyden pyhimykset eivät olleet typeryksiä. He olivat kaikkitietäviä. He olivat sitä mieltä, että vasempaan käteen liittyi kielteisiä värähtelyjä ja että sen tuli vain avustaa oikeaa kättä. Jos epäilin pyhimyksiä, voisin tietenkin tehdä, niin kuin halusin.

Koska en ollut tarpeeksi rohkea tehdäkseni niin, ponnistelin oppiakseni lakaisemaan oikealla kädellä. Toinen ongelma oli siinä, että luuta oli puolisen metriä pitkä. Se oli jo hyvin vanha ja minun piti kumartua voidakseni lakaista sillä kunnolla. Pyhätön edessä oleva alue oli suuri. Jopa hyvällä luudalla sen puhdistaminen olisi vienyt puolisen tuntia. Lyhyellä luudalla se vei 45 minuuttia, ja minä huohotin sen jälkeen. Pyysin parempaa luutaa.

"Me olemme köyhiä munkkeja ja meidän täytyy tulla toimeen vähimmällä mahdollisella. Jos on tarpeen, Ramana järjestää paremman kysymättä. Siihen asti sinun tulee tehdä työtä tuolla", kuului vastaus.

Aloin miettiä, että mihin olin oikein joutunutkaan, kun olin tarjoutunut auttamaan Ratnamjia hänen työssään, mutta nyt en voinut enää perääntyä otettuani työn juuri vastaan, joten jatkoin.

Kun meillä oli muutamankin minuutin tauko, Ratnamji tuli huoneeseeni juttelemaan. Hän kertoi minulle elämästään Ramana Maharshin kanssa, joka oli pitänyt tiukkaa kuria läheisille opetuslapsilleen. Hän osoitti tietenkin heitä kohtaan myös paljon rakkautta ja huolenpitoa heidän henkistä kehitystään kohtaan. Heitä kohtaan, jotka olivat hyvin vakavissaan henkisen kokemuksen saavuttamisen suhteen, hän oli hyvin tarkka yksityiskohdista. Lyijykynän pätkää ei saattanut heittää pois, ei vaikka uusi lyijykynä olisi ollut saatavilla, sillä Jumala oli antanut kaiken ja niinpä se tuli käyttää kokonaan ja oikein. Jopa hukkapaperi tuli käyttää vähintäänkin tulen sytyttämiseen, eikä sitä saanut heittää pois. Ramana leikkasi sanomalehdistä reunat ja sitoi ne yhteen käyttäen niitä lyhyiden säkeiden kirjoittamiseen. Hän opetti esimerkin avulla, että ihmisen tuli ottaa itselleen vain välttämättömin ja antaa toisille mahdollisimman paljon. Jopa kuolinvuoteellaan, hengähtäessään viimeisen kerran, hän edellytti, että heidän, jotka olivat tulleet katsomaan häntä, pitäisi päästä hänen luokseen. Hänen olemassaolonsa oli epäitsekästä ja haluista vapaata ja hän odotti opetuslapsiltaan samaa.

Tuossa vaiheessa Ramanaa avusti neljä tai viisi miestä aina kukin vuorollaan. Kun Ratnamjista tuli Ramanan avustaja, he kysyivät häneltä, minkä vuoron hän mieluiten halusi. Hän vastasi, että hän ottaisi sen vuoron, mikä olisi jäljellä, kun he olisivat tehneet valintansa. Kukaan ei tietenkään halunnut yövuoroa iltakymmenestä aamuneljään, koska se tarkoitti sitä, ettei voisi nukkua. Tämä vuoro annettiin Ratnamjille. Hän sanoi, että koska hän oli laittanut itsensä viimeiseksi ja oli valmis pahimpaan osaan, hän itse asiassa sai parhaan osan, koska yöllä ketään ei ollut ashramissa ja hän oli yksin Ramanan kanssa hallissa. Ramana nukkui hyvin vähän ja opetti Ratnamjille monia asioita. Lyhyessä ajassa Ratnamji oppi Ramanalta enemmän, kuin mikä olisi muuten ollut mahdollista monen vuoden aikana.

Puhuessaan minulle ja jakaessaan kokemuksiaan Ratnamji sai minut kokemaan, että olin hänen lapsensa tai nuorempi veljensä. Hän kyseli menneisyydestäni ja ehdotti monia asioita koskien ruokavaliota, joogaharjoituksia ja meditaatiota. Hiljalleen meidän suhteemme syveni. Vähitellen minulle valkeni, että Ratnamji oli vastaus rukouksiini saada itselleni guru. Ramana oli pikkutarkasti kouluttanut hänet ja hänestä oli kasvanut viisas mies. Menin hänen luokseen eräänä päivänä ja sanoin hänelle:

"Minä koen, että sinä olet minun guruni."

"Olet erehtynyt", hän sanoi. "Sinulla ja minulla on sama guru, Ramana Maharshi. Mitä minuun tulee, niin pidän sinua nuorempana veljenäni."

Olin pettynyt ja se ilmiselvästi näkyi kasvoiltani.

"Jos se saa sinut tuntemaan olosi paremmaksi, voit pitää minua Ramanan antamana viestintuojana, joka voi osoittaa sinulle tietä. Mutta minun täytyy varoittaa sinua. Kahdenkymmenenkahdeksan vuoteni aikana täällä en ole tavannut ketään, joka olisi kyennyt pysyttelemään kanssani. Minun täytyy pitää yllä sitä tasoa, minkä guruni on minulle näyttänyt ja heidän, jotka haluavat olla seurassani, tulee tehdä samoin. En ole koskaan ajanut ketään pois, mutta suurin osa on lähtenyt omia aikojaan, koska he eivät ole kyenneet pysyttelemään rytmissäni."

Päätin silloin ja siinä paikassa, että vaikka kuolisin yrittäessäni, en koskaan hylkäisi häntä tai putoaisi hänen kelkastaan. Kysyin häneltä, mitkä olivat opetuslapsen velvollisuudet.

"Kehitettyäsi uskon mestariin sinun tulee oppilaana ehdottomasti totella mitä tahansa hän sanookin tietäen, että vain sinun henkisen kehityksesi takia hän pyytää sinua tekemään jotakin tietyllä tavalla. Jos et täysin usko pyhimykseen, on parempi, ettet pidä häntä mestarinasi, mutta jos taas uskot, sinun tulee kysymättä totella häntä. Jopa maallisen tiedon alueella sinun tulee noudattaa opettajasi ohjeita oppiaksesi ja saavuttaaksesi toivotun lopputuloksen. Näin on vielä enemmän, jos haluat henkisen kokemuksen, joka on paljon hienosyisempi ja monimutkaisempi kuin maallinen tieto."

Tottelevaisuus. Vaikka tiesinkin tuon sanan merkityksen, minulla ei ollut siitä käytännöllisiä kokemuksia. Lapsuudestani lähtien olin jatkuvasti ollut tottelematon äitiäni, opettajiani ja yhteiskuntaa kohtaan. Elämäni oli anarkiaa – tein milloin ja miten halusin. Ymmärsin kuitenkin, että olisi toteltava annettuja ohjeita saavuttaakseen tietyn päämäärän. Halusin kokea absoluuttisen onnen ja koin, että Ratnamji omasi sen ja oli halukas näyttämään minulle, kuinka voisin sen saavuttaa. Ei varmaankaan olisi vaikeaa totella häntä. Seuraavien kahdeksan vuoden ajan meidän suhteessamme tottelevaisuus oli tärkein henkinen harjoitukseni ja kilvoitteluni, aina hänen poistumiseensa saakka.

Ken tottelee todellista pyhimystä saavuttaa hiljalleen pysyvän mielenrauhan. Sen Jumal-tietoisuuden, minkä pyhimys kokee, saa hiljalleen kokea myös itsekin. Sitä voisi verrata radion kanavien virittämiseen. Lukemattomat radioaallot läpäisevät ympäristömme, mutta me kuulemme niistä vain ne, joille radiomme on viritetty. Meidän mielemme on kuin radio, joka vastaanottaa karkeita ärsykkeitä aistiemme välityksellä ja hienovaraisesti mielemme vastaanottaa toisten elävien olentojen värähtelyitä. Hienovaraisin tekijä on tietenkin totuus tai Jumala. Sen ovat meille kertoneet he, jotka ovat sen kokeneet, että Jumala voidaan kokea vain mielellä, josta tulee erittäin hienovireinen, puhdas ja tyyni. Saavuttaaksemme tuon tilan tarvitsemme jatkuvaa koulutusta ja tinkimätöntä ohjausta hänen taholtaan, joka tuntee Jumalan täydellisesti. Meidän toimintamme ja puheemme seuraavat oman mielemme määräyksiä. Ihmisen mielentilan voi melko hyvin arvioida, kun tarkkailee hänen puheitaan ja tekojaan, vaikkakin on olemassa salatut motiivit, joita meidän ei juuri nyt tarvitse ottaa huomioon. Henkiset oppilaat kautta aikain ovat oppineet, että me voimme muuttaa oman mielentilamme muuttamalla tekomme ja puheemme.

Tähän perustuu todellisen pyhimyksen ja vilpittömän opetuslapsen välinen suhde. Opetuslapsi haluaa kokea todellisuuden, mutta virheellisestä ajattelusta ja toiminnasta johtuen tuota kokemusta on mahdotonta saavuttaa, ennen kuin hänen virheensä osoitetaan hänelle ja hän korjaa ne. Kun mieli puhdistetaan, sisäinen totuus loistaa spontaanisti, vapaana estävistä voimista. Todellinen pyhimys vain osoittaa meille virheemme ja auttaa meitä korjaamaan ne. Kun mieli on saavuttanut puhtaan tilan, kaikki saavutetaan ponnistelematta, hetkessä. Mestarin ohje ei toisinaan tunnu järkevältä, mutta kun henkinen kokemuksemme syvenee, voimme ymmärtää täysin sellaisen ohjeen merkityksen. Siihen asti ottelevaisuus on ainoa tie.

Tänä aikakautena on monia kultteja ja itsensä guruksi julistaneita. En viittaa tässä heihin. Puhun vain hänestä, joka pyrkii vilpittömästi Itseä koskevaan tietoon ja aidosta pyhimyksestä, joka elää tuossa tilassa. Meidän pitää tietenkin tarkkailla ja pyrkiä arvioimaan, onko joku tietty yksilö kypsä olemaan oppaanamme henkisellä polulla, vaikka onkin epäilemättä hyvin vaikeaa arvioida, onko joku valaistunut vai ei. Vaikka pelottomuus, epäitsekkyys, aistillisuuden puute ja tasa-arvoisuus kaikkia kohtaan ovatkin eräitä valaistuneen sielun tuntomerkkejä, niin ne eivät aina välttämättä ilmene päivänselvällä tavalla. Lopulta meidän on annettava intuitiomme ratkaista. Näyttää olevan luonnonlaki, että vilpitön etsijä löytää lopulta todellisen pyhimyksen seuraan, vaikka siinä voikin ilmetä viivettä.

Kuukausi sen jälkeen, kun olin tavannut Ratnamjin, oivalsin, että päiväohjelmani oli muuttunut rajusti. Siitä, mikä oli alkanut pienimuotoisena apuna voidakseni helpottaa hänen taakkaansa, oli tullut kokopäiväinen työ. Minulla ei käytännössä ollut aikaa istua ja meditoida. Kun rakkauteni ja kunnioitukseni häntä kohtaan kasvoi, samalla kasvoi se aika, minkä vietin hänen seurassaan, kunnes lopulta liikuin hänen seurassaan 24 tuntia päivässä. Tarkkailin lähietäisyydeltä hänen elämäntapaansa ja puheitaan muita ja itseäni kohtaan. Hän sanoi minulle useita kertoja, että minun ei pitäisi uskoa mitään vain sen takia, että hän sanoi niin. Minun tulisi mietiskellä syvästi, oliko se totta vai ei. Ja jos minulla olisi epäilyksiä asian suhteen, minun pitäisi kysyä häneltä. Tämä ihmeellinen mies ei harrastanut valmiiksi pureskelua eikä diktatuuria. Hän halusi minun kehittyvän oman älyni avulla. Hän oli opas, mutta minä olin ajuri.

Vaikka hän ei koskaan pyytänytkään minua tekemään mitään oma-aloitteisesti, minä laajensin työni kukkien poimimisesta ja lakaisemisesta hänen huoneensa siivoamiseen, hänen *puja*-tarvikkeittensa järjestämiseen, kuuman veden tuomiseen hänen kylpyään varten aamulla, hänen sihteerinään toimimiseen koskien hänen englanninkielistä kirjeenvaihtoaan ja moniin muihin tehtäviin. Vähensin uneni viiteen tuntiin enkä tuntenut oloani yhtään huonommaksi. Itse asiassa olin raikkaampi ja tarkkaavaisempi. Havaitsin myös, että kun söin kaksi kunnon ateriaa päivässä, enkä mitään niiden välissä, se riitti vallan mainiosti ja piti kehoni kevyenä. Jos koin, että Ratnamji tarvitsi jotakin tavallisen ruokavalionsa lisäksi, ostin sen pyytämättä. Hänen tarpeensa olivat hyvin vähäiset.

Aloin nukkua lattialla niin kuin hän teki ja huomasin, että se oli mukavampaa kuin sängyssä nukkuminen. Kun tottuu yksinkertaiseen elämään, voi elää missä tahansa onnellisena, vaikka ei omistaisikaan mitään. Silloin kun emme voi saada niin sanottuja välttämättömyyksiämme, kärsimme loputtomasti mielen huolien ja levottomuuden seurauksena. Jos ylellistä huonetta, missä on paksu matto, televisio ja oma kylpyhuone, ei ole saatavilla, moni meistä kokee, että elämä on sietämätöntä. Tosiasiassa kaksi metriä tyhjää tilaa missä tahansa, jopa puun alla, riittää kenelle hyvänsä, joka on terve. Mielen asenne ratkaisee.

Eräänä päivänä Ratnamjille tuli postikortti, jossa hänet kutsuttiin osallistumaan Pohjois-Intiassa sijaitsevan ashramin festivaaleille. Postikorttiin oli painettu mantra, jumalallinen nimi. Sen alapuolella oli lainaus hindujen pyhästä kirjasta, joka ylisti mantran voimaa. Siinä sanottiin, että jos toistamme mantraa 35 miljoonaa kertaa, mielemme saavuttaa ehdottoman puhtauden ja se sulautuu todellisuuteen. Kysyin Ratnamjilta, oliko asia näin.

"Tietenkin se on niin. Pyhät kirjoitukset ovat menneisyyden tietäjien luomia. He olivat oivaltaneet Jumalan erilaisten keinojen avulla. He olivat tiedemiehiä, jotka kokeilivat erilaisia henkisiä harjoituksia ja saavuttivat sen seurauksena Jumal-oivalluksen. He lahjoittivat tämän tiedon opetuslapsilleen, jotka vuorostaan antoivat sen omille opetuslapsilleen ja niin edelleen. Näin tämä tieto kulki suullisesti. Muinaisina aikoina ei ollut kirjapainoja ja tieto välitettiin suullisen perinteen avulla. Koska he noudattivat itsekurin sävyttämää elämää, heillä oli valtava muistivoima ja kykenivät muistamaan kaiken mikä heille opetettiin, vaikka kyse olisi ollut tuhannesta säkeestä.

Pyhät kirjoitukset ovat muistiinpanoja muinaisten tietäjien henkisistä kokemuksista. Vuosia sitten nuo säkeet tietenkin koottiin yhteen, kirjoitettiin muistiin ja levitettiin sitten massoille. Joitakin vuosia sitten olin todistamassa, kun vedinen oppinut toisti ulkoa yhden osan *Vedoja*, mikä kesti 28 tuntia. Ei ainoastaan säkeiden pidä olla oikein vaan jokaisen tavunkin tulee olla lausuttu oikein tai muussa tapauksessa merkitys voi muuttua. Jopa tänä päivänä on olemassa oppineita, jotka omaavat tällaisen valtaisan muistin."

Kuultuani tämän päätin, että toistaisin mantraa 35 miljoonaa kertaa. Laskin, että jos toistaisin sitä kohtalaisella vauhdilla 18 tuntia päivässä, myös tehdessäni muita asioita, minulta kuluisi

25 vuotta saattaa urakka loppuun. Kysyin Ratnamjilta, oliko se hyvä ajatus ja hän hyväksyi sen. Siitä hetkestä lähtien aloin pitää sitä pääasiallisena harjoituksenani Jumalan oivaltamiseksi.

Oltuani ashramissa kaksi kuukautta joitakin vaikeuksia alkoi ilmetä. Jotkut toiset sadhut tai munkit, jotka asuivat siellä, alkoivat olla kateellisia Ratnamjille ajatellen, että ehkä minä annoin hänelle suuria rahasummia. Intiassa ajatellaan yleensä, että länsimaalaiset ovat rikkaita ja että he ovat ainakin intialaisiin verrattuna varakkaita. Tosiasiassa en koskaan antanut Ratnamjille rahaa ja lukuun ottamatta joitakin ruokatarvikkeita en koskaan ostanut hänelle mitään. Silloin tällöin minua varoitettiin olemasta hänen seurassaan, mihin esitin voimakkaan vastalauseeni. Tämä pahensi tilannetta, kunnes eräänä päivänä minua pyydettiin lähtemään huoneestani ja muuttamaan yleiseen vierasmajaan toisten vierailevien munkkien seuraan. Kerroin tästä Ratnamjille, joka kehotti minua etsimään itselleni huoneen ashramin ulkopuolelta, sillä olisi vain ajan kysymys, milloin minua pyydettäisiin jälleen lähtemään. Etsin huonetta ashramia ympäröivästä yhdyskunnasta ja löysin isokokoisen huoneen kohtuulliseen hintaan heti ensimmäisestä talosta, mistä kysyin. Samana päivänä muutin vähät tavarani uuteen huoneeseen ja niin alkoi uusi luku koulutuksessani.

Tämä talo kuului yhdelle Ramana Maharshin vanhimmalle oppilaalle. Hän oli asunut siellä perheensä kanssa 1930-luvulta lähtien. Hän sattui olemaan myös Ratnamjin läheinen ystävä, joka oli asunut aiemmin hänen talossaan kaksikymmentä vuotta. Hän oli pyhimysmäinen ja lapsenomainen ihminen, joka oli aina valmis kertomaan valloittavia tarinoita elämästään Ramanan kanssa. Talo sijaitsi viiden minuutin kävelymatkan päässä ashramista ja sitä ympäröi suuri puutarha, missä oli puolen hehtaarin verran hedelmä- ja kukkaispuita. Tämä oli ihanteellinen paikka elää eristäytynyttä henkisten harjoitusten täyttämää elämää. Narayana, niin kuin häntä kutsuttiin, kertoi minulle, että kun hän halusi kaivaa kaivon taloa varten, hän vei tonttinsa pohjapiirrustuksen Maharshille ja kysyi, mihin hänen tulisi kaivaa kaivo. Ramana laittoi sormensa tiettyyn kohtaan ja kaivo kaivettiin siihen. Kuumana vuodenaikana lähes kaikki alueen kaivot olivat kuivia, paitsi tämä sekä ashramin kaivo, jotka olivat aina vähintäänkin puolillaan vettä, sillä molempia niitä täydensi jatkuvasti maanalainen lähde.

Narayana oli tullut skeptikkona Maharshin luokse ystävänsä ehdotuksesta. Kun hän saapui halliin, Ramana keskusteli parhaillaan vedantisen kirjallisuuden kohdasta, joka toi esille Jumalan ja Hänen luomakuntansa ykseyden. Hän sanoi, että hän, joka puhdistettuaan mielensä on saavuttanut ykseyden Jumalan kanssa, vaikka hänellä onkin keho, ei silti ole millään tavoin erillinen muotoa vailla olevasta absoluutista. Korkeimman olevaisen voima ilmenee hänen kaltaisessaan.

Narayana odotti, kunnes Ramana Maharshi tuli ulos hallista ja oli matkalla syömään ja kysyi häneltä:

"Puhut ykseydestä Jumalan kanssa ja vapautetusta. Puhutko omasta kokemuksestasi?"

Ramana hymyili lempeästi ja vastasi:

"Puhuisinko näin, jos en olisi kokenut sitä?"

Kuultuaan nuo sanat Narayana täyttyi kunnioituksesta, kumarsi niin kuin puupölkky Maharshin edessä ja siitä lähtien hänestä tuli yksi hänen lähipiirinsä oppilaista.

Muutama päivä muuttoni jälkeen Ratnamji saapui katsomaan paikkaa. Vaihdettuaan tervehdyksen Narayanan kanssa hän tuli katsomaan huonettani. Hän sanoi, että olisi parempi, jos keittäisin itse oman ruokani kuin että ottaisin ruokaa perheeltä. Se olisi halvempaa ja auttaisi suuresti henkistä elämääni. Ratnamjin mukaan keitetty ruoka altistuu niille, jotka käsittelevät sitä. Niin kuin magneetti se vetää puoleensa ja säilyttää värähtelyjä. Jos he, jotka käsittelevät tuota ruokaa, ovat täynnä kielteisiä tai maallisia ajatuksia, jotkut noista ajatuksista löytävät tiensä meidän mieleemme sen jälkeen, kun olemme nauttineet ruoan. Nuo hienosyiset ajatukset vaikuttavat kehomme hienosyiseen olemuspuoleen, mieleen, samalla kun ravinnon karkea osa rakentaa aineellista kehoamme. Tällä ei ole suurtakaan vaikutusta maallisiin ihmisiin, sillä he eivät pyri muokkaamaan oman mielensä sisältöä.

Henkinen oppilas sen sijaan pyrkii vähentämään ja puhdistamaan ajatuksiaan. Vain täysin ajatuksista vapaassa mielessä todellinen Itse loistaa esteettä. Keittämällä itse ruokamme voimme varmistua siitä, mitkä ovat meidän omia ajatuksiamme ja mitkä ovat toisten ajatuksia. Kun käytämme mahdollisimman paljon aikaa rauhoittaaksemme ja keskittääksemme mielemme, tulemme ymmärtämään sen arvon. Hän sanoi myös, että ei tulisi epäröidä ottaa ruokaa joltakulta, joka on saavuttanut korkeamman henkisen oivalluksen kuin me, sillä se voi auttaa meitä henkisesti. Hän kehotti minua ostamaan halvan retkikeittimen ja muutamia keraamisia astioita sekä ruokatarvikkeita.

Seuraavana päivänä menin torille ja ostin kaiken tarpeellisen. Ratnamji tuli kymmenen aikaan saatuaan työnsä ashramissa päätökseen. Minua pyydettiin hakemaan vettä ja kun laitoin vesiastian liedelle, hän näytti minulle, miten vihannekset paloitellaan. Hän sanoi:

"Intiassa me käytämme yleensä yhtä vihannesta lisukkeena ja vaihdamme sitä päivittäin. Riisi tai vehnä on yhdistävä ruoka, niinpä keittäminen on helppoa. Keität vain riisin yhdessä astiassa. Laita sitten hieman linssejä toiseen astiaan ja keitettyäsi niitä niin kauan, että ne ovat pehmenneet, heitä vihannekset joukkoon ja lisää mausteet ja suola. Jos haluat, osta hieman maitoa ja tee siitä jogurttia, jonka voit sekoittaa ruokaan. Vaihtelun vuoksi voit vaihtaa vihannesta aina päivittäin. Perheelliset eivät välttämättä keitä tällä tavoin, sillä tässä on kyse vähimmästä mahdollisesta, mutta meille tämä riittää. Jos haluat yksinkertaistaa mieltäsi, sinun tulee yksinkertaistaa kaikki ulkoisessa elämässäsi. Tämä saattaa olla pitkäveteistä tavallisille ihmisille, mutta se on hetkestä hetkeen suuri seikkailu henkiselle kokelaalle saada nähdä, kuinka vähiin hän voi supistaa ajatusten virran."

Sitten hän huudahti:

"Miksi sinä pilkot vihanneksia niin hitaasti? Jos teet noin, lounas valmistuu vasta huomiseksi!"

Minusta tuntui, että pilkoin niitä aika nopeasti ja kerroin sen myös hänelle. Hän otti veitsen kädestäni ja teki työn puolessa siitä ajasta, mikä minulla olisi mennyt siihen.

"Voit olla samaan aikaan varovainen ja nopea. Varovaisuuden nimissä sinun ei tarvitse olla hidastelija. Pinnallisen tarkkailijan näkökulmasta seesteisyys ja tylsämielisyys näyttävät ulospäin samanlaiselta. Sinun on ymmärrettävä ero näiden kahden välillä ja hylätä hidasteleminen. Oppilaan pitää olla nopea ja tehokas ja samaan aikaan hänen ei tulisi menettää mielenrauhaansa. Hänen pitäisi kyetä tekemään yhtä paljon tai enemmän työtä kuin toiset, tuntematta mielen väsymystä. Muistan, kun hieroin eräänä päivänä Maharshin polviniveliä lääkeöljyllä. Kun hieroin hänen polviaan, aloin puuskuttaa ja huokailla."

"Hän käski minua lopettamaan."

'Koska sinä samaistut työhön niin paljon, sinun elämänvoimasi tulee levottomaksi. Kun teet työtä, älä anna mielesi kiinnittyä siihen. Pyri olemaan sisäisesti erillinen tarkkailija, tyyni ja rauhallinen, vaikka ulkoisesti työskentelisitkin hullun lailla', hän neuvoi minua."

Minä yritin ja nyt kykenin tekemään minkä tahansa määrän töitä ilman, että mieleni väsyi tai että ajatusteni määrä lisääntyi. Jos istuuduin meditoimaan, mieleni sukelsi heti pohjalle ja sulautui alkulähteeseensä. Jos työskentelemme kiintyneenä ja kiihtymyksen vallassa, meidän on mahdotonta meditoida moneen tuntiin, ennen kuin ajatustemme voima rauhoittuu. Vaikka et olisi takertumaton nyt, toista työskennellessäsi ainakin Jumalan nimeä. Hiljalleen mielesi kiinnittyy nimeen eikä työhön eikä sinun rauhasi häiriinny.

Hän pyysi minut omalle puolelleen ja osoitti sitten astiaa, missä vihannekset kiehuivat sanoen:

"Katsohan, kuumuus saa vihannesten palaset hypähtelemään ja tanssimaan. Jos otan astian tulelta, kaikki hiljenee. Mieli on samanlainen. Tehdessäsi työtä takertuneesti sinun mielesi kuumenee ja ajatuksesi alkavat hypähdellä ja tanssia. Kun ei ole kuumuutta ei tanssimista tapahdu!"

Kaikki näytti tarjoavan Ratnamjille tilaisuuden opettaa minulle henkisiä periaatteita. Hänen seurassaan oleminen oli jatkuvaa oppimista. Olin pinnannut koulusta monia kertoja ollessani nuorempi. Mutta nyt sain oppiläksyjä päivin ja öin.

Istuin nurkassa nähdäkseni, mitä tapahtuisi seuraavaksi. Hän otti astiat tulelta ja laittoi hieman ruokaa lautaselleni ja toiselle lautaselle itseään varten. Sitten hän kysyi, oliko minulla Ramanan valokuvaa. Minulla oli kirja, jossa oli valokuva, niinpä otin sen esille. Hän asetti sen lähelle ruokaa ja oli syöttävinään kuvaa. Tämä jatkui viidentoista sekunnin ajan ja sitten hän vei hieman ruokaa ulos ja antoi sitä nälkäisille koirille ja variksille, jotka odottivat siellä. Sitten me molemmat istuuduimme odottamaan.

Arunachala-vuorella - 1974

"Mitä tuo kaikki oikein oli?" kysyin häneltä.

"Me pidämme Ramanaa gurunamme ja Jumalanamme. Syöttämällä ensin häntä ruoasta tulee pyhää ja se auttaa meitä voittamaan oman mielemme. Suurin osa länsimaalaisista ei pidä siitä, että ihmistä palvotaan Jumalana, siinä tapauksessa voi katsoa, että mikä tahansa muoto kuvastaa muotoa vailla olevaa. Tämä asenne on varmaankin tullut *Vanhan Testamentin* opetuksista, joissa sanotaan, että Jumalaa ei tulisi palvoa missään hahmossa, että Hänellä on persoonallisuus mutta ei muotoa. Vedisessä uskonnossa Jumalalla absoluuttisessa olemuspuolessaan ei ole muotoa eikä persoonallisuutta. Hän on Puhdas Oleminen, parhaiten ilmaistu sanoilla 'Minä olen se mikä minä olen', niin kuin Herra sanoi Moosekselle Siinailla. Hän voi kuitenkin ilmentää läsnäolonsa palvojilleen missä tahansa maailmankaikkeuden kohteessa. Jos ihmisen antaumus ja ajatukset ovat riittävän voimakkaita, Hänen voi nähdä läpäisevän jokaisen atomin luomakunnassa.

Niin kuin ajattelija läpäisee omat ajatuksensa, niin läpäisee Jumala maailmankaikkeuden, joka ei ole mitään muuta kuin Hänen tahtonsa tai ajatustensa ilmennystä. Jos haluamme nähdä Jumalan sisällämme ja sulauttaa mielemme Häneen ja saavuttaa siten jumalallisen autuuden, meidän on keskityttävä ja tehdä mielestä hienosyinen. Kuinka voimme keskittyä muotoa vailla olevaan, ilman kaltaiseen olentoon? Meidän mielemme on keskittynyt jatkuvasti muotoihin ja ääniin. Meidän tulee valita yksi muoto ja pyrkiä näkemään Jumala siinä. Hiljalleen me saavutamme keskittyneisyyden ja kykenemme näkemään Hänet kaiken läpäisevänä ydinolemuksena. Siksi uhrasin ensin ruokaa Jumalalle gurun muodossa ja sitten nälkäisten eläinten hahmossa. Me koemme myötätuntoa ja ykseyttä toisten olentojen kanssa,

mikä lopulta laajentaa tavanomaisen näkemyksemme universaa-
liin näkemykseen Jumalasta kaikissa. Ymmärrätkö?"

Vastatessaan yksinkertaiseen kysymykseeni Ratnamji kattoi
juutalaista ja itämaista filosofiaa pähkinäkuoressa! Olin ihmeissäni
hänen oppineisuutensa ja avarakatseisuutensa syvyydestä.

Syötyämme hän asettui matolle lepäämään. Minä ryhdyin
siivoamaan huoneennurkkausta, jota olimme käyttäneet keitti-
önä. Kyykistyin poistaessani lautasia ja keittoastioita.

"Miksi kyykistyt tuolla tavalla?" hän huomautti. "Jos seisot ja
kumarrut lantiosta alkaen tehdäksesi työn maan tasolla, venytät
jalkojesi lihaksia ja teet samaan aikaan hermoradoistasi vahvem-
pia, mikä poistaa samalla hermostosi tylsyyden. Jos sekä tylsyys
että levottomuus poistetaan, meditaatiosta tulee helpompaa."

Tein niin kuin oli sanottu ja menin ulos pesemään astioita.
Otin hieman saippuajauhetta ja ryhdyin hankaamaan astioita
seisaaltani tietenkin taipuen lantiosta käsin.

"Katsohan, me olemme munkkeja emmekä voi käyttää
saippuaa noin tuhlailevalla tavalla. Jos otat hieman kuivaa ja
pehmeää hiekkaa ja käytät sitä saippuan sijasta, se poistaa öljyn
ja lian eikä maksa mitään. Eilen näin sinun puhdistavan pulloa,
jossa oli ollut öljyä. Tuhlasit paljon saippuaa. Jos kaadat siihen
kuivaa hiekkaa, ravistelet sitä ja laitat oksan sen sisälle ja pyörität
sitä ympäriinsä, kaikki öljy, joka on takertuneena sen reunoille,
poistuu. Sen jälkeen tarvitaan vain hieman saippuaa tekemään
siitä ehdottoman puhtaan."

Aloin tuntea oloni hieman vihaiseksi. Vaikutti siltä, etten
osannut tehdä mitään kunnolla ja että hän tiesi kaiken. En
uskaltanut liikkua tuumaakaan, sillä muuten saattaisi paljastua,
että kävelytyylini oli väärä! Pesin tarvikkeet ja laitoin ne hyllylle.
Hän tarkisti, olinko laittanut ne avoin puoli alaspäin. Onneksi

minulla oli sen verran tervettä järkeä. Kävin makuulle ja aloin vaipua uneen.

"Hei Neal! Nukutko? Ei ole hyvä nukkua päiväsaikaan. Jos nukut auringonnousun jälkeen tai ennen auringonlaskua, keho ylikuumenee ja sen sijaan, että virkistyisit, tunnet itsesi uneliaaksi ja uupuneeksi. Jos tunnet itsesi väsyneeksi, voit pestä kasvosi ja käsivartesi ja maata hetkisen toistaen jumalallista nimeä, mutta älä sulje silmiäsi!"

'Ehkä minun ei pitäisi hengittää', ajattelin.

Iltapäivällä Ratnamji palasi ashramiin jatkaakseen työtään siellä. Jonkin ajan kuluttua menin hänen perässään. Osallistuttuani vediseen resitointiharjoitukseen ja illan jumalanpalvelukseen Samadhilla, menin meditoimaan. Meditoidessani tunsin itseni hallitsemattoman väsyneeksi ja pääni vaipui muutamia hetkiä sen jälkeen, kun olin sulkenut silmäni. Yritin karkottaa unen, mutta en kyennyt siihen. Tunsin pettymystä ja menin takaisin huoneeseeni ja söin sen, mitä lounaasta oli jäänyt jäljelle. Ratnamji oli keittänyt tarpeeksi, joten minun ei tarvinnut keittää enää illalla.

Hän tuli huoneeseen kahdeksan aikaan syötyään illallisensa ashramissa. Hän toi mukanaan ystävänsä, pitkän, hoikan miehen, jolla oli säteilevä hymy ja lapsenomainen nauru. Hän vaikutti lähes seitsemänkymmenen vuoden ikäiseltä.

"Tässä on Bhaiji", hän sanoi. "Bhaiji oli ensimmäisiä ihmisiä, joita tapasin tullessani tänne vuonna 1942. Hän on eläkkeellä oleva filosofian professori Hyderabadista, suuresta kaupungista, kuusisataaviisikymmentä kilometriä täältä pohjoiseen. 1930-luvulta lähtien hän tuli Maharshia katsomaan aina kun hän vain sai hieman aikaa professorintyöltään ja perhevelvollisuuksiltaan. Siitä lähtien kun tapasimme, me olemme pitäneet toisistamme ja hän on ollut minulle isä, äiti, vanhempi veli ja opas kaikkina näin vuosina, vähän niin kuin sinä ja minä. Bhaiji, kerro Nealille, kuinka sinä tulit Ramanan luokse."

"Opetin filosofiaa siihen aikaan osavaltion suurimmassa yliopistossa", Bhaiji sanoi. "Olin noin 42-vuotias. Vaikka olinkin kiinnostunut henkisestä elämästä, en ollut omistanut sille sydäntäni ja sieluani. Eräänä päivänä, kun olin suihkussa kotona, kuulin äänen ja käännyin ympäri. Näin miehen seisovan kylpyhuoneessa ja katsovan minua hymyillen. Olin varma siitä, että olin lukinnut kylpyhuoneen oven. Miehellä ei ollut mitään muuta päällään kuin lannevaate ja hänellä oli kävelykeppi kädessään. Pelästyin ja huusin kauhusta ja ryntäsin ulos kylpyhuoneesta. Perheeni tuli luokseni juosten. Kuultuaan syyn huudolleni he tutkivat kylpyhuoneen, mutta eivät löytäneet merkkiäkään kenestäkään tunkeilijasta.

Katsellessani viikkoa myöhemmin vedanta -filosofiasta kertovaa kirjaa, olin hämmästynyt huomatessani sen kansilehdellä kuvan miehestä, jolla oli lannevaate ja kävelykeppi ja joka oli ollut kylpyhuoneessani. Kuvan alla oli hänen nimensä, Ramana Maharshi. Kirjan esipuheessa kerrottiin, että hän oli valaistunut pyhimys, joka asui Arunacahala-vuoren juurella. Heti kun vain sain töistä vapaata, matkustin Arunachalaan.

Saavuttuani ashramiin menin suoraan halliin. Maharshi istui sohvalla säteillen käsinkosketeltavaa rauhaa ympärilleen. Hän loi minuun armollisen katseen ja sanoi nauraen:

'Jo ennen tänne tuloaan hän on nähnyt Ramanan!'

Siitä hetkestä lähtien antauduin kokosydämisesti tavoittelemaan henkistä päämäärää ja omistauduin hänelle gurunani ja oppaanani."

Ennen kuin hän lähti, hän vei minut sivummalle ja sanoi, että olin hyvin onnekas, kun minulla oli Ratnamji oppaanani henkisellä polulla. Hän selitti minulle, että Ratnamji oli korkean tason pyhimys ja ettei minun tulisi antaa hänen nöyrän ulkoasunsa ja toimiensa hämätä itseäni. Sitten hän hyvästeli meidät ja palasi ashramiin. Kello oli siinä vaiheessa yksitoista. Tunsin itseni väsyneeksi ja menin makuulle. Ratnamji, joka oli jo makuulla, kutsui minua ja sanoi, että olisi parempi puhdistaa pari jäljelle jäänyttä astiaa nyt, niin siten aikaa säästyisi huomiselle. Tein vastahakoisesti niin kuin hän sanoi ja asetuin sitten makuulle ajatellen kaiken aikaa, että minun tulisi nousta puoli neljältä aamulla. Olin juuri istuutunut matolle, kun hän kutsui minua ja pyysi, että painelisin hänen jalkojaan, sillä niihin sattui. Olin lukenut, että oli suuri siunaus saada koskea todellisen pyhimyksen kehoa ja että jotkut pyhimykset pyysivät oppilaitaan suosionosoituksena hieromaan heidän jalkojaan. Olin melko lailla onnellinen tästä mahdollisuudesta, mutta vaivuin jatkuvasti uneen. Lopulta näytti siltä, että Ratnamji nukkui, joten nousin hiljaa ylös ja menin makuulle.

"Miksi lopetit? Niihin sattuu yhä", hän sanoi.

Nousin jälleen ylös, tällä kertaa en enää kovin innoissani. Jollakin tavoin onnistuin pysyttelemään hereillä siihen asti, että hän kehotti minua käymään makuulle. Heti kun pääni kosketti tyynyä, olin unessa. Yhden aikaan Ratnamji kutsui minua.

"Minä palelen. Onko täällä huopaa?"

Hän tietenkin tiesi, että oli olemassa vain yksi puuvillainen huopa, jota itse käytin. Peittelin hänet sillä ja asetuin jälleen makaamaan, otin dhotini ja peitin sillä pituussuunnassa kehoni. On hämmästyttävää, miten lämmin tuollainen ohut kangas voi olla, kun palelet. Tyynynä käytin vaatteitani, jotka olin käärinyt kasaksi tai sitten käytin käsivarttani tyynynä. Vaikka se olikin aluksi hieman epämukavaa, totuin siihen jonkin ajan kuluttua ja olin oikeastaan onnellinen, että kykenin tulemaan toimeen niin vähällä. Se oli tärkeä askelma matkalla siihen, että opin olemaan vapaa erilaisissa olosuhteissa.

Puolet mielenrauhan menettämisestä johtuu reaktiostamme ulkoisiin olosuhteisiin ja kyvyttömyydestämme sopeutua. Hän, joka ei halua mitään tai joka on valmis tulemaan toimeen sillä mitä on saatavilla, on onnellinen kaikkialla. Ratnamji yritti opettaa minulle tätä käytännöllisten kokemusten kautta. Jos hän olisi sanonut, että meidän tulee tulla toimeen vähimmällä mahdollisella, mutta ei olisi koskaan luonut sellaista tilannetta, niin kuinka olisin muuten voinut saada siitä suoraa tietoa tai kokea sen tai harjoittelematta ja kokematta sitä aina uudelleen ja uudelleen? Kuinka olisin muuten voinut ymmärtää sen vaikutuksen mieleen ja henkiseen kehitykseen? Laittaen minut valvomaan, kun olin valmis menemään nukkumaan, hän pyrki opettamaan minulle sitä, miten mennään uneen takertumisen tuolle puolen. Jokainen tilanne tarjosi minulle mahdollisuuden olla joko itsekäs tai epäitsekäs ja kehittämään itsessäni kärsivällisyyttä ja vihan hallintaa.

Voimme ymmärtää, kuinka monet kielteiset ominaisuudet täyttävät mielemme vain ajoittaisten päivittäisten kokemustemme kautta, mutta pyhimysten seurassa sisällämme oleva hyvä ja paha tulee esiin pian. Opetuslapsen tehtävänä on tietenkin käyttää tätä henkisen kehityksensä jouduttamiseksi hallitsemalla kielteiset ominaisuutensa ja kasvattamalla itsessään hyviä ominaisuuksia. Jos pyhimyksen seurassa ollessamme ymmärrämme, miten oma mielemme toimii ja opimme hallitsemaan sitä, silloin osaamme elää maailman keskellä rauhallisesti. Jos selviää taistelutantereelta, niin mihin hyvänsä sen jälkeen meneekin, tulee se olemaan siihen verrattuna taivas.

Herättyäni puoli neljältä ja otettuani suihkun seisoin valmiina avustamaan Ratnamjia missä tahansa työssä. Edellisenä iltana olin tuonut Ratnamjin läheisyydessä ilmi laimean valituksen siitä, että minulla ei ollut nykyään paljoakaan aikaa meditoida. Vaikka istuinkin meditoimaan, vaivuin uneen, ymmärtääkseni sen takia, että olin ponnistellut päivin ja öin. En tiennyt, että tietyssä meditaation vaiheessa mielen sisäinen tylsyys ilmeni unena tai uneliaisuutena. Ratnamji ja Bhaiji katsoivat toisiaan ja nauroivat.

"Huomenna saat kokea todellista meditaatiota, vaikka et edes istuisi meditoimaan", Ratnamji sanoi.

En tiennyt, mitä hän oikein tarkoitti. Mutta sinä aamuna, kun pesin vaatteitani, tunsin selvästi, että olin liikkumaton tarkkailija, erilläni kehostani ja että vain keho teki työtä. Tunne ei kestänyt kovin pitkään. Yritin tavoittaa sen uudelleen, mutta en onnistunut. Mieleni oli ollut samanlaisen valoisuuden läpäisemä kuin hyvässä meditaatiossa. Kysyin siitä Ratnamjilta.

"Siitä minä kerroin sinulle eilen illalla. Jos toistat mantraasi aina ja pyrit pitämään mielesi vapaana työstä, niin tunne siitä, että et ole tekijä, alkaa sarastaa sinussa. Meditaatiossa istuminen on tietenkin myös hyvä asia, mutta se on vain ensimmäinen askelma. Sinä istuit meditaatiossa monta tuntia päivässä yli vuoden ajan, ennen kuin tulit tänne. Se on herättänyt sinussa jotakin, mutta se on vasta alkua ja on suuri rajoitus, jos voit kokea rauhaa vain silloin, kun istut alas ja suljet silmäsi. Rauha ja tietoisena olemisen virta on mielen tai egon todellinen olemus ja jos pitäydyt siinä, se johdattaa sinut mielen tuolla puolen olevaan todellisuuteen. Jos muokkaat mieltäsi pyhimysten neuvojen mukaisesti, tuo virta voimistuu, pitenee ja lopulta siitä tulee jatkuvaa. Siitä tulee yhä syvempää, kunnes lopulta ajatuksia ei ole lainkaan ja sinä menet tuolle puolen."

Ratnamji meni peseytymään ja minä seurasin häntä pyyhkeen kanssa. Hän seisoi kaivon äärellä kylmässä aamuviimassa nostaen vettä ja kaataen sitä päälleen yhä uudelleen. Kysyin häneltä, miksi hänen piti ottaa kylmä kylpy kylmänä aamuna, hänen iässään ja hänen henkisessä kehitysvaiheessaan. Hän sanoi, että kyse oli lähinnä esimerkistä toisille seurata perässä. Kysyin, keitä ne muut olivat. Minä olin ainoa täällä.

"Etkö sinä riitä? Kylpemällä tällä tavoin meistä tulee välinpitämättömiä kehon nautintoja ja kipuja kohtaan. Vain sillä tavoin voimme keskittää mielemme sisäiseen virtaan. Kiintyminen nautintoon ja vastenmielisyys kipua kohtaan ovat kaksi merkittävintä estettä meditaatiolle. Jos vain odottaa nautintoa ja tuskaa saapuviksi voidakseen harjoittaa välinpitämättömyyttä, saa odottaa kauan. Pyhät kirjoitukset sanovat, että meidän pitäisi aloittaa päivä kylmällä kylvyllä, mieluiten kaivon vedellä. Unen tylsämielisyys, joka vallitsee hermostossa, poistuu ja me koemme olomme raikkaaksi ja tarkkaavaiseksi. Tämä ei tietenkään päde sairaisiin, mutta me emme ole vanhoja emmekä sairaita, jolloin emme voisi noudattaa tätä ohjetta. Vaikka tämä ei tarkalleen ottaen olisikaan tarpeen minulle, niin jos en noudata tätä, sinä ajattelet, että se ei ole tarpeen sinullekaan. Jos et noudata tätä, viet itseltäsi tämän harjoituksen hyödyn."

Olin yllättynyt ja hieman liikuttunutkin vilpittömyydestä, jolla hän opetti minulle, miten puhdistaa mieli, vaikka se tarkoittikin sitä, että hän joutui näkemään vaivaa. Tiesin, että hänellä oli polvireuma, koska hänen polviaan särki. Olin tuonut kuumaa vettä, kun olin asunut ashramissa. Nyt hän jätti huomioimatta oman huonon terveytensä asettaakseen minulle hyvän esimerkin, jota minun tulisi noudattaa. Kysyin häneltä, miksi hänen pitäisi nähdä tällainen vaiva minun takiani.

"Tarvitsenko minä tai odotanko minä jotakin sinulta? En tietenkään, mutta minä koen, että Ramana on uskonut sinut minun huomaani, jotta näyttäisin sinulle tien Itse-oivallukseen, ja minä tiedän, että sinä koet itsekin niin. Kun tilanne on tämä, mikä on minun velvollisuuteni? Kun meidän gurumme on uskonut työn meille, eikö meidän tule tehdä sille täyttä oikeutta, vaikka se tarkoittaisi kärsimystä tai jopa kuolemaa? Jos täysi omistautuminen Jumalan antamalle velvollisuudelle ei ole läsnä, minkälaista kehitystä voimme odottaa maallisessa tai henkisessä elämässämme?

Meidän on hallittava mieli, tehdä siitä rauhallinen ja täysin keskittynyt voidaksemme nähdä todellisuuden loistavan sisällämme. Täydellinen omistautuminen tälle tehtävälle on tarpeen. Emme voi ottaa yhtä askelta eteenpäin ja kolmea taaksepäin kaiken aikaa. Jos olemme vilpillisiä kerrankin, tällaisesta vilpillisyydestä tulee tapa ja se läpäisee kaikki toimemme. Jos mielesi on levoton, se heijastuu heti johonkin kehosi osaan. Tätä sinun tulee välttää."

"Mieltä on vaikea kehittää ja muokata. Sen tähden meidän pitää antautua sille mitä teemme, jotta voimme tehdä henkiset harjoituksemme täydellisesti. Itse asiassa täydellisyys toiminnassa on voimakkain harjoitus mielen keskittämiseksi. Jos voin jollakin tavoin iskostaa henkisyyden sinuun, niin kuin guruni teki minulle näyttäen minulle jatkuvasti hyvää esimerkkiä, niin mikäli se on Jumalan tahto, sinä voit tehdä saman jollekulle toiselle. Muussa tapauksessa se on hyödyksi sinun omaa vapautustasi ajatellen."

Samadhilla pidetyn aamuisen jumalanpalveluksen jälkeen Ratnamji meni huoneeseensa tekemään omaa palvontamenoaan. Olin poiminut kukat, siivonnut huoneen, järjestellyt asioita ja osallistunut myös jumalanpalvelukseen. Vaikka en ymmärtänytkään kaiken merkitystä, nautin silti hymnien ja mantrojen toiston synnyttämästä ilmapiiristä. Tuona aamuna sen jälkeen, kun *puja* oli päättynyt, hän kääntyi minun puoleeni ja kysyi:

"Olet istunut täällä jo useita päiviä seuraten *pujaa*. Koska aiot tehdä omasi?"

"Voiko länsimaalainenkin tehdä *pujan?*" kysyin. "Te toistatte kaikki säkeet sanskritin kielellä. Jos minun pitää oppia sanskritia, se vie pitkän ajan. Sitä paitsi haluan meditoida ja palvella sinua. En halua käyttää aikaani kielen oppimiseen."

"Ei sinun tarvitse opetella sanskritia. Minä kirjoitan sinulle *pujan* englannin kielellä, käytän Maharshin runollisia säkeitä, ja sinä toistat nämä säkeet. Meidän antaumuksemme ja tarkkaavaisuutemme on tässä merkityksellinen, ei kieli. Jumala tuntee sydämemme eikä välitä ulkonaisista toimistamme", hän vastasi.

Joten seuraavien päivien ajan Ratnamji käytti kaiken vapaa-aikansa valiten säkeitä Ramanan antaumuksellisista, runollisista teoksista ja yksinkertaisti ritualistisen puolen. Hän selitti minulle myös *pujan* hyödyllisyyden. Hän sanoi, että vaikka ritualistinen jumalanpalvelus saattaa olla pelkkä rituaali papille, niin se on harjoitus, jonka tarkoituksena on keskittää mieli. Hän otti esimerkin mittarissa olevasta viisarista. Sen liike on helposti havaittavissa viisarin kärjessä, mutta ei niinkään havaittavissa viisarin alapäässä, missä se kiinnittyy itse laitteeseen. Samalla tavoin meidän mielemme on hyvin hienovireinen eikä sen liikkeitä ole helppo havaita. Meidän tekomme ja aistimme heijastavat mieltä tai ovat mielemme laajennus ja niitä on helpompi tarkkailla ja arvioida.

Kun hän sanoi tämän, muistin oman kokemukseni puutarhassa poimiessani kukkia. En kyennyt edes keskittymään kukkaan, jota poimin vaan etsin katseellani jo seuraavaa. Siihen asti olin ajatellut, että minulla oli hyvä keskittymiskyky, kun asia ei itse asiassa ollutkaan niin. Hän sanoi, että tehdessämme rituaalia, meidän tulisi tarkkailla mieltämme, missä määrin se keskittyy silmiimme ja käsiimme ja säkeiden kuuntelemiseen. Voimistaessamme keskittymistä aisteihimme lisäisimme keskittymiskykyämme hienovaraisempiin asioihin. Ja kun keskittymisemme syvenee, tietämättömyyden kalvo mielessämme ohenee asteittain ja alamme nähdä ja kokea Jumalallisen läsnäolon sisällämme ja ulkopuolellamme. Kun tämä saavuttaa korkeimman asteen, oivallamme Jumalan.

Minulta meni lähes kuukausi oppia *puja* ulkoa. Pidin Ramanan kuvaa alusta alkaen jumalanpalvelukseni kohteena, sillä minulle hän merkitsi korkeinta tietoisuutta. Jokin voima ilmiselvästi ohjasi minua ja minä koin, että tuo voima oli hän. Vaikka olinkin aika lailla älyllinen, niin tässä asiassa en ollut älyllinen lainkaan. Koin intuitiivisesti näin ja se riitti minulle. Näin Jumalan Ramanassa.

Liiallinen älyllisyys henkisyyden suhteen vie siitä elävyyden ja tekee meistä kovia ja kuivia. Koska Jumala on yksinkertainen, mielen puhdas perusta, lapsenkaltainen yksinkertaisuus ja usko vie päämäärään nopeasti. Myös Jeesus sanoi, että voidaksemme astua taivasten valtakuntaan meidän tulee olla lapsen kaltaisia. Voidaksemme kokea Jumalan, yksinkertainen ja lapsenomainen mieli on tarpeen. Taivasten valtakunta on sisässämme, mutta kiinnostuksemme mielen aaltoilua kohtaan estää meitä sukeltamasta syvälle, olemuksemme syvimpään.

Ratnamji kertoi minulle, että mitään hienoa ei tarvittaisi *puja*-aineksiksi. Yksinkertaiset keramiikka-astiat sopisivat hyvin. Hieman vettä, kukkia, suitsuketta ja palanen hedelmää uhrilahjana gurulle. Aloitin tosissani enkä jättänyt yhtään päivää väliin seuraavan kymmenen vuoden aikana.

Saatuani melko lailla ohjeita siihen, kuinka muokata toimintaani voidakseni puhdistaa mieleni, yritin parhaani mukaan soveltaa niitä tässä harjoituksessa. Tämä ei kuitenkaan ollut mikään helppo tehtävä. Kapinallinen mielenlaatuni nousi yhä uudelleen pintaan. Minulla ei ollut pienintäkään epäilystä sen suhteen, mitä Ratnamji oli kertonut minulle, mutta kun ryhdyin noudattamaan ohjeita, kuulin sisälläni kaksi ääntä. Toinen niistä sanoi: 'Tee niin kuin hän on sanonut.' Ja toinen sanoi: 'Miksi nähdä vaivaa? Tee niin kuin haluat!' Monena päivänä seurasin toista ääntä ja tein niin kuin halusin, vaikka tiesinkin, että olin väärässä.

Se oli jo itsessään tarpeeksi paha, mutta sitten jotakin outoa alkoi tapahtua. Joka kerta kun tein niin kuin halusin, sain kopautuksen päähäni. Eräänä iltana Ratnamji istui ashramin lammen rannalla toistamassa mantraansa. Kahden tunnin kuluttua hän nousi ylös ja lähti tulemaan huoneeseen. Siinä vaiheessa minä olin huoneessa yrittäen järjestää tiettyjä asioita. Hän oli laittanut tiettyjä tavaroita yhdelle hyllyistä ja sanonut useamman kerran, että en saisi koskea niihin, vaikka näyttäisikin siltä, että ne olivat epäjärjestyksessä. Siivotessani tulin kielletylle hyllylle ja ajattelin: 'Onko sillä nyt väliä, vaikka koskisinkin näihin tavaroihin. Ne ovat likaisia.' Niinpä aloin puhdistaa niitä ja järjestellä hyllyä. Sillä hetkellä Ratnamji käveli sisään.

"Mitä sinä teet?" hän kysyi.

"En mitään, ajattelin vain, että koska olen siivonnut koko huoneen, voin saman tien siivota täälläkin", vastasin.

"Minä tarkoituksellisesti pyysin sinua olemaan koskematta noita tavaroita hyllyllä nähdäkseni, kykenisitkö sinä hallitsemaan impulsiivisuuttasi. Ilmeisestikään et kykene. Kuinka voisi luottaa mitään tärkeää impulsiivisen ihmisen huomaan? Sellainen ihminen ei ole luotettava. Minä olin täynnä autuutta ja rauhaa toistettuani mantraa altaalla ja sitten tulen tänne ja löydän sinut tekemästä kolttosia. On aivan kuin suuri irtolohkare olisi heitetty tyyneen lampeen", hän sanoi.

Minusta tuntui tietenkin hyvin pahalta ja päätin, etten toimisi hänen toiveensa vastaisesti, mutta valitettavasti toistin saman virheen eri tavoin ainakin tuhat kertaa.

Eräänä päivänä hän pyysi minua poimimaan ruohoa uhrattavaksi jumalanpalveluksen aikana. Sellaista ruhoa kasvaa vain paikassa, missä on paljon vettä ja ashramissa sellainen paikka oli kylpyhuoneen viemärin seutu. Hän huomasi, että olin tuonut hänelle ruohoa, jonka olin vetänyt juurineen maasta. Hän sanoi:

"Ei ole tarpeen tappaa avutonta ruohoa. Me tarvitsemme vain ylemmän osan. Jos leikkaat veitsellä ruohon, silloin se ei kuole vaan kasvaa uudelleen."

Helppoa, jos vain oma mieli suuntautuu oikeaan asiaan oikealla hetkellä!

Seuraavana päivänä, kun menin poimimaan ruohoa, otin mukaani veitsen pyrkien tekemään niin kuin hän oli neuvonut. Ryhtyessäni leikkaamaan ruohoa mieleni sanoi: 'Miksi kuunnella häntä? Revi se juurineen ja leikkaa juuret irti jälkikäteen. Ei hän tule sitä koskaan tietämään.' Kuten tavallista, noudatin 'paholaisen ohjetta' ja vedin ruohon juurineen maasta. Valitettavasti aliarvioin juurien voiman, niinpä jouduin vetämään aika lujaa, jolloin ne antoivat yhtäkkiä periksi, ja minä pyllähdin viemärikanavaan. Nousin ylös märissä vaatteissa, surullisena, mutta viisaampana. Sitten menin Ratnamjin huoneeseen kuin rikollinen, joka pelkää oikeudenkäyntiä ja tuomiota. Hän yksinkertaisesti sanoi, että vain tällä tavalla opin, kivun kautta, ja oli sen jälkeen hiljaa.

Tämän kaltaista alkoi tapahtua pitkin päivää ja aloin olla suunniltani. Olin aivan kuin olisin nauttinut siitä, että sain rangaista itseäni. Tai niin kuin jokin ulkopuolinen voima olisi saanut minut toimimaan väärällä tavalla ja nauttisi sitten siitä. Aloin hämmentyä ja masentua ja ajatella, että ehkä olin tehnyt virheen, kun olin alkanut elää henkistä elämää. Mutta kun ajattelin asiaa, en keksinyt parempaakaan elämäntapaa. En ollut astunut henkiselle polulle loogisesta ajattelusta syntyneen valinnan seurauksena vaan sisäisen kehityksen tuloksena ja sen seurauksena, että olin ymmärtänyt henkisen elämän arvon maallisten nautintojen rinnalla. Sen tähden ei tullut kysymykseenkään, että olisin palannut entiseen tai alkanut elää toistenlaista elämää. Vaikka palaisinkin takaisin aiempaan elämääni, sama ymmärrys ilmenisi jälleen ja toisi minut taas luopumisen ja henkisyyden tielle.

Kuinka voisin sitten korjata tilanteen? Olin yrittänyt useita kertoja seurata Ratnamjin antamia yksinkertaisia ohjeita, mutta joka kerta tein juuri päinvastoin ja maksoin siitä välittömästi kovan hinnan. Niinpä ajattelin, että ehkä ongelma oli Ratnamjissa. Hän oli niin tarkka siitä, että kaikki piti tehdä tietyllä tavalla. Minkäänlaista kompromissia ei saanut tehdä. Vaikka olinkin hyväksynyt hänet oppaakseni, päätin, ettei minun tarvitsisi seurata hänen ohjeitaan. Voidakseni välttää edessä olevan haukkumisen mieleni kehitteli petollisen tempun. Menin Ratnamjin luo ja kerroin hänelle, että koska minun seurani olin häiriöksi hänelle ja hän menettää siten vain mielenrauhansa, niin lienee parempi, että menen pois.

"Minne sinä menet?" hän kysyi hymyillen.

"Ehkäpä Pohjois-Intiaan", vastasin.

"Mitä aiot tehdä siellä?" hän kysyi.

"Hankin itselleni varmaan gurun ja teen henkisiä harjoituksia. Muussa tapauksessa hankin itselleni talon Himalajalta ja kasvatan siellä puutarhaa", vastasin itsevarmasti.

Hän nauroi.

"Jumala on tuonut sinut tänne ja ilman, että kumpikaan meistä olisi etsinyt toista, me olemme tavanneet ja siten meidän suhteemme on kehittynyt. Nyt on sinun aikasi puhdistaa mielesi ja menitpä minne hyvänsä, joudut lopulta tekemään juuri niin. Sinä koet, että minä olen liian ankara ja että jos menet pois, saat olla enemmän rauhassa, mutta totuus on se, että jos heität pois sen mikä sinulle on annettu pyytämättä, et ehkä saa sitä enää lähitulevaisuudessa. Jos löydät itsellesi oppaan jollakin tavoin, hän tulee olemaan sata kertaa ankarampi kuin minä. Kun Jumala on ohjannut meidät henkiseen elämään ja me juoksemme karkuun niitä pieniä kärsimyksiä, joita joudumme kokemaan henkisessä koulutuksessamme, niin Jumala tulee antamaan meille kaksinkertaisen määrän kärsimystä. Siten me palaamme takaisin oikealle polulle. Henkinen polku ei ole mikään vitsi ja jos haluamme kokea Jumalan autuuden, meidän tulee ensin käydä läpi se kärsimys, mikä liittyy kehon ja mielen puhdistamiseen. Riittää, että sinnittelet eteenpäin ja pyrit rauhoittamaan oman kurittoman mielesi ja tulemaan omaksi rauhalliseksi itseksesi", hän sanoi.

Tietenkin tiesin, että hän oli oikeassa, mutta sama kaksoisääni jatkoi mielessäni, ehkä hieman heikompana tämän keskustelun jälkeen. Olin ollut eräänä päivänä eurooppalaisen oppilaan huoneessa, joka oli elänyt ashramissa monia vuosia. Kunnioitin häntä suuresti ja tunsin, että hän oli saavuttanut jonkinasteisen valaistumisen. Hän kysyi minulta, miten minä voin ja kerroin hänelle, että koin oloni hyvin onnettomaksi ja että toivoin, etten olisi syntynytkään. Hän sanoi minulle, että mikäli hän kykeni näkemään, niin ongelmani johtuivat siitä, että vaikka olinkin amerikkalainen, yritin elää kuin hindu. Hän sanoi myös, että jos kuuntelisin Jumalan ääntä sisälläni, en voisi mennä vikaan.

Keskusteltuani hänen kanssaan jonkin aikaa palasin omaan huoneeseeni. Ajattelin sitä mitä hän oli sanonut ja tulin siihen tulokseen, että hän oli oikeassa. Päätin mennä ja kertoa Ratnamjille oivalluksestani ja lähteä hänen luotaan lopullisesti. Kuuntelisin vastaisuudessa toisen ystäväni neuvoja.

Menin hänen huoneeseensa kuin tuulispää. Ratnamji sanoi välittömästi:

"Mitä tämä on? Istu alas joksikin aikaa. Kun olet rauhoittunut, voimme puhua. Minusta tuntuu siltä kuin pyörremyrsky olisi tullut huoneeseen!"

Hetken päästä kerroin hänelle, että olin löytänyt syyn mieleni levottomuudelle ja lisäsin, ettei hänen ei olisi pitänyt yrittää tehdä minusta hindua. Kerroin mitä ystäväni oli sanonut. Hän ei vastannut vaan nousi ylös ja käski minua seuraamaan. Oli ilta ja me kävelimme runsaan kilometrin, kunnes saavuimme pienelle kukkulalle, missä ei ollut ketään. Kuu loisti ja Arunachala säteili taustalla. Kaikkialla oli hiljaista.

Istuttuaan hiljaa jonkin aikaa, hän avasi sanaisen arkkunsa.

"Neal, lapseni, ystävämme on erehtynyt siinä, miten hän ymmärtää sinua. Sinä olet lähtenyt Yhdysvalloista jumalallisesta yllykkeestä ja koska sisälläsi asuu rakkaus Intiaa kohtaan. Mitä hyvänsä sinä näet tai kuulet hindukulttuurista on sinulle täysin ymmärrettävää ja ilman, että kukaan on pakottanut sinua yhtään mihinkään, olet ryhtynyt elämään perinteisen hindu-munkin elämää. Itse asiassa sinun uskosi vediseen elämäntapaan on suurempi kuin monien ortodoksisten hindujen. Minä en ole koskaan aikonut johdattaa sinua tälle polulle. Minä olen vain osoittanut sinulle polun, jota olen itse seurannut. Sinä olet pitänyt siitä ja olet yrittänyt sitä seurata. Sinun mielesi vain kapinoi kaiken aikaa. Se johtuu vanhoista, syvälle juurtuneista tottumuksista, joita olet kerännyt itsellesi vuosia ennen kuin tulit tänne. Johtuen siitä taistelusta, jota käyt hyvien pyrkimystesi ja vanhojen tottumustesi välillä, sinä kärsit. Sillä ei ole mitään tekemistä sinun nykyisen elämäntapasi kanssa, vaikkakin minun läsnäoloni epäilemättä osallistuu tuohon taisteluun. Jokainen oppilas joutuu lopulta taistelemaan alemman mielensä kanssa ja selviämään siitä voittoisana ja uudistuneena. Vaikka onkin totta, että Jumalan ääni on sisässämme, siellä on myös monia muita ääniä. Hienosyisin niistä on tietenkin Jumalan ääni, ja nykyisessä tilassasi sinä et välttämättä kykene erottamaan kunnolla sitä, mikä on Hänen ja mikä paholaisen ääni, niin sanoakseni. Ennen kuin saavutat riittävästi sisäistä puhtautta voidaksesi tehdä niin, turvallisempaa on luottaa opettajaasi ja seurata hänen ohjeitaan, oli se sitten kuinka vaikeaa tahansa. Haluan ainoastaan sinun hyvääsi enkä toivo sinulle kärsimystä. Yritä ymmärtää rakkauteni syvyys sinua kohtaan, joka on henkistä laatua, ja luottaen siihen jatka mielesi puhdistamista. Tällä hetkellä se vähäinen valo, joka sinussa on, on sekoittunut pimeyteen. Se tulee tiedostaa ja poistaa. Älä ole niin kovasti huolissasi. Ramana on tuonut sinut tänne asti ja osoittaa sinulle myös loppumatkan."

Hänen rauhoittavat sanansa olivat balsamia sielulleni, mutta muutaman päivän kuluttua aloin kärsiä jälleen mieleni vastakkaisista äänistä johtuen. Aloin kokea, että oli toivotonta yrittää tehdä mielestäni puhdas ja aloin itse asiassa miettiä itsemurhaa, vaikka minulla ei varmaankaan olisi ollut rohkeutta tehdä sitä. Tuossa vaiheessa törmäsin Ramana Maharshin ja hänen oppilaansa väliseen keskusteluun, joka käsitteli itsemurhaa. Ramana kertoi oppilaalle, että itsemurha oli henkisesti yhtä paha asia kuin murha. Kipu koskettaa kehoa, mutta kärsimys mieltä, niinpä mieli tulee tappaa, ei viatonta kehoa. Hän, joka tappaa oman kehonsa, joutuu silti läpikäymään nykyiseen elämäänsä liittyvän kärsimyksen kuolemansa jälkeen ja tuohon kärsimykseen lisätään itsemurhan synnin aiheuttama kärsimys. Sen sijaan, että itsemurha olisi ratkaisu, se vain pahentaa tilannetta. Ihminen, joka on tehnyt itsemurhan, ei voi koskaan saavuttaa mielenrauhaa kuoleman jälkeen.

Tämä tietenkin teki itsemurhasta minulle mahdottoman vaihtoehdon. Ei yksinkertaisesti ollut muuta mahdollisuutta kuin ponnistella eteenpäin ja pyrkiä saamaan mieli tottelemaan tahtoani. Tahdoin niin kovasti sitä, että olisin voinut olla tasapainossa Ratnamjin kanssa ja että hänen ei tarvitsisi ojentaa ja sättiä minua jatkuvasti. Se ei varmastikaan ollut mukavaa hänelle ja se oli helvetti minulle. Vaikka olisin ilomielin juossut tieheni useita kertoja, sisälläni oli aina joku, joka sanoi: 'Kaikki tapahtuu parhain päin. Älä anna periksi vaan jatka rohkeasti eteenpäin tämän sielun pimeän yön lävitse.' En ollut edes lukenut sielun pimeästä yöstä, mutta olin varmastikin keskellä sitä. Tämä tuskallinen vaihe jatkui lähes vuoden ajan, jolloin opettelin ja ponnistelin voidakseni soveltaa käytäntöön sen mitä minulle opetettiin.

Vuoden lopulla Ratnamji kehotti minua kutsumaan äitini Intiaan. Hän sanoi, että olin jättänyt hänet tunteettomalla tavalla. Itse asiassa olin kohdellut häntä epäkunnioittavasti ja välinpitämättömästi suurimman osan elämääni johtuen lapsille niin tyypillisestä itsekkyydestä ja ylimielisyydestä. Toisin kuin Intian kulttuuri, amerikkalainen kulttuuri ei korosta sitä, että omia vanhempia tulisi totella parhaansa mukaan. Heitä tulisi hoitaa hellästi maksaen takaisin sillä tavoin sitä velkaa, että he ovat kasvattaneet meidät ja antaneet meille kaiken. Joko velvollisuudesta tai rakkaudesta heitä kohtaan tulisi huolehtia vanhemmistaan ja ylläpitää hyviä suhteita heihin. Ilman äidin siunausta todellinen kehitys henkisessä elämässä ei ole mahdollista. Tämä on menneisyyden tietäjien näkemys. Pyhissä kirjoituksissa sanotaan, että kiittämätön ihminen ei löydä paikkaa edes helvetistä. Jos vanhemmat kuitenkin kehottavat tekemään jotakin, mikä on vahingollista meidän henkiselle kehityksellemme, sitä ei ole tarpeen noudattaa. Ainoastaan henkisen oppaan sanomiset painavat enemmän kuin vanhempiemme näkemykset.

Kirjoitin äidilleni ja hän oli valmis tulemaan sisareni kanssa niin pian kuin mahdollista. Tässä vaiheessa Ratnamji kertoi minulle, että hän menisi Hyderabadiin tapaamaan oppilaita ja sukulaisia, jotka olivat innokkaita tapaamaan hänet pitkän ajan jälkeen. Hän sanoi, että jos haluaisin, voisin tuoda äitini sinne. Voisin myös tulla sinne yksin sen jälkeen, kun äitini olisi palannut Yhdysvaltoihin, tavatakseni siellä toisia oppilaita ja pyhimyksiä. Matkalla bussiasemalle hän sanoi minulle, että minun pitäisi pyrkiä näkemään Ramana äidissäni ja palvella häntä sillä tavoin. Tämä olisi Jumalalle mieleen ja myös äidilleni, vaikka hän ei tietäisikään, miksi. Jumalan palvojan tulee rakastaa yksin Jumalaa, ja kun hän tekee niin, koko luomakunta saa vastaanottaa hänen rakkautensa, sillä Jumala asustaa kaikkien sydämessä. Sanottuaan tämän hän nousi bussiin ja meni menojaan. Minä jäin itseni varaan odottaen, että uusi luku elämässäni alkaisi.

Luku 3

Kehittymistä

Muutamia päiviä myöhemmin äitini ja sisareni saapuivat autolla Madrasista. Äitini oli riemuissaan nähdessään minut yli vuoden erossaolon jälkeen. Hän oli yllättynyt nähdessään, että olin leikannut pitkät hiukseni, ajanut partani ja että päälläni oli vain dhoti ja pyyhe. Kumarsin hänelle kuten pyhät hindukirjoitukset edellyttivät.

"Mitä tämä on?" hän huudahti. "Miksi makaat maassa edessäni?"

"Amma, en makaa. Minä kumarran sinulle saadakseni siunauksesi", vastasin tyynesti.

"Jos haluat siunaukseni, älä tee enää tuolla tavoin. En ole koskaan kuullutkaan tuollaisesta! En pidä siitä", hän sanoi hieman tuskaisena siksi, että hänen poikansa nöyryytti itseään hänen edessään.

"Amma, koeta kestää minua. Et tietenkään pidä siitä, mutta minun pitää saavuttaa oikea asenne voidakseni nähdä Jumalan sinussa. Katsohan, kun Mooses näki Jumalan palavassa pensaassa Siinain vuorella, hän kaatui maahan kuin vastakaadettu puu antaumuksesta ja kunnioituksesta. Harjoittelemalla tällä tavoin minä opin lopulta näkemään Jumalan kaikissa ja kaikessa", yritin selittää hänelle.

"No, voit tehdä niin toisille. Älä kuitenkaan tee niin minulle!" hän tiuskaisi.

Hyviteltyäni heitä vein heidät pieneen huoneeseeni, missä olin asunut melkein vuoden. Äiti tuntui kärsivän elämäntapani yksinkertaisuuden takia. Ollessani kotona olin käyttänyt kolmekymmentä senttiä paksua patjaa ja vaahtomuovityynyjä ja täällä makasin matolla ilman lakanaa tai tyynyä. Kerroin hänelle päivittäisestä aikataulustani, kuinka heräsin puoli neljältä aamulla ja menin nukkumaan yhdentoista aikaan illalla. Näytin hänelle myös *pujani*. Yritin laittaa hänelle jotakin ruokaa, mutta se oli niin pahaa, ettei edes lehmä olisi syönyt sitä.

Kaikesta huolimatta hän osoitti tyypillisellä kärsivällisyydellään arvostusta sitä kohtaan, mitä olin tekemässä ja rohkaisi minua jatkamaan valitsemallani polulla, vaikka hän olisikin ollut onnellisempi, jos olisi nähnyt minun elävän tavallisempaa elämää. Valitettavasti hän sai joitakin päiviä myöhemmin punataudin, minkä tähden hän joutui viettämään loput päivät vuoteenomana. Pidin sitä Jumalan tahdon osoituksena, että sain näin palvella häntä, niinpä yritin parhaani mukaan auttaa häntä toipumaan. Kun kaksi tapahtumaköyhää viikkoa oli kulunut, minä ja sisareni veimme hänet Madrasiin, mistä hän lentäisi takaisin kotiin. Sisareni päätti palata Tiruvannamalaihin. Hän jäi sinne kuudeksi kuukaudeksi meditoimaan ja opiskelemaan.

Nousin ensimmäiseen Hyderabadiin menevään junaan ja saavuin sinne seuraavana aamuna. Matkalla huomasin mielentilassani syvällisen muutoksen. Tavanomainen hämmennys ja kamppailu oli vaihtunut rauhan tunteeseen. Olin tuntenut tälläistä rauhaa aina silloin tällöin, mutta tunsin sitä pidempiä aikoja aamuisin ennen auringonnousua ja iltaisin auringon laskettua. Se ilmeni itsestään, ilman että olisin meditoinut. Jopa muinakin hetkinä päivän aikana tunsin itseni rauhallisemmaksi ja onnellisemmaksi. Johtuiko se siitä, että olin totellut Ratnamjia ja saanut osakseni äitini siunauksen? Olin vakuuttunut siitä, että kokisin hänen kanssaan suurempaa harmoniaa, kun näkisimme seuraavan kerran. Saavuttuani Hyderabadiin etsin sen talon, missä Ratnamjin piti asua, mutta sain kuulla, että hän oli sairaalassa.

"Mitä tarkoitat, sairaalassa? Luulenpa, että tarkoitat jotakuta toista."

Ajattelin, että olin ehkä tullut väärään taloon.

"Ei, Ratnamji on nuorempi veljeni. Hän kertoi, että sinä tulisit. Olen pahoillani joutuessani kertomaan, että hän on sairaalassa murtuneen lonkan takia."

En ollut uskoa korviani. Kuinka hänenlaisensa pyhimysmäinen ihminen joutuisi tuollaiseen onnettomuuteen? Olin tietenkin hyvin naiivi tuohon aikaan ja ajattelin, etteivät pyhimykset joudu koskaan kokemaan vaikeuksia niin kuin tavalliset ihmiset. Seuraavien seitsemän vuoden aikana, jotka vietin Ratnamjin kanssa, tulin näkemään, että pyhimykset itse asiassa joutuivat kärsimään paljon enemmän kuin tavalliset ihmiset.

"Tule sisään. Vien sinut sinne lounaan jälkeen", hänen veljensä vakuutti minulle.

Hän oli vanhempi, ehkä siinä kuudenkymmenenviiden vuoden ikäinen, eläkkeellä oleva rautatietyöläinen. Hän piti äidillisesti huolta Ratnamjista. Hän lähetti tälle hieman rahaa kuukausittain, ettei hänen tarvitsisi kärsiä ruoan puutteesta. Ratnamji piti sitä jumalallisena järjestelynä. Aina kun hän tuli Hyderabadiin, hän vietti jonkin aikaa veljensä talolla pyrkien istuttamaan häneen ajatuksia henkisyydestä.

"Miten hänen lonkkansa murtui?" kysyin peseydyttyäni ja istuuduttuani saliin.

"Hän osallistui ystävän talolla *bhajaneihin* – tilaisuuteen, jossa lauletaan antaumuksellisia lauluja. Seuraavana aamuna hänen piti tulla tänne, sillä tarkoituksemme oli suorittaa vuotuinen seremonia edesmenneille vanhemmillemme. Hänen ystävänsä poika tarjoutui tuomaan hänet tänne skootterinsa kyydissä, ja Ratnamji suostui. Kun he olivat juuri kääntymässä, taksi törmäsi heihin, jolloin hän putosi kyydistä. Kuljettaja ei loukkaantunut, mutta johtuen pudotuksen voimasta Ratnamjin lonkka murtui. Tämä tapahtui kaksi päivää sitten. He eivät ole vielä asettaneet luita paikoilleen, sillä sitä varten täytyy tehdä leikkaus. Hän on sokeritautinen. Lääkäri haluaa laskea hänen verensokerinsa normaalille tasolle, ennen kuin hän ryhtyy tekemään mitään", hänen veljensä selitti.

Nousimme lounaan jälkeen bussiin, joka vei meidät sairaalaan. Se sijaitsi noin kuuden kilometrin päässä ja antoi minulle mahdollisuuden nähdä hieman kaupunkia. Bussi oli kaksikerroksinen niin kuin bussit Lontoossa, ja me istuimme ylemmässä kerroksessa nähdäksemme paremmin kaupunkia. Hyderabad oli yksi Intian kauneimmista kaupungeista. Siellä oli avaria läpikulkuväyliä, paljon puita, jotka varjostivat katuja molemmin puolin. Siellä oli paljon puistoja ja paljon avaraa tilaa sekä pieni joki, joka virtasi kaupungin keskustan halki. Mogulien vaikutus näkyi kaikkialla kaupungin arkkitehtuurissa. Se oli itse asiassa kaksoiskaupunki, Secunderabadin ollessa sisarkaupunki. Ihmiset olivat hyvin ystävällisiä ja kohteliaita. Koska kaupunki sijaitsi lähellä Intian keskikohtaa, monet eri uskontojen pyhimykset kulkivat sen läpi, niinpä siellä oli aina löydettävissä antaumuksellista ohjelmaa jossakin päin kaupunkia.

Me saavuimme suurikokoiseen valtionsairaalaan ja nousimme toiseen kerrokseen, miesten kirurgiselle osastolle, missä oli varmaankin sata potilasta. Hänen veljensä vei minut sängyn luo, missä Ratnamji makasi kasvoillaan säteilevä hymy.

"Tämä on kauhistuttavaa! Kuinka sellainen onnettomuus saattoi tapahtua sinulle!" minä huudahdin kyyneleet silmissäni, ennen kuin olin edes ehtinyt tervehtiä häntä.

"Onnettomuus? Onko sellaista olemassa? Onko syntymä onnettomuus? Onko kuolema onnettomuus? Kyse on Ramanan suloisesta tahdosta minun henkiseksi parhaakseni. Jumalan palvojalle ei ole olemassa sellaista asiaa kuin kohtalo tai onnettomuus. Mitä hyvänsä tapahtuukaan hänelle, se tapahtuu hänen rakastamansa Jumalan armosta, Hänen, joka pyrkii aina ohjaamaan palvojansa takaisin luokseen. Meidän tulee olla onnellisia, asetti Hän meidät sitten minkälaiseen tilanteeseen tahansa", Ratnamji vastasi hymyillen.

Hän selvästikin harjoitti itse sitä mitä hän opetti. Hän näytti olevan yhtä onnellinen kuin aina ennenkin, vaikka hän olikin vuoteenomana kykenemättä liikkumaan minnekään. Lääkäri oli laittanut väliaikaisen lastan hänen jalkaansa estämään jalan liikuttamista. Se oli epäilemättä hyvin epämukava.

"Mistä tiesit, että olisin täällä?" Ratnamji kysyi minulta.

"En arvannut, että olisit sairaalassa. Kun äitini lähti, nousin heti junaan. Kun saavuin Hyderabadiin, menin suoraan veljesi talolle, jonka osoitteen löysin kirjeestäsi. Olin kauhuissani kuullessani onnettomuudestasi ja ajattelin, että olin tullut väärään taloon, mutta nyt näen, että asia on todellakin näin", vastasin lähes kyynelissä silmin nähdessäni hänet sillä tavoin sairaalasängyssä. Hän oli aina ollut toimelias ja nyt hän oli sidottuna, kuin vanki.

Hän kosketti käsivarttani myötätuntoisesti. Yrittäen lohduttaa minua hän sanoi:

"Älä olen niin pahoillasi. Jotakin hyvää tulee varmasti tästäkin. Kaikki olivat huolissaan, että ei olisi ketään, joka voisi huolehtia minusta. Kaikkien tulee huolehtia työpaikoistaan, kouluistaan ja perheistään. Kuka siis huolehtisi köyhästä munkista? Kukaan ei ilmaissut asiaa näin monisanaisesti, mutta ymmärsin kyllä mitä heidän mielessään liikkui. Kerroin veljelleni tänä aamuna, että olen uhrannut kaiken Ramanalle, Ramana huolehtii minusta. Hän tulisi sen näkemään. Nyt sinä olet tullut tänne, juuri oikeaan aikaan. Ystäväni ja sukulaiseni tulivat tänne vuorotellen auttaakseen minua, mutta he tunsivat olonsa hieman epämukavaksi. Mutta kuka lähetti Nealin tänne juuri oikeaan aikaan? Eikö se ollut Ramana? Maalliset ihmiset uskovat vain maailmaan. Jumala on heille vain abstrakti, utuinen ajatus. Meille asia on toisinpäin. Hän yksin on todellinen ja siihen verrattuna maailma on vain utuinen uni."

Joku kysyi minulta, kuinka kauan olisin Hyderabadissa. Itse asiassa itsekäs ajatus kulki mieleni poikki. Ajattelin, että viettäisin siellä muutaman päivän tehden Ratnamjin olon mukavaksi ja palaisin sitten ashramin rauhaan. Olin levoton sen suhteen, että hänen seuransa saisi jälleen aikaan kuohuntaa mielessäni.

"Hän lähtee sitten kun minä kykenen jälleen kävelemään yksin", Ratnamji vastasi ennen kuin ehdin avata suutani. Kuullessani nuo sanat koin sydämeni syvimmässä, että olisi väärin jättää hänet noin vain ja pidin hänen ilmoitustaan jumalallisena käskynä.

Seuraavien päivien aikana sain nähdä jatkuvan virran vierailijoita Ratnamjin vuoteen vierellä. Hän oli kasvanut ja koulutettu Hyderabadissa ja hän oli vieraillut siellä usein Ramanan poislähdön jälkeen. Kaikki, jotka vain kuulivat hänen onnettomuudestaan, tulivat sairaalaan. Jopa sen jälkeen, kun sairaalan ovet oli suljettu vierailijoilta iltaisin, sairaalan yhteydessä asuvat lääkärit ja sairaalan henkilökunta tuli tapaamaan häntä ja kuulemaan henkistä puhetta hänen huuliltaan. Yksi oppilaista antoi minulle huovan ja sairaalan valvoja antoi minulle luvan nukkua hänen sänkynsä vierellä ja päiväsaikaan taas autoin häntä. Vaikka sairaala antoi Ratnamjille ruokaa, jotkut oppilaat toivat minulle ruokaa päivittäin. Pidimme Ramanan kuvaa sängyn vierellä olevalla pöydällä, ja minä poimin joitakin kukkasia puutarhasta päivittäin, joilla koristelimme sen. Tehtyäni hänen olonsa mukavaksi aamulla menin lähellä asuvan oppilaan luokse kylpemään, ja suoritettuani päivittäisen jumalanpalvelukseni palasin parin tunnun kuluttua. Tämä oli ainoa hetki päivän aikana, jolloin lähdin sairaalasta varmistettuani, että Ratnamji ei tarvitsisi heti jotakin.

Viikon kuluttua hänen sokeritautiinsa liittyvä kunto oli parantunut siinä määrin, että se mahdollisti leikkauksen. Leikkauspäivän aamuna noin neljäkymmentä ihmistä saapui voidakseen olla hänen seurassaan. Ajattelin juuri Bhaijia ja pohdin, että tulisiko hän, kun hän käveli juuri sillä hetkellä osastolle. Hän mainitsi tästä sattumasta Ratnamjille. Hän sanoi minulle:

"Vaikka tällaisia asioita tapahtuukin, meidän ei pitäisi kokea niistä mitään erityistä riemua. Vaikka me saisimmekin henkisiä voimia, meidän ei pitäisi ottaa niitä vastaan, sillä ne voisivat saada meidät poikkeamaan Jumalan oivaltamisen polulta. Ennen Jumal-oivallusta kaikki yliluonnolliset kyvyt ovat kuin tomua."

Bhaiji, joka oli tavalliseen tapaansa hilpeällä tuulella, istuutui sängyn vierelle. Tiedusteltuaan Ratnamjin terveydentilasta ja edessä olevasta leikkauksesta hän alkoi laulaa Jumalan nimeä yhdessä Ratnamjin kanssa. Mitä sitten seurasi, sitä on vaikea kuvailla sanoilla.

Sairaanhoitaja saapui ja ryhtyi käsittelemään murtunutta kohtaa spriillä puhdistaakseen sen leikkausta varten. Tuska oli sietämätön, jolloin Ratnamji alkoi laulaa Jumalallista nimeä voimallisemmin. Yhtäkkiä hän alkoi nauraa hulvattomasti. Seuraavassa hetkessä hänen silmänsä jähmettyivät, hänen hengityksensä pysähtyi, hänen rintakehänsä laajeni ja ihokarvat hänen kehossaan ja päässään nousivat pystyyn aivan kuin sähkövirta olisi kulkenut hänen lävitseen. Katsellessani tätä ihmeissäni näin, että hänen silmänsä muuttuivat hiljalleen ruskeista säteilevän sinisenvalkoisiksi, kaarivalaisimen tai hitsausliekin värisiksi. Oliko tämä *samadhi*, Jumalaan sulautumisen korkein autuus?

Muutaman hetken päästä hänen kehonsa rentoutui hieman ja hän nauroi tukahtuneella äänensävyllä ja alkoi puhua innostuneesti siitä valtameren voimasta, joka on Jumala. Ennen kuin hän ehti sanoa sanan 'Jumala', hänen mielensä kohosi jälleen valoon ja hänen ihokarvansa nousivat pystyyn niin kuin aiemminkin. Näin tapahtui useita kertoja. Hetkeä myöhemmin lääkäri tuli hänen sänkynsä vierelle katsomaan, olisiko Ratnamji valmis leikkaukseen. Lääkärin nimi oli Rama, joka oli yksi Jumalan nimistä sanskritin kielellä. Yksi katse kohti lääkäriä ja Ratnamji oli jälleen poistunut tästä maailmasta äärettömän autuuden asuinsijoille. Palatessaan takaisin hän änkytti:

"Rama, Rama, pelkkä ajatus sinun nimestäsi saa minut tällaiseen tilaan!"

Lääkäri ja sairaanhoitaja eivät ymmärtäneet lainkaan, mitä hän oikein tarkoitti. He luulivat, että hän oli hysteerinen edessä olevan leikkauksen synnyttämän pelon tähden. He sanoivat hänelle, että ei ollut mitään syytä olla huolissaan, että hänet puudutettaisiin, niinpä hän ei tulisi tuntemaan mitään.

"En ole huolissani. Kertoakseni totuuden, puudutusta ei tarvita. Vaikka ette käyttäisi sitä, en tuntisi pienintäkään kipua!" hän selitti nauraen.

Ymmärtämättä hänen lausuntonsa merkitystä he vakuuttivat hänelle uudelleen ja käskivät häntä valmistautumaan. Muutaman minuutin kuluttua he kuljettaisivat hänet leikkaussaliin. Nähdessäni hänen ihmeellisen tilansa ja luettuani kuvauksia tällaisista asioista oivalluksen saavuttaneiden sielujen elämästä toivoin syvästi mielessäni, että minäkin saisin kokea tuollaisen ykseyden kokemuksen korkeimman valon kanssa, jonka olin juuri saanut todistaa. Juuri kun olin ajatellut näin, Ratnamji kääntyi puoleeni ja sanoi:

"Onko se mahdollista näin pian? Ensin sinun tulee harjoittaa ja tulla kypsäksi ja sitten se tulee."

Ilmiselvästi mieleni oli hänelle kuin avoin kirja.

Kun hän palasi leikkaussalista, muutamat oppilaat istuutuivat hänen sänkynsä vierelle. Rauha, joka säteili hänestä, oli valtava. Minun ajatusaaltoni enempi tai vähempi asettuivat ja nautin syvästä rauhasta, joka oli kuin syvä uni. Hiljalleen hän tuli tietoiseksi jälleen, kun nukutuslääkkeen vaikutus haihtui, hän nauroi ja laski leikkiä kaikkien kanssa myöhäiseen iltaan asti. Lääkärit olivat työntäneet teräspuikon hänen sääriluunsa lävitse polven alapuolelta voidakseen laittaa hänen jalkansa venytykseen.

Lääkärien laiminlyönnistä johtuen terästangon ympärillä oleva haava tulehtui ja aiheutti hänelle sietämätöntä kipua. Hän ei voinut liikkua ja oli erittäin levoton kivusta johtuen. Lääkäreille kerrottiin tulehduksesta ja heitä pyydettiin puhdistamaan haava ja määräämään antibiootteja. He kuitenkin unohtivat tehdä sen, jolloin toimenpide myöhästyi neljä tai viisi päivää.

Eräänä päivänä nuori mies, joka opiskeli lääketiedettä, tuli keskustelemaan Ratnamjin kanssa. Kerroin hänelle haavan tulehtumisesta, jolloin hän puhdisti sen ja määräsi lääkkeitä. Tämän jälkeen hän tuli joka päivä juttelemaan Ratnamjin kanssa ja puhdisti haavan aina itse. Olin yllättynyt ja vihainen sairaalan henkilökunnan julmuudesta ja päätin silloin, että olisi parempi kuolla katuojassa vailla hoitoa kuin kuolla sairaalassa tuollaisten välinpitämättömien ihmisten käsissä.

Tulevina vuosina minulla oli monia tilaisuuksia vierailla sairaaloissa ja tilanne oli aina sama. Hoitavat lääkärit ja sairaanhoitajat näyttivät unohtavan, että ihmiskehon sisällä oli hermoratoja ja että niihin yhteydessä oli ihminen, joka tunsi kipua. Parantamisen taiteen harjoittaminen on mahdollisuus joko epäitsekkäästi palvella lähimmäistään ja oppia näkemään Jumala hänessä tai toimia kuoleman jumalan lähettiläänä kiduttaen toisia. Ollessaan potilaana sairaalassa on hyvä harjoittaa antautumista Jumalan tahdolle.

Ratnamjia pidettiin lähes kaksi kuukautta venytyksessä. Otettuaan röntgenkuvan lääkärit näkivät, että hänen sokeritaudistaan johtuen murtuma parani hyvin hitaasti. He päättivät poistaa terästangon hänen jalastaan ja toteuttaa venytyksen asettamalla kipsin hänen jalkaansa. Vaikka tämä tuntuikin aluksi mukavammalta, Ratnamji valitti muutaman päivän kuluttua, että hänestä tuntui siltä, että iho hänen jalastaan alkoi irrota. Lääkärit eivät tietenkään uskoneet häntä vaan sanoivat, että hän vain kuvitteli. Hän joutui kärsimään tätä kidutusta vielä kuukauden, kunnes kipsi lopulta poistettiin. Kävi ilmi, että iho oli kipsin alta irronnut kokonaan johtuen venytyksen aiheuttamasta paineesta. Tämän jättämät arvet olivat nähtävissä hänen jalassaan vielä vuosia myöhemmin. Kysyin, miksi hänen täytyi kärsiä niin paljon.

"Jokainen meistä on tehnyt sekä hyviä että pahoja tekoja lukemattomien elämien aikana. Niin kuin ihminen kylvää, niin hän myös niittää. Se mikä tulee meille pyytämättä, on meidän omien tekojemme hedelmää. Hyveelliset teot tuottavat miellyttävän hedelmän, pahat teot tuottavat tuskallisen hedelmän. Hedelmän korjaaminen ei yleensä tapahdu samassa elämässä kuin itse teot. Jumala järjestää tekojemme hedelmät sillä tavalla, että ne kohottavat meidät hiljalleen yhä korkeammalle henkisen oivalluksen tasolle. Meidän tulee käyttää Hänen sallimustaan kehittyäksemme henkisesti. Kun olemme liikkumattomia tarkkailijoita kehon nautinnoille ja tuskalle, meidän mielemme puhdistuu ja sulautuu alkulähteeseensä, mikä on Jumala tai kaikkien todellinen Itse. Saatamme olla ylettömän iloisia miellyttävistä kokemuksista ja onnettomia tuskallisista, niin kuin suurin osa on, mutta se ei vie meitä yhtään lähemmäksi mielen tyyneyden päämäärää. Kaikki minun tuskani ovat seurausta joistakin pahoista teoista, jotka olen tehnyt joskus menneisyydessä. Kärsimys, jonka nyt koen, kohottavaa mieltäni kohti ylevää Jumal-tietoisuutta. Miksi minun tulisi valittaa tai syyttää toisia? Jumala käyttää pahojen tekojeni hedelmiä lahjoittaakseen minulle näyn Hänestä. Miten ihmeellistä!" hän vastasi.

Eräänä iltana eräs oppilas tuli tapaamaan Ratnamjia. Hän oli naimisissa ja heillä oli kolme lasta ja pieni yrttikauppa. Hän istuutui sängyn vierelle lattialle ja ryhtyi toistamaan pehmeästi jumalallisia nimiä. Istuin hänen vierellään katsellen häntä. Olin ylläpitänyt mielessäni ajatusta siitä, että naimisissa olevat ihmiset eivät voisi kehittyä paljoakaan henkisesti johtuen siitä, että suurin osa heidän energiastaan ja ajastaan meni heidän perheilleen. Gary Snyder Japanissa oli poikkeus, mutta hänkin oli ensin käynyt läpi tiukan itsekurivaiheen munkkina. Tämä mies oli antautunut syvästi jumalallisten nimien laulamiselle, kun yhtäkkiä raskas kirja, joka oli laitettu sängylle, putosi muutamien lautasten päälle hänen vierellään. Pelästyin ja hypähdin, mutta hän ei liikahtanutkaan eikä avannut silmiään. Hän jatkoi vain laulamista niin kuin mitään ei olisi tapahtunut. Ratnamji katsahti minua hymyilevin silmin.

"Jos kykenemme toistamaan jumalallisia nimiä tuollaisella antaumuksella, silloin ei olla enää tietoisia kehosta tai ympäristöstä", hän sanoi. "Mitä sillä on väliä, onko naimisissa tai jos on lapsia? Tämän miehen koko mieli on annettu Jumalalle. Päivän jokaisena hetkenä hän toistaa Jumalan nimeä, vaikka hänen tuleekin huolehtia liiketoiminnastaan ja perheestään. Hän ei ole kiintynyt kehenkään eikä mihinkään, sen sijaan hän tekee omat velvollisuutensa takertumattomuuden hengessä uhrilahjana Jumalalle. Ajatellen Jumalaa kaiken aikaa ja hakeutuen pyhimysten seuraan aina kun vain siihen on aikaa, hän hukuttaa mielensä helposti meditaatioon istuessaan toistamassa Jumalan nimeä. Kuka on parempi, hän vai me? Vaikka olemmekin munkkeja, onko meillä tuollaista sulautumiskykyä?"

Tämä opetti minulle sen, että ihmisen kehitysastetta ei tule arvioida hänen elämäntilanteensa pohjalta. Kaikesta luopunut munkki saattaa olla yhtä pintapuolinen kuin vedenpinnalla oleva kupla ja perheellinen saattaa olla yhtä syvä kuin valtameri henkisessä syvyydessään.

Ratnamjin sairaalassa olon aikana sain tavata suuren pyhimyksen nimeltä Avadhutendra Swami. Hän ja Ratnamji olivat olleet läheisiä ystäviä parikymmentä vuotta ja he olivat matkustaneet yhdessä ympäri Intiaa. Avadhutendraji oli erinomainen muusikko ja hän vietti joka ilta kaksi tuntia laulaen jumalallisia nimiä yksityiskodeissa tai uskonnollisissa keskuksissa. Hänen laulussaan oli voimaa sähköistää ilmapiiri antaumuksella.

Minä pyysin häntä kertomaan hieman menneisyydestään, sillä se voisi antaa minulle innostusta syventää ponnistuksiani Itse-oivalluksen saavuttamiseksi. Hän kertoi minulle, että hän oli opiskellut vuoden musiikkia Pohjois-Intiassa, jolloin hänen opettajansa oli kertonut hänelle, että hänellä ei ollut enää mitään opetettavaa hänelle musiikin alalla, sillä hän oli syntyjään musiikillisesti nero. Muutamat elokuvatuottajat pyysivät häntä laulamaan lauluja elokuviinsa, mutta hän kieltäytyi sanoen, että Jumala oli antanut hänelle hänen äänensä ja että hän käyttäisi sitä vain Jumalaa varten. Sitten hän meni vielä pohjoisemmaksi, Ayodhyaan, Sri Raman synnyinpaikkaan, missä hän liittyi ashramiin.

Päivät kuluivat nyt henkisissä itsekuriharjoituksissa, kunnes hän huomasi, että hänen kehonsa alkoi hiljalleen halvaantua. Hän tapasi monia lääkäreitä ja kokeili useita eri lääkkeitä, mutta niistä ei ollut apua. Lopulta halvaus oli niin kokonaisvaltainen, ettei hän kyennyt enää puhumaan. Hän uskoi kuolevansa pian. Siinä vaiheessa eräs munkkitoveri näytti hänelle kirjaa, jonka nimi oli *Hanuman Chalisa*, jonka oli kirjoittanut pyhimys nimeltä Tulsidas, joka oli elänyt neljäsataa vuotta sitten. Kirjanen sisälsi neljäkymmentä ylistyssäettä Hanumanista. Hän sanoi Avadhutendrajille, että hänen tulisi toistaa niitä mielessään niin hyvin kuin hän osaisi, sillä ihmiset olivat parantuneet parantumattomista sairauksista tehtyään niin. Avadhutendraji onnistui opettelemaan ulkoa nuo säkeet ja niin hän ryhtyi toistamaan hymniä. Suureksi ihmeekseen hän sai havaita, että hänen äänensä palasi hiljalleen ja että hänen halvauksensa katosi kuukaudessa siitä, kun hän oli aloittanut toistamisen.

Avadhutendraji päätti osoittaa Hanumanille kiitoksen konkreettisella tavalla. Seuraavien neljänkymmenen vuoden aikana hän huolehti siitä, että tämä hymni kaiverrettiin marmoriin ja asetettiin jokaiseen Hanumanin temppeliin, minkä hän vain löysi Pohjois- ja Keski-Intiasta. Näitä temppeleitä oli noin kaksisataa! Hän kertoi minulle, että useat oppilaat olivat tarjoutuneet huolehtimaan kustannuksista, ja aina kun hän sai rahaa omiin kustannuksiinsa, hän käytti sen vain tähän tarkoitukseen.

Kun hän oli parantunut, hän lähti etsimään oivalluksen saavuttanutta gurua ja löysi sellaisen pienestä kaupungista lähellä Yamuna- ja Gangesjokien yhtymäkohtaa. Tämä pyhimys, Prabhudattaji, oli tehnyt katumusharjoituksia puun alla monia vuosia ja hän oli saavuttanut valaistumisen. Hän oli hyvin tunnettu tuossa osassa maata. Avadhutendraji lähestyi häntä, mutta häntä koeteltiin ankarasti, ennen kuin hänet hyväksyttiin opetuslapseksi.

Prabhudattaji antoi Avadhutendrajille tehtäväksi kastella puutarhaa, missä oli basilikakasveja, joita pidetään Intiassa pyhinä. Puutarha oli niin suuri, että sen kastelemiseksi tarvittiin kaksisataa vesiastiallista joka päivä. Kaivo oli lähellä, mutta yli kolmekymmentä metriä syvä. Sen lisäksi oli kylmä vuodenaika ja Avadhutendrajin käsien iho alkoi halkeilla, kun hän nosti vettä. Muutamien päivien kuluttua hänen kätensä olivat vereslihalla, mutta hän kääri käsiensä ympärille kangassuikaleet ja jatkoi työn tekemistä valittamatta. Kuukauden kuluttua hänen gurunsa antoi hänelle toisen tehtävän. Hänen tuli pestä kaikki ashramin kattilat joka päivä. Prabhudattajin ashram oli suuri ja siellä ruokittiin päivittäin satoja ihmisiä. Kattilat olivat niin suuria, että hän saattoi istua niiden sisällä pestessään niitä!

Kun hän oli tehnyt tätä työtä joitakin päiviä, hänen gurunsa oli sitä mieltä, että hän oli läpäissyt testin. Niinpä hän otti hänet henkilökohtaiseksi avustajakseen seuraavaksi viideksitoista vuodeksi. Guru pyysi häntä myös laulamaan jumalallista nimeä joka ilta ashramissa. Avadhutendraji täyttyi niin voimallisesti jumalallisella rakkaudella, ettei hän kyennyt moneen päivään jatkamaan laulujen laulamista. Nähdessään tämän hänen gurunsa kutsui hänet eräänä päivänä luokseen ja sanoi hänelle, että hän oli valmis olemaan itsensä varassa ja että hän olisi vapaa lähtemään. Tämä tapahtui sen jälkeen, kun hän oli palvellut guruaan viisitoista vuotta.

Siitä lähtien hän vaelsi eri puolilla maata laulaen jumalallista nimeä ja julistaen sen ainutlaatuisuutta keinona oivaltaa Jumala. Hän kertoi minulle, että noiden neljänkymmenen vuoden aikana, jolloin hän vaelsi pyhästä paikasta toiseen, hän ei ollut tavannut toista pyhimystä, joka olisi yhtä suuri kuin Ratnamji ja että hän oli aina kokenut korkeinta autuutta hänen seurassaan. Kuultuaan, että Ratnamji oli sairaalassa, hän oli tullut kaukaisesta kaupungista vain sen takia, että tapaisi hänet.

Avadhutendraji oli majesteettinen hahmo. Jos hän ei olisi ollut pukeutuneena munkin asuun, olisin luullut, että hän on kuningas. Hän oli 180 cm pitkä, hänellä oli kookkaat kädet ja syvä ääni. Hänellä oli kauriin pehmeät silmät ja hänen kasvojaan koristi aina hymy. Tunsin olevani etuoikeutettu, kun sain tavata hänet. Aina silloin tällöin Ratnamji lähetti minut osallistumaan swamin laulutilaisuuksiin, jotta voisin samalla tutustua häneen paremmin. Hän pyysi minua aina istumaan viereensä ja kohteli minua ystävällisesti ja jopa kunnioittavasti. Tämä sai minut tuntemaan oloni epämukavaksi, mutta hän opetti näin meille kaikille, kuinka meidän tulisi kohdella Jumalan palvojia niin kuin itse Jumalaa. Jos voisimme tehdä näin, se olisi yksi askel siihen suuntaan, että oppisimme näkemään Jumalan kaikissa.

Ratnamji oli ollut sairaalassa neljä kuukautta, kun aloin tuntea oloni kärsimättömäksi päästäkseni jo sieltä pois, mutta hän kehotti minua jatkuvasti antautumaan Ramanan tahdolle. Olin ihmeissäni hänen kärsivällisyydestään. Saatoin sentään kävellä milloin halusin, mutta hän oli sidottu sänkyyn eikä hän siitä huolimatta vaikuttanut lainkaan kärsimättömältä. Lopulta

Sri Swami Avadhutendra Saraswati

– herätessäni eräänä aamuna – tunsin ilmapiirissä muutoksen, rauhan tai keveyden tunteen tai ehkä vain kuvittelin. Oli kuinka tahansa, niin tuona aamuna lääkärit kertoivat meille, että Ratnamji voisi lähteä sairaalasta samana päivänä. Oi mikä ilo! Mutta se ilo ei kestänyt kauaa. Ratnamji kysyi lääkäreiltä, olivatko he varmoja siitä, että hän voisi lähteä. Olin järkyttynyt kuullessani hänen sanovan näin. Entäpä jos he muuttaisivatkin mielensä? Tyyneys nautinnossa ja kivussa – minussa tuota ominaisuutta oli hyvin vähän ja Ratnamjissa taas ei muuta ollutkaan! Lääkärit vakuuttivat, että hän voisi mennä, mutta hänen ei tulisi yrittää kävellä vielä kuukauteen. Luojan kiitos, me lähtisimme siis kuitenkin. Me kannoimme Ratnamjin taksiin ja ajoimme ystävän talolle. Tämä oli kutsunut hänet sinne toipumaan niin pitkäksi aikaa kuin oli tarpeen. Matkalla kysyin Ratnamjilta:

"Miltä taivas näyttää oltuasi niin monta kuukautta sisällä?"

"Se näyttää samanlaiselta kuin sairaalaosaston seinä!" hän vastasi nauraen.

Hän oli tasa-arvoisessa näkemyksessään todellakin parantumaton.

Mikä paikka hyvänsä, missä Ratnamji oleskeli, muuttui ashramiksi muutamassa päivässä eikä meidän uusi asuinpaikkamme ollut tästä poikkeus. Ystävämme oli valtion virkailija ja hallitus oli antanut hänelle koristeellisen kartanon virka-asunnoksi. Se sijaitsi puolentoista hehtaarin kokoisen puiston keskellä Hyderabadin esikaupunkialueella. Mikä helpotus sairaalan masentavan ilmapiirin jälkeen! Sairaalassa oleskelu oli silti pitänyt sisällään arvokkaita oppitunteja. Joka päivä siellä näki yhden tai kahden potilaan kuolevan silmien edessä, jolloin ihmiskehon todellinen olemus tuli ilmeiseksi. Mutta en silti haluaisi viettää loppuelämääni siellä!

Ystävämme oli tunnetun intialaisen pyhimyksen seuraaja. Hän piti viikoittain kokoontumisia ja esitelmiä gurunsa opetuksista ja ohjasi meditaatiotunteja. Hän kunnioitti Ratnamjia suuresti ja piti etuoikeutena sitä, että saattoi palvella häntä talossaan. He viettivät tuntikausia yhdessä, keskustellen henkisistä aiheista myöhäiseen yöhön asti. Kun hän oli päiväsaikaan toimistollaan, muut oppilaat tulivat tapaamaan Ratnamjia, osallistuakseen antaumuksellisiin lauluihin, jumalanpalvelukseen tai keskustelutuokioon. Ratnamjin seurassa ei ollut koskaan tylsää hetkeä.

Minun aikatauluni ei muuttunut. Heräsin puoli neljältä aamulla, otin suihkun ja suoritin *pujan*. Sitten huolehdin Ratnamjin tarpeista – kylvetin hänet, pesin hänen vaatteensa, siivosin hänen huoneensa, kirjoitin hänen kirjeensä ja huolehdin muista tarpeellisista toimista. Aina oli jotakin tehtävää. Hän sanoi minulle kerran, että laiska ei koskaan keksinyt mitään tekemistä ja vilpitön ihminen ei koskaan löytänyt vapaa-aikaa. Halusin olla jälkimmäinen, niinpä pidin itseni aina kiireisenä. Jos ei ollut mitään työtä tehtävänä ja olin jo opiskellut pyhiä kirjoituksia, niin hän pyysi, että auttaisin talonväkeä tai palvelijoita heidän työssään. Mehän olimme lopulta vieraita heidän talossaan ja siksi meidän tulisi jakaa heidän työtaakkaansa. Tällä tavoin hän asennoitui ja teki jopa itse sen minkä kykeni auttaakseen isäntää ja hänen perhettään.

Usein kun majoituimme köyhien perheiden luokse matkojemme aikana, hän pyysi minua ostamaan ruokaa ja antamaan sen henkilölle, joka valmisti ruoan. Lähtiessämme me huolehdimme toisinaan siitä, että heille annettiin rahaa sen jälkeen, kun me olimme jo poistuneet, sillä he olisivat saattaneet olla ottamatta sitä vastaan meiltä suoraan. Jos isäntämme oli varakas, me tarjosimme auttavan kätemme. Valtion virkamiehen talossa tein näin, mutta yleensä heidän tietämättään, että he eivät olisi pahoittaneet siitä mieltään. Ratnamji oli sitä mieltä, että jos toiset osoittivat kunnioitusta meitä kohtaan, meidän ei tulisi koskaan ajatella, että olisimme parempia kuin he vaan että meidän tuli kehittää ykseyden ja tasa-arvoisuuden tunnetta kaikkien kanssa.

Eräänä aamuna, kun olin juuri aikeissa istua tehdäkseni päivittäisen jumalanpalvelukseni, Ratnamji kutsui minua.

"Haluan nähdä tänään, kun teet *pujan*. Tee se vuoteeni vierellä. En ole moneen kuukauteen nähnyt sinun tekevän sitä", hän sanoi.

Järjestelin kaiken hänen sänkynsä vierelle ja aloitin *pujan*. Tein rituaalia ehkä viitisen minuuttia, kun hän kehotti minua keskeyttämään sen.

"Sinä toistat säkeitä mekaanisesti, ilman tunnetta. Eikä siinä kaikki, sinä uhraat jotakin gurullesi katsomatta häntä. Jos minä antaisin sinulle lasin vettä ja kun laittaisin sen kämmenellesi, niin katsoisin ikkunaan päin ja sanoisin, että ota tämä vastaan. Miltä sinusta tuntuisi? Jos harjoitat *pujaa* oikein, keskittymisesi syvenee päivästä päivään ja alat kokea, että kuvan hahmo on elävä. Yritä nyt tehdä niin kuin olen neuvonut sinua", hän sanoi.

Aloitin alusta ja yritin tehdä niin kuin hän oli sanonut. Uhratessani kukkia Ramanan valokuvalle katsoin häntä kohti ja asetin kukat hänen jalkojensa juureen. Tehdessäni näin hämmästyin sitä rakkauden tunnetta, mitä tunsin sydämessäni häntä kohtaan. Silmäni lähes sulkeutuivat tuolla hetkellä ja kyyneleet tulivat kuin itsestään. Eikä siinä kaikki, sillä näin valokuvan alkavan elää. Olin hämmästynyt Ratnamjin tarkkanäköisestä analyysista, ja minusta tuntui pahalta, että olin antanut niin monta päivää kulua ilman, että olin tehnyt *pujan* oikealla tavalla enkä ollut niin muodoin saanut siitä hyötyä ja autuuden tunnetta. Päätin kysyä häneltä tästä lähtien aina silloin tällöin, teinkö henkiset harjoitukseni oikealla tavalla.

Eräänä aamuna menin puutarhaan poimimaan kukkia palvontamenoja varten. Kun kuljin puun alta, näin ja kuulin selkeästi lehtien humisevan. Ajattelin, että tuuli liikutti lehtiä, mutta tuulta ei juurikaan ollut, ei ainakaan tarpeeksi saadakseen lehdet kahisemaan. Tulin uteliaaksi ja kävelin puun alta uudelleen. Jälleen lehdet kahisivat. Tein tämän kokeen useita kertoja ja lopputulos oli sama. Sitten juoksin taloon ja kerroin Ratnamjille siitä.

"Mitä ihmeellistä siinä on? Puut ovat eläviä olentoja niin kuin mekin. Niillä on omat tunteensa ja aistimuksensa. Sinun ei tule kuitenkaan jäädä märehtimään sitä, sillä muuten sinä unohdat, minkä tähden olet tullut tänne. Epätavallisenkaan tapahtuman ei tule antaa varastaa meidän huomiotamme. Havaitsin yhtenä päivänä, että kun kutsuin sinua ulkoa, katselit sinne ja tänne apinoita, jotka leikkivät puissa. Henkisen oppilaan tulee olla niin keskittynyt päämääräänsä, että hänen ei tule antaa minkään vetää huomiota puoleensa, ellei sitten ole aivan välttämätöntä.

Tarina kertoo siitä, miten Rama pyysi Hanumania hyppäämään suuren meren yli, jotta hän voisi noutaa toiselta puolelta tärkeän tiedon. Kun hän hyppäsi meren yli, jotkut merenelävät tarjosivat hänelle selkäänsä, jotta hän voisi levähtää, mutta hän kieltäytyi ja jatkoi pysähtymättä suorittamaan tehtäväänsä. Meidän tulisi olla samanlaisia eikä antaa minkään harhauttaa meitä", hän vastasi.

Hän oli tietenkin oikeassa niin kuin aina, mutta jostakin syystä hänen sanansa hieman satuttivat minua. Annettuaan minulle tämän neuvon hän pyysi minua menemään vajaan kilometrin päässä olevalle oppilaan talolle ja pyytämään häntä tulemaan niin pian kuin mahdollista. Halusin kapinoida ja sanoin, että menisin myöhemmin. Hän edellytti, että se tuli tehdä heti. Olin hieman vihainen hänen vaatimuksensa tähden ja sen sijaan, että olisin totellut häntä, menin kylpyhuoneeseen ja otin kylmän suihkun. Hämmästyin huomatessani suihkun jälkeen, että kapinoiva mielentilani ja vihan tunteeni oli kadonnut. Menin hänen luokseen ja pyysin anteeksi ja kerroin hänelle mitä oli tapahtunut.

"Toisinaan kun hermosto on kuumentunut, ihminen ärsyyntyy ja suuttuu helposti. Kylmä suihku viilentää hermostoa, jolloin viha haihtuu. Himon tunne on samanlainen. Itse asiassa kaikki intohimot kuumentavat hermoja tai nämä tunteet voivat syntyä kuumenneista hermoista johtuen. Kylmä suihku on hyvä lääke", hän sanoi.

Kuukauden kuluttua Ratnamji alkoi kävellä. Kahdessa kuukaudessa hän kykeni kävelemään melko hyvin kepin kanssa. Hän kutsui minut luokseen eräänä päivänä ja sanoi:

"Kerran, noin kaksikymmentäkuusi vuotta sitten, kun palvelin Ramanaa, hän tiedusteli vierailevalta oppilaalta, oliko hän vieraillut koskaan Nepalissa olevassa pyhässä paikassa nimeltä Muktinath. Tuosta paikasta pyhät saligramin kivet tulevat. Tuota kiveä on runsaasti Gandakijoen varrella, joka virtaa tuon paikan läpi, ja kiveä käytetään palvontamenoissa Intiassa. Kuultuani paikasta halusin vierailla siellä, sillä sitä pidetään yhtenä kaikkein vanhimmista pyhiinvaelluspaikoista.

Pyhissä kirjoituksissa kerrotaan, että kuningas nimeltä Bharata vetäytyi Muktinathiin tekemään henkisiä harjoituksia sen jälkeen, kun hän oli jättänyt kuningaskuntansa poikiensa huoleksi. Hän saavutti korkean henkisen kehitysasteen, mutta koska hän oli kiintynyt nuoreen peuraan, hän kuoli ajatellen peuraa sen sijaan että olisi ajatellut korkeinta totuutta. Siitä johtuen hän syntyi peuraksi. Pyhät kirjoitukset vakuuttavat, että ihmisen seuraava syntymä määräytyy pitkälti sen mukaan, mitä hän ajattelee kuollessaan. Sen tähden Jumalan nimeä lausutaan ääneen kuolevan lähettyvillä. Jos hän kykenee ajattelemaan Jumalaa kuollessaan, hän sulautuu Häneen ja saavuttaa korkeimman autuuden."

Eräänä päivänä Ratnamji kysyi, halusinko lähteä hänen kanssaan Nepaliin. Kaksi muutakin ihmistä lähtisi mukaan.

"Jos päätämme mennä, minä pyydän vanhinta sisartani tulemaan mukaamme ja laittamaan meille ruokaa. Hän on seurannut minua useille pyhiinvaellusmatkoille vuosien aikana ja pitää siitä kovasti. Mitä mieltä olet?"

Olin tietenkin innokas lähtemään, varsinkin kahden pyhimyksen seurassa. Suostuin mielelläni ja niin Avadhutendrajille lähetettiin tästä tieto. Tarkoitus oli lähteä viikon kuluttua ja vierailla matkalla myös muissa paikoissa. Ratnamjin sisar saapui muutaman päivän kuluttua. Laitoimme kaiken valmiiksi ja lähdimme tapaamaan Avadhutendrajia.

Kun kuuden hengen seurueemme tuli rautatieasemalle, siellä oli laaja joukko oppilaita, jotka olivat tulleet hyvästelemään kahta pyhimystä. Oli onnekasta saada olla heistä yhden seurassa, saatikka sitten samaan aikaan molempien seurassa! Ratnamji ja Avadhutendraji olivat molemmat parhaimmillaan toistensa seurassa ja minä koin suurta onnea nähdessäni heidät yhdessä. Toinen heistä oli upea antaumuksellisten laulujen laulaja ja toinen taas kykeni kohottamaan tietoisuuden tasoa viisaiden sanojensa avulla. Molemmat olivat luopuneet maallisista kiinnostuksen kohteista saavuttaakseen Jumal-oivalluksen, ja he olivat saavuttaneet paljon henkisessä maailmassa. Sen lisäksi he olivat molemmat kuin lapsia, yksinkertaisia ja viattomia, vailla minkäänlaista ylpeyttä tai ylimielisyyttä.

Seuraavat kymmenen päivää me matkustimme Nepaliin, pysähdyimme pyhissä paikoissa matkan varrella, vierailimme temppeleissä ja yövyimme Avadhutendrajin oppilaiden luona. Matkustettuaan neljäkymmentä vuotta ympäri maata Avadhutendraji oli kerännyt itselleen aikamoisen määrän ihailijoita ja yleensä hän tunsi vähintään yhden ihmisen joka kaupungista, missä vierailimme.

Kahden pyhimyksen seurassa matkustaessa ei ole aikaa ajatella mitään muuta kuin Jumalaa. Olin tullut Intiaan edes uskomatta tai välittämättä siitä, oliko Jumala olemassa. Nyt huomasin, että mieleni oli täynnä yksinomaan Jumalaa koskevia ajatuksia. Kuinka näin oli päässyt käymään? Se johtui varmasti siitä, että olin pyhimysten seurassa. Maallisen elämän kuumeinen rytmi ja pitkästyneisyys olivat vaihtuneet jatkuvaan sisäisen rauhan ja autuuden kokemukseen. Jokaiseen hetkeen liittyi oma viehätyksensä. Valon ja rauhan virta kasvoi päivästä toiseen pitäen sisällään lupauksen lopulta saavutettavasta ykseydestä.

Elämäni päämäärä oli korkein mihin ihminen voi pyrkiä, ykseys Luojan kanssa ja ääretön autuus ja tieto, joka tulee sen myötä. Olin jollakin tavoin onnistunut pääsemään läheiseen yhteyteen sellaisen perinteen kanssa, jota oli seurattu, koeteltu ja todistettu toimivaksi tuhansien vuosien henkisen opetuksen aikana. Elin nyt kahden pyhimyksen seurassa ja ohjauksessa, jotka itse todistivat vanhojen perinteiden suuruudesta ja totuudesta. Ajatellessani tätä silmäni täyttyivät kyynelistä. Tunsin, etten ollut kukaan enkä mitään, että jumalallisen tahdon myötätuntoinen tuuli kuljetti minua kuin kuivaa lehteä.

Avadhutendraji antoi minulle hyvin harvoin mitään ohjeita. Vaikka toisinaan pesin hänen vaatteensa ja kannoin hänen laukkunsa, hän koki, että minä olin Ratnamjin henkinen poika ja ettei hänen ollut tarvetta neuvoa minua. Ainoastaan kerran sain häneltä neuvon. Eräänä päivänä, kun me kävelimme katuja pitkin temppelille, eräs mies lähestyi minua ja kysyi, mistä maasta olin kotoisin. Ryhdyin vastaamaan hänelle, jolloin Avadhutendraji kääntyi ympäri ja kysyi, mistä minä oikein puhuin. Kerroin hänelle miehen esittämästä kysymyksestä.

Hän vastasi:

"Jos toistat Jumalan nimeä jokaisella henkäykselläsi, saavutat Jumal-tietoisuuden hyvin nopeasti. Ihmiset eivät onnistu tässä, koska he kuluttavat paljon aikaa tarpeettomaan puhumiseen. Siinä ajassa, kun kuuntelet ja vastaat tuon miehen kysymykseen, olisit voinut toistaa mantraasi ainakin kymmenen kertaa. Eikö se ole suuri menetys?"

Me matkustimme yhä pohjoisemmaksi ja saavuimme lopulta Nepalin rajalle. Sieltä on mahdollisuus joko nousta bussin kyytiin ja tehdä pitkäveteinen matka tai lentää Katmanduun, Nepalin pääkaupunkiin. Ratnamji neuvoi minua huolehtimaan Avadhutendrajin kuluista, samoin kuin meidän kolmen kuluista. Päätin, että meidän tulisi lentää hinnasta välittämättä. Se olisi mukavampaa heille ja koska Ratnamji ei ollut koskaan ollut lentokoneessa, halusin, että hän saisi kokea sen ainakin kerran. Me nousimme lentokoneeseen ja lensimme pian yli Himalajan vuoriston. Ratnamji oli kuin lapsi katsellessaan innoissaan ikkunasta alapuolella olevaa maata.

Hän sanoi minulle:

"Kuulehan, tämä on hyvin samanlaista kuin Jumal-tietoisuus. Kun mieli kohoaa yhä korkeammalle ja korkeammalle kohti alkulähdettä, erot hiljalleen katoavat ja kaikki sulautuu yhdeksi olemassaoloksi. Kun lennämme yhä korkeammalle, esineet alapuolellamme kadottavat suhteellisen kokonsa. Ihmiset, puut, rakennukset ja jopa kukkulat näyttävät kaikki samankorkuisilta. Jos kohoaisimme riittävän korkealle, maapallo katoaisi avaruuden keskelle!"

Olin hämmästynyt siitä, miten hän näki asiat. Hänen mielensä oli aina viritetty Jumalaan, riippumatta siitä mitä tapahtui. Saapuessamme Katmanduun me matkustimme autolla kaupungin päätemppelin, Pasupathinathin, lähellä olevaan majataloon. Majatalo oli lepopaikka pyhiinvaeltajille, jotka vierailivat temppelissä. Se oli kaksikerroksinen rakennus, pohjakerroksessa pidettiin lehmiä ja yläkerroksessa vieraita. Paikka oli ilmainen, mutta lahjoituksen saattoi aina tehdä. Me varasimme itsellemme huoneen, levitimme vuodevaatteemme ja lepäsimme hetkisen ennen kuin menimme temppeliin.

Pasupathinathin temppeli oli valtavan kokoinen ja sitä ympäröi korkea muuri. Vaikka kyseessä olikin hindutemppeli, niin sen padogityylinen arkkitehtuuri tuli Kaukoidästä. Satoja palvojia tuli ja lähti temppelistä varhaisesta aamusta myöhäiseen iltaan. Ilmasto Katmandun kukkuloilla oli viileä ja raikas. Minusta tuntui siltä kuin raskas taakka olisi nostettu hartioiltani jätettyämme Intian tasankojen kuumuuden taaksemme. Ratnamji ja Avadhutendraji pitivät myös paikasta kovasti katsoen kaikkea ja nauttien uudesta ympäristöstä ja kulttuurista.

Seuraavana päivänä nousimme taksiin ja menimme katsomaan kaikkia kaupungin tärkeimpiä nähtävyyksiä, kuten buddhalaisia ja hindulaisia temppeleitä. Sen jälkeen menimme yhteen lähikylistä, missä oli kuuluisa vanha temppeli, joka oli omistettu Jumalalliselle Äidille. Muutaman metrin päässä temppelistä kuulimme antaumuksellista laulua. Avadhutendraji, joka tunsi vetovoimaa sitä kohtaan, oli utelias näkemään, mitä oli meneillään, niinpä hän ohjasi meidät suurelle pihamaalle. Sadat ihmiset lauloivat jumalallista nimeä rumpujen ja harmoniumin säestyksellä. Väkijoukon keskellä oli vanhempi herrasmies, joka huojui musiikin tahdissa ja heitteli kukkasia lähellään olevien päälle. Hän vaikutti säteilevältä. Nähdessään Avadhutendrajin hän hypähti ylös ja tuli hänen luokseen halaten häntä.

Avadhutendraji oli hyvin onnellinen ja kertoi meille, että tämä mies oli Nepalin suurin pyhimys. Hän oli käyttänyt koko elämänsä levittääkseen Jumalan nimeä ympäri Nepalia ja Pohjois-Intiaa. Avadhutendraji oli tavannut hänet aiemmin Intiassa, missä tällä pyhimyksellä oli ashram Vrindavanissa, pyhässä paikassa, joka liittyi Krishnan elämään ja jumalallisiin leikkeihin. Avadhutendraji ja Gautamji, niin kuin häntä kutsuttiin, olivat samaan aikaan hämmästyneitä ja syvästi ilahtuneita tavatessaan näin sattumalta uudelleen. Meidät kutsuttiin mukaan ja syötettiin ylellisesti. Illalla palasimme majataloomme luvaten vierailla Gautamjin Katmandun ashramissa, joka oli vain viiden minuutin kävelymatkan päässä sieltä, missä me majailimme.

Seuraavana päivänä me kaikki kuusi menimme ashramiin, joka sijaitsi majatalon ja temppelin välissä olevalla kukkulalla. Paikka oli alun pitäen kuulunut Gautamjin esi-isille. Kun me saavuimme sinne, henkinen juhla oli ylimmillään. Gautamjin poika oli puettu Krishnan asuun ja jotkut oppilaista oli puettu hänen seuralaisikseen. He esittivät lehmipaimenia, jotka veivät lehmiä niitylle leikkien ja tehden samalla urotekoja, niin kuin Krishna oli tehnyt lapsena. Samaan aikaan oli meneillään mantrojen äänekäs toisto. Ilmapiiri oli täynnä antaumusta. Esityksen jälkeen kaikille jaettiin ruokaa.

Gautamji vei meidät sen jälkeen puutarhaan esitellen meille samalla ashramia. Puutarhassa oli kaksi pientä temppeliä ja useita kivisiä pilareita. Temppeleissä oli hindujen pyhät kirjoitukset, kuten *Vedat, Mahabharata, Ramayana* ja kahdeksantoista *Mahapuranaa*. Hindulainen kulttuuri omaa laajan uskonnollisen kirjallisuuden aarreaitan, joka kykenee auttamaan ihmistä hänen henkisen kehityksensä kaikissa eri vaiheissa. Niin kuin kaikissa uskonnoissa, niin myös hindulaisuudessa pyhiä kirjoituksia kunnioitetaan ja palvotaan Jumalan antamana pyhänä sanana.

Tiedustelimme Gautamjilta kivipilareista. Hän kertoi meille kehottaneensa oppilaitaan toistamaan Jumalan nimeä jatkuvasti ja kirjoittamaan sitä myös muistikirjoihin. Hän oli kerännyt suuren määrän tällaisia muistikirjoja, joihin oli kirjoitettu jumalallinen nimi 'Rama'. Hän oli haudannut ne maahan ja asettanut pilarit niiden päälle. Pilarit olivat Jumalan nimen näkyviä ilmentymiä. Kysyimme, kuinka monta nimeä oli haudattu noiden viiden tai kuuden pilarin alle puutarhaan. Hän kertoi, että jokaisen pilarin alla oli muistikirjoja, joissa oli yhteensä aina kymmenen miljoonaa kertaa kirjoitettuna sana 'Rama'! Olimme hämmästyksestä sanattomia. Emme olleet koskaan nähneet missään sellaista antaumusta Jumalan nimeä kohtaan.

Gautamji ajoi meidät sen jälkeen pieneen kylään 25 kilometrin päähän, missä hänellä oli toinen ashram. Rehevän vihreä maaseutu, jonka taustalla Himalajan vuorenhuiput, oli kaunis näky meille kaikille. Nepalilaiset kyläläiset ovat kenties kaikkein kulttuuririkkaimpia, uskonnollisimpia ja yksinkertaisimpia ihmisiä maailmassa. Ajattelin, että kenties intialaiset olivat olleet heidänkaltaisiaan tuhansia vuosia aiemmin, ennen kuin mogulien ja brittien valloitus oli pilannut tämän ikivanhan kulttuurin koskemattoman puhtauden.

Kun saavuimme kyläashramiin, yksi asukkaista opasti meitä. Hän näytti meille pienen keinotekoisen kukkulan ashramin keskellä, joka oli valettu sementistä tai kipsistä. Meille kerrottiin, että jotkut kivistä oli tuotu Govardhanan pyhältä vuorelta Intiasta. Tämä vuori liittyi näet Krishnan elämään. Kivet oli asetettu ashramin keskelle ja kukkulan pienoismalli oli rakennettu niiden päälle. Ja niin kuin Govardahanassa oli tapana tehdä, oppilaat kävelivät tämän pienoisvuoren ympäri laulaen ja toistaen Jumalan nimiä ja tarinoita Krishnasta.

Toisaalla oli alue, joka oli yhdeltä sivultaan kaksi metriä ja toiselta sivultaan yhden metrin ja jokaisessa kulmauksessa oli pylväs. Meille kerrottiin, että aivan niin kuin Katmandun ashramissa, avoimeen tilaan oli haudattu kymmenen miljoonaa Jumalan nimeä. Kun joku lähialueen asukkaista kuoli, hänen ruumiinsa tuotiin tänne ja asetettiin tähän kohtaan. Ihmiset kokivat, että nimen synnyttämät henkiset värähtelyt olivat suureksi avuksi poistuvalle sielulle. Avadhutendraji, joka oli toistanut jumalallista nimeä neljäkymmentä vuotta ja joka oli levittänyt Jumalasta sanaa eri puolille Intiaa, oli hämmästynyt ja riemuissaan tällaisesta lapsenkaltaisesta uskosta Jumalaan ja hänen nimeensä. Itse asiassa, seisoessaan tässä paikassa hän ei tuntenut halua palata Intiaan.

Hän kääntyi meidän puoleemme sanoen:

"Näillä yksinkertaisilla ihmisillä on täysi antaumus Jumalaa kohtaan. Emme voi löytää Intiasta ihmisiä, joilla olisi edes kymmenesosa tällaisesta uskosta. En koe, että haluaisin enää palata sinne!"

Oli syyskuu ja ilma Katmandun kukkuloilla oli aika kylmä aikaisin aamulla. Avadhutendraji ei ollut ollut kovin hyvässä terveydentilassa viime aikoina ja hän koki olonsa epämiellyttäväksi kylmyyden takia. Niinpä hän kuitenkin päätti palata Intiaan niin pian kuin mahdollista muutamien oppilaiden seurassa. Keskustelimme Ratnamjin kanssa tulevaisuuden suunnitelmistamme ja hän neuvoi minua ostamaan Avadhutendrajille lentolipun Intiaan

ja hankkimaan meille kolme lippua Pokharan kylään, joka sijaitsi
130 kilometriä Katmandusta länteen. Sieltä meidän oli tarkoitus
lähteä pyhiinvaellukselle kohti Muktinathia. Avadhutendrajille oli
saatavissa lento seuraavalle päivälle, mutta paikkoja Pokharaan oli
saatavissa vasta kolmen päivän kuluttua. Varattuani liput palasin
majataloon.

Seuraavana aamuna, kun Ratnamji heräsi, hän oli korkeassa
kuumeessa. Hän kykeni tuskin seisomaan. Avadhutendraji halusi
mennä temppeliin ennen kuin palaisi Intiaan ja Ratnamji vaati
päästä mukaan. Hän tukeutui minun olkapäähäni ja näin me
kävelimme hitaasti temppelille ja takaisin. Heti kun saavuimme
takaisin majataloon, Ratnamji menetti tajuntansa. Avadhu-
tendraji ja minä laitoimme hänet taksiin ja menimme tapaamaan
homeopaattista lääkäriä, ostimme lääkkeitä ja tulimme takaisin.

Avadhutendrajin lentokoneen piti lähteä yhdeltätoista
aamupäivällä. Kello oli jo yhdeksän. Kuinka hän saattaisi jättää
Ratnamjin, joka oli tällaisessa kunnossa? Hän kysyi minulta yhä
uudelleen, pitäisikö hänen lähteä. Minä vakuutin hänelle, että
Ratnamjin sisar ja minä huolehtisimme kaikesta ja sanoimme,
että hänen ei tarvitsisi olla huolissaan. Lopulta hän antoi kalliin
villahuovan Ratnamjia varten, sitten hän hyvästeli meidät surul-
linen ilme kasvoillaan.

Ratnamji ei tullut tajuihinsa ennen kuin vasta seuraavana
päivänä.

”Mitä kello on? Missä Avadhutendraji on?” hän kysyi.

”Kello on yksi iltapäivällä. Avadhutendraji lähti Intiaan eilen
aamulla yhdeksän aikaan. Hän oli hyvin pahoillaan siitä, että
joutui jättämään sinut tänne. Me veimme sinut lääkäriin, sitten
kehotin Avadhutendrajia etenemään suunnitelman mukaisesti ja
niin hän lähti päättämättömässä mielentilassa. Hän jätti tämän

huovan sinulle ja se oli hyvä asia, että hän teki niin, sillä meillä ei ollut mitään lämmintä millä olisimme peitelleet sinua. Sinä olet ollut tiedoton pitkään. Miltä sinusta nyt tuntuu?" kysyin. "Kuolleelta", hän vastasi. "Mikä sääli, etten voinut hyvästellä Avadhutendrajia. Sinun olisi pitänyt yrittää herättää minut. Minun täytyy pyytää häneltä anteeksi, kun tapaamme seuraavan kerran."

Siinä missä hänen mielentyyneytensä oli muuttumaton, niin siinä oli hänen nöyryytensäkin. Koska minä suutuin pienestäkin yllykkeestä ja ajattelin edelleen suuria itsestäni, mietin, kykenisinkö samaan tämän elämän aikana. Minusta tuntui kuin olisin ollut hyttynen, joka aikoo ylittää valtameren. Ratnamji otti homeopaattista lääkettä seuraavien kahden päivän ajan ja tunsi itsensä riittävän vahvaksi matkustaakseen sovittuna päivänä.

"Näyttää siltä, että Jumala on armollinen meitä kohtaan tai muussa tapauksessa minä olisin joutunut makaamaan pidempään. Nyt hän antaa meille mahdollisuuden nähdä, onko minun jalkani parantunut", hän sanoi.

Seuraavana päivänä me lensimme Pokharaan ja etsimme paikan, missä yöpyä. Esikaupunkialueella oli Kali-temppeli, joka oli rakennettu kukkulan huipulle. Se tarkoittaisi rankkaa kiipeämistä, mutta ilmapiiri olisi siellä rauhallinen. Kali edustaa Jumalallisen Äidin raivoisaa olemuspuolta. Jumalallinen Äiti on Jumalan voima kehollisessa muodossa. Hänellä on kolme eri toimintoa, jotka ovat luominen, ylläpitäminen ja tuhoaminen. Mitä hyvänsä on luotu, se joudutaan tuhoamaan ennen pitkää. Kali on Jumalan voiman se olemuspuoli, joka tuhoaa kaikki luodut olennot. Saraswati on luova voima ja Lakshmi ilmentää ylläpitämisen voimaa. Maalliset ihmiset palvovat Kalia, jotta hän tuhoaisi esteet heidän onnensa tieltä. Henkiset oppilaat palvovat

Kalia, jotta hän tuhoaisi meidän henkisen tietämättömyytemme, joka peittoaa todellisuuden ja saa meidät kokemaan, että me rajoitumme kehoon ja mieleen. Vaikka kaikki hindut tietävät, että korkein totuus on yksi ja muotoa vailla oleva, niin he uskovat myös, että Jumala voi ilmentyä ja ilmenee äärettömänä määränä muotoja palvojiensa iloksi ja hyödyksi. Eri ihmiset voivat kutsua yhtä ja samaa ihmistä äidiksi, sisareksi, tyttäreksi ja veljentyttäreksi riippuen heidän suhteestaan häneen. Silti kyse on samasta ihmisestä. Eri mielenlaadun omaavat voivat kutsua yhtä Jumalaa Jumalalliseksi Äidiksi, Krishnaksi, Shivaksi ja lukemattomilla muilla nimillä.

Keitettyämme ruokaa ja palvottuamme Äiti Kalia, söimme lounaan ja lähdimme kävelemään kysellen matkalla reittiä Muktinathiin. Olimme päättäneet keittää itse oman ruokamme, niinpä jouduimme kantamaan mukanamme retkikeitintä, paloöljyä, riisiä ja muita ruokatarvikkeita, samoin kuin vaatteitamme ja vuodevaatteitamme. Tavaroiden paino oli hirmuinen, niinpä päätimme palkata kolme kantajaa, jotka saisivat samalla opastaa meitä oikealle tielle. Tuossa vaiheessa emme tienneet, että meidän tulisi palkata vain nepalilaisia kantajia. Jouduimme kokemaan monia katkeria kokemuksia tietämättömyytemme takia. Ensimmäisellä kerralla palkkasimme kantajia tiibetiläisten pakolaisten leiristä kylän ulkopuolelta. Tapasimme kolme miestä siellä, mutta Ratnamji varoitti, että meidän ei tulisi palkata heitä. Hän ei jostakin syystä pitänyt heidän ulkoisesta olemuksestaan. Minä intin, että ei tässä muu auttanut ja niinpä sovimme heidän palkkiostaan ja palkkasimme heidät. Päätimme lähteä liikkeelle seuraavana aamuna.

Auringon noustessa lähdimme kulkemaan Muktinathiin vievää tietä pitkin. Sana 'tie' ei oikein kuvaa sitä kinttupolkua, joka kiemurtelee Himalajan vuoristossa hieman yli sadan kilometrin matkan päässä, lähellä Kiinan rajaa sijaitsevaan Muktinathiin. Pokharan jälkeen ei ollut enää tietä. Ratnamji ja Seshamma, hänen sisarensa, päättivät kävellä koko matkan avojaloin uskonnollisena itsekuriharjoituksena. Minäkin olisin halunnut kävellä avojaloin, mutta olin astunut edellisenä iltana terävään puunkappaleeseen ja saanut haavan jalkapohjaani. Siksi minun piti pitää jaloissani kumisia sandaaleja, jotka aiheuttivat minulle myöhemmin runsaasti kärsimystä.

Muutamia maileja Pokharan jälkeen alkoi nousu Himalajan alarinteille. Nousu oli jyrkkä ja uuvuttava, mutta henkeäsalpaava näkymä ja puhdas ilma korvasivat vaivannäön yltäkylläisesti. Kantajat kävelivät niin nopeasti, että emme nähneet heitä ensimmäisen tunnin jälkeen. Tämä oli esimakua siitä mitä tuleman piti.

Onneksi löysimme oppaamme pienestä kylästä vuorenrinteeltä, missä he odottivat meitä. He olivat jo keittämässä omaa ruokaansa. Me kysyimme heiltä, miksi he olivat kulkeneet niin kaukana edellämme. Selitimme, että emme tunteneet reittiä ja olimme riippuvaisia siitä, että he näyttäisivät meille oikean suunnan. He sanoivat, että me kuljimme liian hitaasti, että he eivät voineet hidastaa meidän takiamme. Me sanoimme heille, että jos he eivät voisi kävellä meidän kanssamme, olisi parempi, että he palaisivat takaisin. He lupasivat kävellä hitaammin.

Keitettyämme ruokamme ja syötyämme lähdimme kohti seuraavaa kylää, minne toivoimme saapuvamme ennen kuin ilta pimenisi. Himalajan kylien välissä oli vain metsää ja jos emme saapuisi seuraavaan kylään ennen auringonlaskua, oli olemassa vaara, että villieläimet hyökkäisivät kimppuumme. Tuona iltana onnistuimme jotenkuten saavuttamaan seuraavan kylän ajoissa, mutta olimme liian väsyneitä keittääksemme ruokaa, niinpä ostimme maitoa ja keksejä, söimme ne ja menimme nukkumaan. Seuraavien kolmen viikon aikana huomasimme ihmeeksemme, että lasi maitoa aamuisin, täysi ateria keskipäivän aikaan ja muutama keksi illalla riittivät pitämään meidät liikkeellä. Itse asiassa terveyteni oli paljon parempi kiivetessäni vuorilla ja mieleni oleili ylevöittyneessä tilassa ilman ponnistuksia, ehkä ponnistelusta ja ilmasta johtuen. Meidän keskipäivän ateriamme oli hyvin yksinkertainen. Laitoimme riisiä, linssiä ja raakoja banaaneja kattilaan ja keitimme kaiken samaan aikaan ja lisäsimme lopuksi suolaa. En ole koskaan maistanut niin maukasta ruokaa ennen tai jälkeen pyhiinvaellustamme. Koimme selkeästi, että nälkä antaa todellisen maun.

Kaikki meni mukavasti kaksi tai kolme päivää. Sitten kantajat alkoivat jälleen nopeuttaa vauhtiaan ja jättivät meidät jälkeensä. Kerran he katosivat kaukaisuuteen vieden jopa taskulamppumme mukanaan. Meillä ei ollut mitään muuta kuin hieman rahaa. Huusimme ja huusimme, mutta siitä ei ollut mitään apua. Kävellessämme yksin tulimme polullamme risteykseen. Lähdimme kulkemaan vasemmalle, mutta se johti umpikujaan. Menetimme kaksi tuntia kulkiessamme takaisin. Kello oli jo lähes viisi illalla emmekä tienneet, kuinka kaukana olimme seuraavasta kylästä. Eikä kukaan ollut näyttämässä meille tietä.

Päätin kiirehtiä eteenpäin ja yrittää löytää kantajat, joten nopeutin askeleitani. Ratnamji ja Seshamma lepäsivät polun reunalla. Innostuksissani löytää kantajat ja tavaramme unohdin antaa rahaa Ratnamjille. Pieni ääni sisälläni kehotti minua jättämään heille hieman rahaa, mutta jätin sen vaille huomiota ja kiirehdin eteenpäin. Kokemukseni mukaan oli käynyt niin, että aina kun jätin kuuntelematta sisäistä ääntäni, jotakin tuskallista seurasi ja niin todellakin tapahtui tälläkin kertaa. Ennenpitkää saavuin paikkaan, missä suuri kivi esti kulkemisen polulla. Ainoa tie johti sankkaan metsään. Oli jo tulossa pimeää. Ajattelin, että ehkä kylä oli metsässä ja niinpä etenin. Kuljettuani puolisen kilometriä, yllättäen vastakkaisesta suunnasta ilmestyi mies.

"Minne olet menossa? Tiedätkö, että olet menossa sankkaan metsään?" hän sanoi englanniksi.

Nepalissa oli tuohon aikaan vain muutamia ihmisiä, jotka puhuivat englantia, jopa kaupungeissa, ja minä olin Himalajan rinteillä, sankassa metsässä, missä tuntematon mies puhutteli minua täydellisellä englannin kielellä. Yllätykseni hukkui siihen iloon, että olin löytänyt jonkun, joka tuntui tietävän tien. Kerroin hänelle eksyneeni, että kantajani olivat jättäneet minut taakseen ja että yritin löytää heidät. Kerroin hänelle myös Ratnamjista ja Seshammasta, jotka olin jättänyt jälkeeni.

"Seuraa minua", vieras sanoi. "Minä autan sinua löytämään kantajasi ja haukun heidät."

Vaikka oli jo aivan pimeää, hän käveli kovaa vauhtia siihen suuntaan, mistä olin juuri tullut kääntyen kuitenkin jossakin matkan varrella. Jouduin kompuroimaan kyetäkseni seuraamaan häntä. Viidentoista minuutin uuvuttavan kiipeämisen ja joen ylittämisen jälkeen tulimme kylään. Mies pyysi minua istumaan erään talon edessä, kun hän kulki katuja edestakaisin huutaen kantajia. Hän löysi heidät lopulta ja torui heitä ankarasti. Hän komensi heidät viemään kaikki meidän tavaramme taloon, missä voisimme viettää yömme mukavasti. Samassa alkoi sataa rankasti. Olin aivan uuvuksissa, mutta mitä tehdä Ratnamjin ja Seshamman kanssa? Samassa oivalsin, ettei heillä ollut lainkaan rahaa. Kerroin tilanteesta miehelle. Hän otti sadetakin, taskulamppuni ja yhden kantajista mukaansa, ja niin he lähtivät etsimään heitä. Kävin uupuneena makaamaan ja vaivuin uneen.

Heräsin keskellä yötä ja näin Ratnamjin ja Seshamman tulevan läpimärkinä sisälle. Vaihtamatta vaatteitaan ja sanomatta sanaakaan he kävivät makaamaan ja vaipuivat uneen. Seuraavana aamuna Ratnamji ei liikkunut. Näin, että hän oli hereillä, mutta hän ei vastannut kysymyksiini. Hän makasi paikoillaan yhteentoista tai kahteentoista asti. Lopulta pyysin, että hän sanoisi jotakin, tosin peläten samalla, mitä hän sanoisi.

"Kuinka sinä saatoit jättää meidät sillä tavoin, jättämättä meille edes hieman rahaa? En ymmärtänyt, että olet niin julma. Minun arvioni sinusta on täytynyt olla aivan väärä", hän sanoi äänellä, joka oli sekoitus tuskaa ja vihaa.

"Ei minun tarkoitukseni ollut hylätä teitä. Ajattelin, että yrittäisin löytää kylän ja kantajat ja palata sitten taskulamppujen kanssa etsimään teidät. Jos me kaikki kolme olisimme eksyneet pimeään, mitä me olisimme voineet tehdä? Jos edes yksi pääsisi kylään, hän voisi palata takaisin ja etsiä toiset valon kanssa. Se oli suunnitelmani. Valitettavasti siinä vaiheessa, kun oivalsin, että olin jättänyt teidät ilman rahaa, olin jo edennyt pitkälle. Ajattelin, että en ehtisi kylään ajoissa, jos palaisin takaisin, niinpä jatkoin eteenpäin. Kohtasin vieraan miehen metsässä ja hän opasti minut kylään. Löydettyään kantajat hän lähetti heidät etsimään teitä. Olisin tullut itse, mutta olin niin uupunut, etten kyennyt ottamaan askeltakaan vaan nukahdin niille sijoilleni. Pyydän, anna anteeksi. En jättänyt teitä pahalla tarkoituksella", selitin.

Kuultuaan totuuden Ratnamji nousi ylös, harjasi hampaansa ja pesi kasvonsa. Juotuaan lasin maitoa hänestä tuli jälleen oma itsensä. Hän kertoi minulle, mitä oli tapahtunut sen jälkeen, kun olin lähtenyt.

"Sen jälkeen kun lähdit, minä ja sisareni yritimme seurata sinua, mutta sinä menit liian lujaa. Näin, että huusit jotakin meille, mutta en saanut siitä selvää. Me kiirehdimme ja onnistuimme jotenkin kävelemään voimakkaasti virtaavan joen varteen siinä vaiheessa, kun ilta pimeni. Emme tienneet, missä olimme ja mihin suuntaan meidän tulisi edetä. Seshamma ja minä kahlasimme veteen, mutta hän kaatui, virta melkein vei hänet mennessään. Onnistuin suurin ponnistuksin saamaan hänestä otteen. Pääsimme joen toiselle rannalle enemmän kuolleina kuin elävinä. Uupuneina ja nälkäisinä saavuimme talolle, joka oli kylän reunamilla. Kerroimme talon omistajalle, että meillä ei ollut rahaa ja että olimme nälkäisiä. Nähdessään säälittävän tilamme, hän jakoi ateriansa kahtia kanssamme, vaikka olikin köyhä. Siinä vaiheessa kantajamme ja eräs herrasmies saapuivat sinne tiedustellen meitä ja he toivat sitten hiljalleen meidät sateessa tänne. Olin varma, että Seshamma olisi huuhtoutunut joen mukana ja se oli suurin huoleni. Mitä hänen aviomiehensä olisi sanonut? Joka tapauksessa sinun olisi pitänyt jättää meille hieman rahaa. Saavuimme tänne Jumalan armosta. Mitä meidän pitäisi tehdä näiden lurjusten, kantajiemme, kanssa?"

Sanoin, että meidän tulisi hankkiutua heistä eroon. Nainen, joka omisti talon, missä me yövyimme, kertoi meille, ettei koko kylässä ollut kantajia saatavilla. Hän kehotti meitä olemaan äärimmäisen varovaisia, sillä jotkut pyhiinvaeltajat, jotka olivat ottaneet kantajat samasta paikasta kuin me, olivat salaperäisesti kadonneet kahden kylän välisellä taipaleella. Epäiltiin, että heidät oli murhattu ja heidän rahansa viety. Hän näytti olevan aidosti huolissaan meidän turvallisuudestamme.

Ratnamji kutsui kantajat luokseen ja kertoi heille, että emme etenisi tuona päivänä. Hän uhkasi heitä myös sanoen, että jos he vielä tekisivät tuollaisia ilkeyksiä, heidät erotettaisiin. He tiesivät tietenkin, että me harhautimme heitä, sillä muita kantajia ei ollut saatavilla. He olivat kovasydämisiä ja laskelmoivia. Tuona iltana he tulivat luoksemme ja sanoivat, että he eivät kantaisi tavaroitamme, jos emme korottaisi heidän palkkiotaan. Mitä me saatoimme tehdä? Jouduimme suostumaan.

Seuraavana päivänä jatkoimme matkaamme. Sateesta johtuen tiestä oli tullut hyvin vaarallinen, matkan varrella oli jopa maanvyörymiä. Eräässä vaiheessa, kun etenimme hitaasti vuorenrinnettä pitkin – joen syöksyessä kolmesataa metriä alapuolellamme – ryhmä miehiä tuli vastakkaisesta suunnasta. Vaikka polku oli vain yhden kuljettava, meidän piti tehdä siitä kahteen suuntaan kuljettava valtatie tai muussa tapauksessa jonkun olisi pitänyt lähteä uintimatkalle! Miehet vaativat, että heidän piti saada olla vuoren puolella ja meidän tulisi ohittaa heidät joen puolelta. Kun ryhdyimme varovaisesti tähän ohitukseen henkeämme pidätellen, jalkani lipesi irtonaisen maa-aineksen myötä. Ajattelin, että kaikki oli ohi. Onnistuin kuitenkin saamaan kiinni korkeasta ruohikosta, jota kasvoi lähelläni ja säästyin näin pudotukselta kuolemaan. Meille kerrottiin samana päivänä, että hevonen oli liukastunut samassa kohdassa ja värjännyt kalliot verellään. Tuota onnetonta olentoa ei nähty enää sen jälkeen, sillä se katosi alapuolella kuohuvaan jokeen.

Eräänä iltana taivallettuamme suunnilleen puolet matkasta Muktinathiin lepäsimme eräässä kylässä. Tuona yönä heräsin siihen, että Ratnamji toisti kovaäänisesti joitakin säkeitä, sitten vaivuin jälleen uneen. Aamulla hän kertoi minulle, että hän oli nähnyt yöllä näyn temppelistä, jonka edessä oli ollut valtavan kokoinen, kiveen kaiverrettu kiekko. Papit olivat tulleet joelta kantaen vesiastioita päälaellaan, ja hän oli kuullut Narayanan jumalallisen nimen kovaäänistä toistamista. Yhtäkkiä hän oli huomannut istuvansa huoneessa, mutta Narayanan ääni oli soinut yhä hänen korvissaan. Tuossa vaiheessa olin sitten kuullut hänen lausuvan säkeitä, jotka ylistivät Jumalaa Narayanan hahmossa. Hän kertoi minulle, että kun hän oli aiemmin ollut pyhiinvaellusmatkoilla, hänellä oli ollut vastaavanlaisia kokemuksia silloin, kun hän oli ollut tietyn etäisyyden päässä temppelistä, mihin hän oli ollut matkalla. Siitä hän oli tiennyt, että hän oli saapunut tuon temppelin jumalan toimialueelle.

Kun matkasimme yhä pidemmälle, kasvillisuus alkoi vähentyä. Lopulta olimme täysin autiolla alueella. Näkyvissä ei ollut ainuttakaan puuta, vain pieniä, lähes lehdettömiä pensaita siellä täällä. Nepalin viranomaiset olivat antaneet minulle luvan kävellä vain Jomsomiin asti, joka oli kymmenisen kilometrin päässä Muktinathista. Siellä oli Intian armeijan tukikohta, joka piti silmällä kiinalaisia, eivätkä he halunneet kenenkään ulkomaalaisen menevän tuota paikkaa pidemmälle. Vetosin viranomaisiin ja he olivat hyvin myötätuntoisia, mutta eivät voineet antaa minulle lupaa mennä pidemmälle. Ratnamji sanoi, ettei ollut syytä olla huolissaan, että hän tulisi takaisin muutamien päivien kuluttua, jolloin hän toisi minulle prasadin, siunatun uhrilahjan, temppelistä. Seisoin kaupungin laitamilla ja katselin, kun hän katosi kaukaisuuteen.

Palattuani huoneeseen missä majailin, huomasin että hän oli unohtanut huopansa. Kuinka hän selviäisi ilman huopaa tuossa kylmässä, tuulisessa paikassa? Menin armeijan majapaikkaan, tapasin vastaavan upseerin ja kerroin hänelle asiasta. Hän suostui lähettämään minut yhden sotilaan seurassa Ratnamjin perään ja niin me lähdimme juosten matkaan. Lähes tunti ja neljä kilometriä myöhemmin saavutimme hänet. Oli ilo nähdä hänen kasvonsa ja se oli vaivan arvoista. Palatessani Jomsomiin en ollut enää niin synkkä ja jäin odottamaan innolla hänen paluutaan.

Seuraavien neljän päivän aikana pidin itseni yhtä kiireisenä kuin jos olisin ollut Arunachalan ashramissa. Heräsin aikaisin aamulla, kylvin jääkylmässä lähteessä armeijan parakkien lähettyvillä ja tein sitten päivittäisen *pujani*. Keittäminen ja syöminen vei oman aikansa ja sitten vietin loppupäivän opiskellen ja meditoiden. Lopulta Ratnamji palasi.

"Jos luulit, että matkamme tänne oli vaikea, sinun olisi pitänyt olla mukanani Muktinathiin asti", hän sanoi. "Olin varma, että en enää koskaan näkisi sinua. Erottuani sinusta toisen kerran me tulimme polulle, jossa tuuli oli niin kova, että me ajattelimme sen puhaltavan meidät alas rotkoon. Yritimme ensin kävellä siitä läpi, mutta se oli mahdotonta. Sitten yritimme kontata, mutta sekin oli mahdotonta. Lopulta päätimme odottaa seuraavaan päivään ja leiriydyimme avotaivaan alle. Kylmyys oli kauhistuttava. Seuraavana päivänä tuuli asettui ja me kiirehdimme solan läpi. Juuri kun pääsimme läpi, tuuli alkoi puhaltaa jälleen ulisten.

Pääsimme jotenkin Muktinathiin. Yllätyksekseni havaitsin, että temppeli oli sama, jonka olin nähnyt näyssä. Jopa valtavan kokoinen pyörä, joka oli kaiverrettu oviaukon eteen, oli siellä. Me rukoilimme siellä ja järjestimme juhla-aterian kahdelle siellä olevalle papille. Kun kysyimme, mikä oli heidän lempiruokaansa, he vastasivat, että maitokiisseli, niinpä me pyysimme heitä järjestämään maitoa lähikylästä. He toivat seuraavana päivänä viisitoista litraa maitoa, jonka me keitimme yhdessä riisin ja sokerin kanssa valmistaaksemme kiisseliä papeille. He eivät halunneet mitään muuta. Voit vain kuvitella, minkälainen määrä kiisseliä syntyy viidestätoista litrasta maitoa! He olivat ahneita syöjiä ja me olimme onnellisia saadessamme täyttää heidän toiveensa. Me koimme, että söimme itse Jumalaa heidän hahmossaan. Sen jälkeen menimme alas joelle ja keräsimme näitä Saligramin kiviä. En kyennyt päättämään, mitkä näistä ovat hyviä ja mitkä eivät, niinpä toin mukanani niitä parisensataa. Tässä on loput *pujan* prasadista."

Päätimme lähteä takaisin kohti Pokharaa seuraavana päivänä sen jälkeen, kun Ratnamji ja hänen sisarensa olisivat levänneet. Lähdimme aikaisin seuraavana aamuna hyvästeltyämme sitä ennen armeijan väen. Pieni paise oli muodostunut jalkateräni päälle kohtaan, jota sandaalien nauha oli hiertänyt. Paise alkoi nyt suurentua. Kun olimme kävelleet kolme päivää, paiseesta oli tullut niin suuri, että en kyennyt enää kävelemään. Jalkani oli paisunut jalkapallon kokoiseksi.

"Mitäs me nytsitten teemme?" kysyin. "Menkää te edellä ja jättäkää minut tänne. Kun voin paremmin, tulen jollakin tavoin Pokharaan ja tapaan teidän siellä."

"Onpa mukava ratkaisu! Olenko minä niin itsekäs, että jättäisin sinut yksin tänne?" Ratnamji huudahti. "Meidän on keksittävä jokin toisenlainen ratkaisu. Pyydetään yhtä kantajistamme kantamaan sinut selässään ainakin seuraavaan kylään saakka."

Suurten vaikeuksien ja kantajien kompuroinnin jälkeen saavuimme seuraavaan kylään, joka oli runsaan kuuden kilometrin päässä. Tuska oli sietämätön. Sinä iltana Seshamma laittoi kuuman hauteen jalkaani, mutta en tuntenut minkäänlaista helpotusta. Ratnamji kyseli kylällä, olisiko siellä joku, joka kykeni kantamaan minut takaisin Pokharaan. Lähes kuudenkymmenen kilometrin päähän. Ei löytynyt ketään. Meillä ei ollut muuta mahdollisuutta kuin puskea samalla tavalla eteenpäin kuin tähänkin asti.

Aamulla Ratnamji ehdotti, että hän ja Seshamma lähtisivät aikaisin ja menisivät hitaasti seuraavaan kylään ja ryhtyisivät siellä keittämään. Minä tulisin myöhemmin kantajien kanssa, jolloin yksi heistä kantaisi minua. Suostuin ja he lähtivät. Odotin kymmeneen asti ja onnuin sitten kantajien luokse. He istuivat puun alla talon edessä.

"Miksi emme ole vielä lähteneet?" minä kysyin.

"Emme tahdo kantaa sinua, emmekä halua kantaa myöskään teidän tavaroitanne. Jos kohotat palkkiotamme, voimme jotenkin kantaa tavaranne, mutta missään tapauksessa emme kanna sinua. Voit tehdä niin kuin haluat", he vastasivat.

Oi Jumala, miksi leikit minun kanssani tällä tavoin? Näinkö sinä kohtelet palvojiasi? Hyvä on, minä annan heille rahat, kävelen ja saavutan jollakin tavalla toiset itsekseni. Näin ajatellen annoin heille sen rahan, mitä he pyysivät ja niin me lähdimme. He jättivät minut tietenkin taakseen ensimmäisen viiden minuutin aikana. Minut oli näin jätetty yksin kävelemään kymmenen kilometrin matka alas vuorenrinnettä, metsän poikki kuuman auringon alla tykyttävän jalkani kanssa.

Kävellessäni yritin olla onnellinen, niin kuin olin nähnyt Ratnamjin olevan vastaavanlaisissa tuskallisissa tilanteissa. Tässä oli todellinen mahdollisuus harjoittaa Jumalalle antautumista. Jos pysähtyisin edes minuutiksi, jalan kipu tulisi niin sietämättömäksi, että huutaisin. Käveltyäni viitisen kilometriä pysähdyin uupuneena. Jalka alkoi sykkiä ja ajattelin, että se räjähtäisi. Huusin täysillä: "Amma!" Kutsuen siten Jumalallista Äitiä. Tuska loppui saman tien. 'Mitä ihmettä?!' ajattelin. Kun jatkoin kohti seuraavaa kylää, en tuntenut enää niin paljon kipua. Kiitin Jumalaa Hänen armostaan.

Heti kun Ratnamji näki minut, hän hypähti ylös ja kysyi:

"Mitä on tapahtunut? Mitä nuo kelmit ovat tehneet sinulle?"

Kerroin hänelle koko tarinan. En ole koskaan ennen enkä sen jälkeen nähnyt Ratnamjia niin vihaisena. Hän kirosi nuo kantajat, että he joutuisivat kuolemansa jälkeen alimpaan helvettiin, eikä minulla ollut epäilystäkään siitä, etteikö niin kävisi. Suurilla pyhimyksillä on voima sekä kirota että siunata. On hyvin harvinaista, että he kiroavat ketään eivätkä he tee niin hyötyäkseen siitä itse jotenkin. Ratnamji kärsi tuskastani niin paljon, ettei hän kyennyt hillitsemään raivoaan. Saatoin vain ajatella, että toivottavasti Jumala tuntee sääliä noita onnettomia miehiä kohtaan, jotka olivat hänen vihansa kohde.

Onneksi siinä kylässä oli mies, joka oli halukas kantamaan minut Pokharaan. Hän osti suurikokoisen korin, leikkasi toista sivua niin, että minä saatoin istua siinä, ja sitten hän asetti huovan sen sisälle. Hän kantoi minua selässään siten, että kangassuikale, joka kulki hänen otsansa poikki, kannatteli koria. Sillä tavalla hänen molemmat kätensä olivat vapaina. Tunsin oloni vähintäänkin kiusaantuneeksi ja painostin Ratnamjia ja Seshammaa vuokraamaan myös itselleen kantajat, mutta eivät he olleet kuulevinaankaan. Tällainen matkanteko oli hyvin hidasta, erityisesti koska miehen täytyi kantaa minua sateessa yhtä vuorenrinnettä alas ja toista ylös. Olin pahoillani hänen puolestaan. Hän ei valittanut kertaakaan vaan kyseli, jos minä tarvitsin jotakin. Minkälainen ero toisiin kantajiimme nähden! Ratnamji ja hänen sisarensa etenivät nopeasti. Kantaja ja minä tulimme hitaasti perästä ja tapasimme heidät sitten lounaalla. Ja sitten me tapasimme jälleen illalla.

Meiltä vei vain kaksi päivää saavuttaa Pokhara. Matkan aikana paise puhkesi antaen minulle hieman helpotusta, vaikka minulla ei ollutkaan lääkettä laittaa haavaan. Saavuttuamme Pokharaan me maksoimme kantajille ja annoimme henkilölle, joka oli kantanut minut, ylimääräisen palkkion. Onneksi seuraavassa lennossa Katmanduun oli kolme paikkaa vapaina, niinpä me saavuimme pääkaupunkiin vielä samana iltana.

Sen jälkeen, kun olin saanut haavaani hoitoa, ostimme liput Intiaan. Katkera kokemuksemme kantajien kanssa oli synnyttänyt meissä halun palata Intiaan ja niinpä me odotimme innokkaina seuraavaa päivää.

Luku 4

Pyhiinvaellus

Intia! Kuumuudesta, jatkuvasta toimeliaisuudesta ja köyhyydestä huolimatta se oli silti kotini ja olin iloinen päästessäni sinne takaisin. Vaikka pidinkin Nepalista, niin muutamina hetkinä, jolloin luulin, etten näkisi enää Intiaa, en ollut kestää tuota ajatusta. Nepal on epäilemättä pyhä maa, mutta Intia on minulle vieläkin pyhempi.

Suurinta osaa turisteja, jotka tulevat Intiaan, kauhistuttaa maan köyhyys, saastuneisuus ja ympäristön hoitamattomuus. Tänä päivänä, jolloin monet intialaiset menevät ulkomaille töihin, jotkut heistä jopa halveksivat omaa maataan pitäen Yhdysvaltoja ja muita länsimaita taivaana maan päällä. Mikä tahansa ulkomainen on hyvää, kaikki intialainen on toisen luokan arvoista. Tällä tavoin moni ajattelee tänä päivänä.

Elettyäni puolet elämästäni Yhdysvalloissa ja puolet Intiassa tunnen kolikon molemmat puolet. Intialaiset, joita yltäkylläisyyden kimallus hurmaa, eivät näe lännen myrkyllistä puolta eivätkä oman kulttuurinsa ainutlaatuista suuruutta. Raiskaukset, murhat, varkaudet ja yleinen huliganismi rehottavat Yhdysvalloissa. Jos vertaisimme rikosten määrää kansalaista kohden kummassakin maassa, niin luulenpa, että intialaisten tekemien rikosten määrä on tippa amerikkalaisten rikosten valtameressä. Tämä ei johdu lainvalvonnasta, joka on lännessä paljon kehittyneempää. Ihanne siitä, että elää hyveellisestä elämää ja pelko siitä, että joudumme ottamaan vastaan pahojen tekojemme seuraukset joko tässä tai toisessa elämässä, on juurrutettu syvälle intialaisen mieleen. Ei ole olemassa yhtäkään intialaista, joka ei tietäisi edes hieman sellaisista ikivanhoista hindukirjoituksista, kuten *Ramayana* ja *Mahabharata*. Pyhimykset, jotka olivat saavuttaneet Jumal-tietoisuuden ja jotka halusivat jakaa tuon autuuden ja tiedon ihmiskunnan kanssa, kirjoittivat nämä teokset. He näkivät, että heidän tietonsa ja kokemuksensa voisi parhaiten jakaa tarinoiden muodossa. Näissä teoksissa kuvatut henkilöhahmot ilmentävät ihmisen korkeimpia ja jaloimpia ominaisuuksia. Menneisyyden pyhimykset rohkaisivat ihmisiä jäljittelemään näitä korkeimpia luonteenpiirteitä omassa elämässään. Käyttämällä tieteellisiä menetelmiä he osoittivat ihmisille, että elämän tarkoitus ei ole nautinto vaan autuus, joka syntyy siitä, että oivallamme oman todellisen olemuksemme. He myös toivat esiin, että rauhallisen rinnakkaiselon pitäisi olla se ihanne, mihin pyrimme maan päällä. Näitä ihanteita ja niiden mukaista elämäntapaa on seurattu tuhansia vuosia. Siitä huolimatta, että ulkomaiset valloittajat hyökkäsivät maahan, tämä ikivanha kulttuuri on säilynyt puhtaana aina viime aikoihin asti.

Joukkoviestinnän vaikutus on pilannut Intian ikivanhan kulttuurin. Länsimaiden ajatukset huvituksesta ja nautinnosta ovat vaikuttaneet voimakkaasti intialaisten yksinkertaiseen, lapsenomaiseen mielenlaatuun. Sen seurauksena he ovat unohtaneet oman kulttuurinsa suuruuden. On mielenkiintoista havaita kuitenkin, että ihmiset yhä enenevässä määrin ovat pettyneet lännessä vallitsevaan tuhoisaan ja maalliseen kulttuuriin ja kääntäneet mielenkiintonsa kohden Intiaa – joka on hindulaisuuden ja buddhalaisuuden äiti – voidakseen näin ravita henkistä nälkäänsä. Koska olin yksi heistä, pidin Intian köyhyyttä vain pintakerroksena ja kiinnitin sen sijaan huomion siihen ihastuttavaan henkiseen kulttuuriin, mikä oli sen alla. Olen havainnut, että jos haluaa saavuttaa mielenrauhan ja oivalluksen Jumalasta, Intia on paras paikka maan päällä tähän tarkoitukseen johtuen maan rikkaasta henkisestä perinteestä. Vaikka kuulenkin ihmisten ylistävän Yhdysvaltoja päivin ja öin, en anna heidän lauseilleen sen enempää arvoa kuin antaisin lasten puheille. Jopa kvanttifysiikan tutkimukset, joihin on sijoitettu suunnaton määrä aikaa ja rahaa, ovat tuottaneet tulokseksi saman lopputuloksen, johon Intian tietäjät päätyivät tuhansia vuosia sitten meditaation voiman avulla.

Tietäjät esimeriksi tiesivät, että maailmankaikkeus on yhtenäinen kokonaisuus, joka koostuu perusenergiasta ja että tarkkailijan tietoisuus vaikuttaa tarkkailtavaan ilmiöön. Tämä on yksi vedantafilosofian keskeisiä opetuksia. Se tosiasia, että maailmankaikkeus koostuu energiasta ja tietoisuudesta, sen tietäjät ilmaisivat kuvallisesti puhumalla Shivan ja Shaktin yhteensulautumisesta, mikä ilmentää korkeimman olevaisen kaksijakoista olemusta muuttumattomana tietoisuutena ja toiminnallisena energiana. Kuka tahansa hindulapsi voi kertoa sinulle, että maailma on *Shivashaktimayam*, tai että se koostuu sekä Shivasta että Shaktista. On palkitsevaa nähdä, että muinainen intialainen kulttuuri tunnustetaan hiljalleen ja että sitä arvostetaan maailmanlaajuisesti ja että länsimaalaiset omalta osaltaan elvyttävät sitä. Niin kuin eräs suuri intialainen pyhimys sanoi hiljattain:

"Hindut arvostavat hindulaisuutta vain, jos länsimaalaisetkin arvostavat sitä!"

Saavuttuamme Intiaan me matkustimme Durgapuriin, yhteen Intian terästuotannon keskuksista, missä Seshamman mies ja poika asuivat. Ratnamji halusi lähteä heidän seurassaan uudelleen pyhiinvaellusmatkalle lähellä sijaitseviin Gayaan,

Benaresiin ja Allahabadiin. Oltuamme muutaman päivän Durgapurissa nousimme Gayaan menevään junaan ja saavuimme sinne seuraavana päivänä.

Siitä lähtien kun olin matkannut Tiruvannamalaista Hyderabadiin, olin nauttinut mielenrauhasta ja minulla oli ollut harmoninen suhde Ratnamjin kanssa. Koettuani tulikasteen hänen seurassaan ensimmäisen vuoden aikana olin hyvin tarkkaavainen sen suhteen, etten tekisi virheitä. Jos hän pyysi minua tekemään jotakin, tein se kyselemättä. Mielen jakaantuneisuus oli sen seurauksena vähentynyt suuresti ja siksi kykenin ymmärtämään hänen neuvoonsa sisältyvän merkityksen ja arvon. Yritin unohtaa itseni palvellessani häntä. Tunsin, että kaikki tulisi tehdä täydellisesti voidakseni tuottaa hänelle iloa ja saada osakseni Jumalan armon. Itse asiassa unohdin kaiken muun ja tuolloin vain Ramana ja minä olimme niin sanoakseni olemassa mielessäni.

Oli hienoa nähdä, miten meditaatiostani tuli spontaania, kun seurasin hänen ohjeitaan. Koin sydämessäni sisäistä ykseyttä hänen kanssaan. Aloin kuunnella sydäntäni, sen sijaan että olisin kuunnellut mieltäni ja pyrin tekemään sen seurauksena ilmenevästä rauhasta pysyvän ja jatkuvan kokemuksen. Se oli lisääntynyt viime päivinä ja havaitsin, että menetin sen vain omaa tyhmyyttäni. Olin vakuuttunut siitä, että noudattamalla tarkkaavaisesti sitä, mitä hän opetti minulle, saavuttaisin päämääräni.

Gaya on tärkein paikka Intiassa, missä voi palvoa esi-isiä. Uskotaan, että meillä on velvoitteita esi-isiämme kohtaan ja meidän tulisi lepyttää heitä kerran vuodessa tarjoamalla ruokaa pyhien kirjojen tuntijalle, joka näin edustaa heitä. Seremonia suoritetaan tiettyjen mantrojen tai mystisten sanamuotojen myötä, jotka toimivat kuin sähkeet. Ne varmistavat sen, että ruoan hienostunut osio saavuttaa jollakin tavalla esi-isämme, olivatpa he sitten missä tahansa. Tämän päivän radion, television ja satelliitin välityksellä tapahtuvan yhteydenpidon vuoksi ei ole vaikea ymmärtää sitä, että hienosyistä energiaa on mahdollista siirtää toiselle olennolle mantrojen voiman avulla, joka on vain toisenlainen energian muoto.

Minäkin osallistuin seremoniaan ja olin tyytyväinen siitä, että ainakin kerran elämässäni, olin suorittanut tämän velvoitteen. Olin varma siitä, että se, mitä entisaikaan oli suositettu, ei olisi hyödytöntä. Tietäjät olivat vakiintuneet tilaan, joka ylittää ajan ja paikan rajat, niinpä heidän oivalluksensa sopivat kaikkiin paikkoihin ja aikoihin.

Elämän päämäärä ja ongelmat eivät näytä ytimeltään muuttuvan, vaikka aikakausi ja paikka näyttäisivät erilaisilta, ja vaikka ymmärtämättömästä saattaisikin vaikuttaa siltä. Tietäjät kertoivat selkeästi, että onnellisuus on jokaisen ihmisen päämäärä ja että jokainen myös kokee sen olevan niin. Etsiessään onnellisuutta maallisin keinoin ihminen ei voi kuitenkaan koskaan löytää sitä ja se itse asiassa kaikkoaa vain kauemmaksi. Vain silloin kun mieli on tyynnytetty, rauha on mahdollista saavuttaa. Täydellinen rauha ja ikuinen onnellisuus ovat yksi ja sama asia. Riippumatta olosuhteista meidän on juurrutettava sisäiseen rauhaan niin, että mikään ei voi häiritä sisäistä tasapainoamme. Vaikka harjoitukset, jotka johtavat tällaiseen tilaan ovat erittäin helppoja ymmärtää, on niitä vaikea harjoittaa mielen levottomasta ja monimutkaisesta luonteesta johtuen. On kuitenkin mahdollista löytää keino rauhoittaa mieli, yrittämällä ja erehtymällä. Lyhin polku on seurata pyhimysten ja tietäjien opetuksia, heidän, joiden mieli on vakiintunut Todellisuuden hiljaisuuteen.

Oltuamme Gayassa päivän jatkoimme Benaresiin tai Kasiin, niin kuin sitä yleisemmin kutsutaan. Tätä paikkaa pidetään yhtenä hindukulttuurin linnakkeena ja aivan oikeutetusti. Joka vuosi miljoonat ihmiset tekevät pyhiinvaellusmatkan tähän pyhään paikkaan palvoakseen Jumalaa temppelissä tai kylpeäkseen puhdistavassa Gangesin virrassa. Kasia voisi hyvin kutsua Intian Jerusalemiksi. Siellä minä koin selkeästi, että Jumala on olemassa, en uskomuksena vaan suorana kokemuksena, olemukseni ytimessä.

Ratnamji, Seshamma ja hänen aviomiehensä halusivat kovasti suorittaa perinteiset rituaalit, jotka liittyvät Kasiin tehtävään pyhiinvaellusmatkaan. Tultiin siihen tulokseen, että minulla olisi enemmän vapautta, jos asuisin erillään. Niinpä majoituin omaan huoneeseen sen papin taloon, jonka oli määrä auttaa rituaalien suorittamisessa, kun taas toiset majoittuivat majataloon lähelle jokea. Vaikka en halunnutkaan olla erillään Ratnamjista, niin hän lupasi tavata minut joka ilta. Tosiasiassa tämä järjestely osoittautui valepuvussa olevaksi siunaukseksi.

Heräsin joka aamu puoli neljältä niin kuin aina ennekin ja menin joelle. Niin aikaisin aamulla *Ghatilla* (portailla, jotka laskeutuvat Gangesiin) oli vain vähän ihmisiä. Ganges tuntui olevan elävä. Tervehdin häntä ja pyysin lupaa saada kylpeä hänen vesissään. Uskoin vahvasti Gangesin puhdistavaan voimaan ja pidin häntä jumalattarena. Lääketiede on havainnut, että Gangesin vesillä on niin voimallisesti antiseptinen vaikutus, että kolera ja muut kuolettavat bakteerit eivät elä siinä. Eri aikakausien pyhimykset, henkisyyden tiedemiehet, ovat todistaneet, että tällä joella on henkisesti puhdistava vaikutus, niinpä he ovat sanoneet sen olevan pyhä. Heillä on epäilemättä ollut kokemuksia, jotka ovat saaneet heidät uskomaan tällä tavoin. Tämä on oletettavaa, sillä olin pian itse saava tällaisen kokemuksen.

Kylvettyäni aina aamuisin palasin huoneeseeni ja meditoin sitten lyhyen aikaa. Sen jälkeen kävelin runsaan kilometrin matkan kapeita, kiemurtelevia kujia pitkin Shiva-temppelille. Aikaisin aamullakin monet olivat jo hereillä ja menossa temppeliin. Nähtyäni temppelin jumalan patsaan, palasin hiljalleen takaisin huoneeseeni ja ostin matkalla kukkasia omaa seremoniaani varten. Käytin mieluiten lootuksenkukkia, joita oli saatavana ainoastaan aikaisin aamulla. Saavuttuani huoneeseeni suoritin rituaalin ja luin pyhistä kirjoituksista tarinoita Shivasta. Kasin kaupungin suojelusjumala oli Shiva tai Vishveswara, joka tarkoitti maailmankaikkeuden Herraa.

Ratnamji tuli yleensä myöhemmin huoneeseeni, ja kun olimme keskustelleet jonkin aikaa, hän vei minua temppeleihin ja pyhiin paikkoihin eri puolille Kasia. Iltapäivän vietin opiskellen ja aina iltaisin Ratnamji palasi luokseni ja vei minut Ghatille, jokeen laskeutuville portaille, missä keskustelimme henkisyydestä myöhäiseen iltaan saakka.

Oleskelumme kolmantena viikkona koin jotakin dramaattista. Palattuani temppelistä eräänä aamuna istuuduin suorittamaan päivittäistä jumalanpalvelustani. Olin jo lähes lopettanut ja lauloin Shivan jumalallista nimeä, kun tietoisuuteni kehosta ja ympäristöstä katosi kokonaan. Se mitä jäi jäljelle, oli – parempien sanojen puutteessa – Jumala. Olin ällikällä lyöty Jumalan läsnäolon todellisuuden edessä. Jollakin selittämättömällä tavalla olin yhtä Sen kanssa, samaan aikaan kuitenkin hieman erillään Siitä. Jonkin ajan kuluttua tulin hiljalleen tietoiseksi kehostani ja tunsin selkeästi Jumalallisen läsnäolon, niin kuin se olisi tanssinut autuaallisesti pääni päällä. Pelätessäni menettäväni tämän autuuden pidin silmiäni kiinni. Kuulin itseni huutavan kovalla äänellä: 'Shiva, Shiva!' Mutta se tuntui jollakin tavalla olevan irrallaan minusta. Hiljalleen tuon autuuden voima alkoi vähentyä ja tietoisuus kehostani ja ympäristöstäni tuli selkeämmäksi. Avasin hiljalleen silmäni ja huomasin, että vaatteeni ja kasvoni olivat kyynelten kastelemat, vaikka en ollutkaan lainkaan tietoinen siitä, että olin itkenyt. Istuin siinä hämmästyneenä ja riemuissani tästä Jumalallisen armon äkillisestä ilmennyksestä. Juuri silloin Ratnamji käveli sisään. Yksi vilkaisu kasvoihini sai hänet ymmärtämään sen, mitä oli tapahtunut.

"Luulen, että olen nähnyt Jumalan", sanoin.

"Sellainen vaikutus sillä on, että kylpee Gangesin virrassa joka päivä uskoen sen henkiseen voimaan", hän vastasi hymyillen. "Jos ihminen on vilpitön henkisessä elämässään ja kylpee säännöllisesti Gangesissa, niin jonkin kokemuksen siitä tulisi seurata. Joka tapauksessa mielen puhdistuminen ja viattomuus lisääntyvät suuresti. Nyt sinä olet saanut kokea tietäjien 'sanoihin' liittyvän totuuden."

Olin jo ollut vakuuttunut menneisyyden viisaiden sanojen totuudesta. Nyt siitä ei ollut enää pienintäkään epäilystä. Se mitä oli tapahtunut minulle, oli yhtä kirkasta kuin päivänvalo. Jopa nyt kun kirjoitan näitä sanoja, 25 vuotta myöhemmin, voin yhä muistaa tuon päivän tapahtuman niin kuin se olisi tapahtunut eilen.

Oleskelumme Kasissa oli tullut päätökseen ja se oli ollut erityisen suosiollinen, ainakin minulle. Seuraavana päivänä meidän oli määrä edetä Allahabadiin tai Prayagiin, niin kuin sitä perinteisesti kutsutaan, tuota paikkaa, missä Gangesin ja Yamunan joet kohtaavat. Sanotaan, että tuossa paikassa kylpeminen on hyvin hyödyllistä henkiselle etsijälle, niinpä odotin innolla saapumistamme sinne. Olin onnellinen voidessani olla jälleen Ratnamjin kanssa kaiken aikaa.

Seuraavana päivänä me nousimme Allahabadin junaan ja jäimme junasta junasillalla, Gangesin puolella, pienessä kylässä nimeltä Jhusi, missä Avadhutendrajin gurun, Prabudattajin, ashram sijaitsi. Ratnamji ajatteli, että ashram olisi meille paras paikka yöpyä. Kun olimme menossa tietä pitkin hevosten vetämillä rattailla, Ratnamji pyysi minua menemään postin toimipisteeseen kysymään, missä ashram tarkalleen ottaen sijaitsi. Mennessäni postiin näin siellä Avadhutendrajin! Menin hänen luokseen kumartaakseni hänelle, mutta hän kaappasi minut syleilyyn.

"Missä on Ratnamji?" hän kysyi.

Vein hänet hevoskärryjen luo ja niin me matkasimme yhdessä iloisina hänen gurunsa ashramiin. Hän järjesti meille mukavan huoneen ja toi sitten luoksemme Prabhudattajin, voimakkaan näköisen miehen, jolla oli pitkät valkoiset hiukset ja parta, joka sojotti eri suuntiin. Hänen silmänsä loistivat kuin hullulla. Hän olikin hullu, mutta Jumal-tietoisuuden autuudesta! Me kaikki kumarsimme hänelle. Sitten hän vei meidät keittiöön ja istui seurassamme, kun me söimme lounasta. Hän antoi minulle nimen, Neelamani, joka on yksi Krishnan kutsumanimistä, se tarkoittaa 'sinistä jalokiveä'. Hän oli kirjoittanut 150 kirjaa henkisistä aiheista, kaikki hyvin valaisevia ja viihdyttäviä kertoen totuudesta suloisella ja elävällä tavalla. Illalla hän luki osia joistakin kirjoista ja selitti ne. Hänen selostuksensa olivat hyvin eläviä.

Prabhudattaji kertoi meille hauskan tarinan rikkaasta miehestä, jonka tytär oli tullut hänen ashramiinsa. Isä vaati, että tyttären pitäisi palata takaisin kotiin eikä vierailla ashramissa. Hän sanoi tyttärelleen:

"Minulla on kolme autoa ja sinun gurullasi on myös kolme autoa. Minä omistan useita taloja ja niin omistaa gurusikin. Hänellä näyttää olevan paljon omaisuutta niin kuin minullakin.

Mitä eroa meillä näin ollen on? Miksi menet sinne? Sinähän voi yhtä hyvin olla täällä."

Tyttö meni Prabhudattajin luokse ja kertoi hänelle, mitä hänen isänsä oli sanonut. Tämä kutsui isän luokseen ja tarjosi hänelle mukavan istuimen.

"Sinä lurjus!" hän sanoi. "Sanoitko, että me olemme samanarvoisia? Haluatko tietää mikä on meidän välinen ero? Minä voin nousta ja jättää tämän kaiken taakseni ottamatta edes yhtä vaatekertaa mukaani ja voin olla ajattelematta tätä kaikkea jälkeenpäin niin kauan kuin elän. Entä mikä on sinun tilanteesi? Käytettyäsi pienenkin summan rahaa sinä koet niin kuin olisit menettänyt paljonkin. Se on meidän välinen ero. Sen tähden sinun tyttäresi haluaa olla täällä eikä sinun kanssasi!"

Näytti siltä, että valo alkoi sarastaa tämän miehen sisimmässä, sillä hän lahjoitti suuren summan rahaa ashramille, jotta se järjestäisi uskonnollisen juhlan, jonka aikana tarjottaisiin ruokaa köyhille ihmisille.

Nousimme joka päivä veneeseen ja menimme kylpemään Yamunan ja Gangesin virtojen yhtymäkohtaan. Prabhudattaji kertoi meille, että joka kahdestoista vuosi siellä pidettiin uskonnollinen juhla, johon osallistui päivittäin 12 miljoonaa ihmistä. Saatoin tuskin uskoa korviani. 12 miljoonaa ihmistä? Hän kutsui meidät seuraaviin juhliin, jotka pidettäisiin kuuden vuoden kuluttua. Minä itse asiassa osallistuin tuohon juhlaan, joka tunnetaan Kumbha Melan nimellä. Hän ei ollut liioitellut ihmisten lukumäärää. Ihmisjoukko oli käsittämättömän suuri levittäytyen kilometreittäin molempiin suuntiin kuivilla joenrannoilla. Eikä tuossa kaupungissa ollut lainkaan rikoksia. Yhtäkään ryöstöä, tappelua tai väkivaltaa ei ilmennyt. Väkijoukolla tuntui olevan vain yksi yhteinen päämäärä, kerääntyä sitä varten, että he voisivat puhdistautua kylpemällä joessa.

Viisumini oli loppumaisillaan. Minun piti lähteä Tiruvannamalaihin ennen kuin pyhiinvaellusmatka olisi saatettu päätökseen. Ratnamji ja Avadhutendraji sanoivat, että voisimme tavata jälleen Hyderabadissa sen jälkeen, kun olisin uusinut viisumini. Hyvästeltyäni heidät lähdin kohti etelää. Hoidettuani viisumiin liittyvät muodollisuudet matkasin jälleen Hyderabadiin ja tapasin siellä Ratnamjin ja Avadhutendrajin. Seuraavien kahden vuoden ajan matkustin eri puolille Intiaa näiden kahden pyhän miehen seurassa. Heidän seurassaan oleminen oli jatkuvaa juhlaa ja oppimista. Heidän kärsivällisyytensä oli rajaton minun kanssani, joka en tiennyt mitään henkisyydestä ja tein erilaisia kömmähdyksiä kehollani, puheellani ja mielelläni. Vaikka pidinkin heitä henkisinä oppainani, niin he pitivät minua nuorempana henkisenä veljenään.

Oppilaat olivat halunneet jo usean vuoden ajan rakentaa Ratnamjille talon, mutta hän oli jatkuvasti kieltäytynyt. Nyt hänen terveytensä alkoi reistailla siinä määrin, että hän ajatteli vakituisen asunnon voivan olla tarpeen. Niinpä hän suostui peräänantamattomien ystäviensä ja ihailijoidensa vaatimukseen. Veljeltään saamillaan rahoilla hän osti pienen tontin läheltä Tiruvannamalain ashramia. Siinä vaiheessa hän kysyi, suunnitelinko olevani siellä pysyvästi. Tahdoin olla hänen seurassaan niin kauan kuin hän olisi elossa ja vastasin myöntävästi.

Ihmeellistä kyllä, mutta tontti hänen omistamansa tontin vierestä tuli myyntiin. Omistaja joutui maksamaan tyttärensä naimisiinmenon ja tarvitsi rahaa. Hän kysyi, tahdoinko ostaa tontin ja suostuin siihen välittömästi. Suunnitelmat laadittiin kahden pienen talon rakentamiseksi ja niin rakentaminen aloitettiin oppilaiden antamilla rahoilla ja niillä rahoilla, jotka olin vastikään perinyt. Seuraavan vuoden aikana Ratnamji jatkoi matkustelua, mutta minä oleskelin Tiruvannamalaissa valvoen rakennustöitä. Rakentamisen olisi pitänyt viedä vain muutamia kuukausia, mutta usein toistuva myrskyävä ilma, työntekijöihin liittyvät ongelmat ja tarvikkeiden pula aiheuttivat sen, että työ kesti lähes vuoden. Lopulta kaikki oli valmista ja Ratnamji lupasi palata pian.

Vaikka molemmat talot valmistuivatkin samaan aikaan, Ratnamji neuvoi minua kirjeitse, että ajankohta ei ollut hyvä järjestää hänen talonsa avajaisia, mutta että minun taloni kohdalla se voitaisiin tehdä välittömästi. Hän kirjoitti, että minun tulisi pyytää äitiäni tulemaan Intiaan tilaisuutta varten, sillä äidin olemuksessa kuvastui erityinen jumalallinen voima, rakkauden voima, joka auttaa ylläpitämään ja ravitsemaan luomakuntaa. Ratnamji sanoi, että heti kun olisin saanut varmistetuksi päivämäärän, hän tulisi Avadhutendrajin kanssa. Kirjoitin saman tien äidilleni ja pyysin häntä saapumaan seremoniaan ja mainitsin, että vasta saatuani kuulla hänen tulopäivänsä, voisin määrittää tapahtumapäivän. Siitä oli mennyt jo neljä vuotta, kun hän oli nähnyt minut viimeksi. Ja kuultuaan minusta hän teki järjestelyt välittömästi. Hän saapui muutaman viikon kuluttua isäpuoleni kanssa. Ratnamji ja Avadhutendraji saapuivat myös ja asuivat ashramissa. Sain järjestettyä äidilleni majoituksen erään oppilaan luona.

Juhlapäivänä vein äitini ja isäpuoleni ashramiin tapaamaan Ratnamjia ja Avadhutendrajia. Muutamat Avadhutendrajin oppilaat Madrasista olivat juuri lähdössä takaisin kotiinsa. Intiassa ihmiset kumartavat vanhemmille ja pyhille miehille kunnioituksen ja nöyryyden osoituksena, sekä tapaamisen, että eron hetkellä. Näin ei tehdä imartelun vuoksi. Viisaat havaitsivat jo muinoin, että jokainen kehon asento vaikuttaa hermostoon, mikä vuorostaan vaikuttaa mieleen ja asenteisiin. Esimerkiksi etusormen suuntaaminen toista kohti puhuttaessa kohottaa hieman itsetärkeyden tunnetta, ylimielisyyttä ja ehkä hieman vihaakin. Vastaavasti kumartaminen toiselle tekee mielestä vastaanottavaisen, jolloin me olemme avoimia vastaanottamaan neuvon heiltä, jotka saattavat olla viisaampia kuin me.

Kun isäpuoleni näki erään miehen kumartavan Avadhutendrajille, hän kysyi:

"Miksi miehen tulisi kumartaa toiselle miehelle? Emmekö me ole tasa-arvoisia?"

Tämä on tietenkin yleisesti hyväksytty käsitys, joskin harhaanjohtava. Vaikka elämän tai Jumalan kipinä on sama kaikissa, kaikki muu onkin sitten erilaista. Fyysisesti, mieleltään, eettisesti ja henkisesti jokainen ihminen eroaa toisesta. Se mikä kaikissa on samaa, jätetään ympäri maailmaa valitettavasti yleensä aina näkemättä ja huomioimatta, ja ainoastaan erot havaitaan ja niitä painotetaan. Sanon valitettavasti, sillä jos meidän näkemyksemme perustuisi ykseyteen, tämä maailma olisi paljon rauhallisempi paikka. Ratnamji ei jäänyt koskaan sanattomaksi kenenkään edessä. Hän esitti heti vastakysymyksen:

"Kun haluat ylennyksen, etkö kumarra johtajalle, vaikkakin ehkä toisella tavalla? Nämä miehet haluavat sen tiedon ja kokemuksen, jonka he kokevat meillä olevan. Saadakseen sen, he kumartavat. Se ei tietenkään riitä, mutta se on ensimmäinen askelma. Kumartaako mieli, se jää nähtäväksi. Mielelle, joka ei ole vastaanottavainen, ei voi opettaa mitään."

Isäpuoleni oivalsi kenties hänen sanoihinsa liittyvän totuuden ja oli hiljaa. Muutaman minuutin keskustelun jälkeen he lähtivät huoneeseensa.

Tiruvannamalaissa olevaan taloomme saapuminen. Vasemmalta oikealle: Nealun äiti, Avadhutendraji, Neal ja Ratnamji.

Ratnamji ja minä keskustelimme sitten talon vihkimiseen liittyvistä suunnitelmista. Intiassa ei pidetä tupaantuliaisia vaan taloon astutaan. Kyse on uskonnollisesta seremoniasta, joka perustuu siihen uskomukseen, että kun tietyt seremoniat tehdään ennen kuin talossa asutaan, niin alkuperäiset värähtelyt mahdollistavat sen, että siellä on hyvä ja rauhallista asua sen jälkeen. Sanotaan myös, että talon muoto ja se, mihin suuntaan se osoittaa, vaikuttaa asukkaisiin hyvällä tai huonolla tavalla. Tätä kaikki vanhat kulttuurit ovat pitäneet totena. Ehkäpä tieteellisissä tutkimuksissa havaitaan jossakin vaiheessa tämä, vaikka nämä periaatteet perustuvatkin hyvin hienoihin värähtelyihin tai energian aaltojen lainalaisuuksiin, jotka läpäisevät maailmankaikkeuden vaikuttaen tapahtumiin ja mielenliikkeisiin.

Me päätimme, että Avadhutendraji astuisi taloon ensimmäisenä vedisten mantrojen säestämänä ja sitten suoritettaisiin tietyt rituaalit. Sen jälkeen kaikki vieraat saisivat ruokaa, mikä varmistaisi sen, että kaikilla läsnäolijoilla olisi hyvä mieli. Ratnamji ajatteli, että jos pyytäisimme Avadhutendrajia astumaan taloon ensimmäisenä, se tekisi talosta otollisemman henkisille harjoituksille. Kävi kuitenkin ilmi, että Jumalalla oli oma suunnitelmansa, joka oli erilainen meidän suunnitelmaamme verrattuna, mutta epäilemättä se oli paras.

Seuraavana aamuna olimme kaikki kokoontuneet ashramiin. Sitten kävelimme kaikki hitaasti uuteen taloon laulaen jumalallista nimeä. Matkalla tuntematon ihminen kiskaisi äitini sivuun ja kertoi hänelle, että koska hän oli minun äitini, hänen tulisi astua taloon ensimmäisenä. Kukaan meistä ei kuullut näitä sanoja. Kun me lähestyimme ulko-ovea, papit alkoivat toistaa vedisiä mantroja. Avadhutendraji oli juuri aikeissa astua taloon kun – huiskista vaan – äitini rynnisti sivulta, työnsi Avadhutendrajin sivuun ja astui voittoisana taloon ensimmäisenä! Me kaikki katsoimme toisiamme järkyttyneinä ja yllättyneinä. Sitten Ratnamji nauroi ja sanoi:

"Ilmeisesti Jumala tahtoi astua sisään ensimmäisenä äidin hahmossa!"

Jokainen hyväksyi tämän onnellisena ja kaikki eteni sen jälkeen joustavasti.

Äitini ja isäpuoleni halusivat, että me kiertäisimme heidän kanssaan Pohjois-Intiaa, joten lähdimme seuraavana päivänä. Kun olimme lähdössä, Ratnamji kertoi minulle, että hän oli menossa Bombayhin Avadhutendrajin kanssa ja että minun pitäisi tavata heidät siellä sen jälkeen, kun äitini olisi lähtenyt. Hän antoi minulle talon osoitteen, missä hän oleskelisi. Lupasin tavata heidät siellä ja lähdin Madrasiin.

Vierailimme tärkeimmissä turistikohteissa Pohjois-Intiassa, jonka jälkeen äitini ja isäpuoleni palasivat Yhdysvaltoihin jättäen minut Bombayhin. Menin saman tien siihen taloon, missä Ratnamji ja Avadhutendraji majailivat. Kumarrettuani heille kerroin kaiken matkastani. He kertoivat sitten minulle, että heidät oli kutsuttu erään oppilaan toimesta Barodaan, suureen kaupunkiin, joka sijaitsi Bombayn itäpuolella ja että sinne mentäisiin seuraavana päivänä. Olin tullut juuri sopivaan aikaan liittyäkseni heidän seuraansa.

Seuraavan päivän iltana ehdimme Barodaan. Avadhutendraji lähti etsimään tablan tai rumpujen soittajaa, joka voisi avustaa häntä illan laulujen aikana. Koska hän ei tuntenut ketään Barodasta, hän meni musiikkiakatemiaan löytääkseen jonkun, joka osaisi soittaa rumpuja. Kun hän kyseli asiasta siellä, hän kohtasi musiikinopettajansa neljänkymmenen vuoden takaa. Hän ei ollut tavannut opettajaansa sen jälkeen, kun oli lähtenyt oppilaitoksesta ja heidän kohtaamisensa oli onnellinen.

Opettaja vei meidät omaan kotiinsa. Hän opetti sitaran soittoa musiikkikoulussa, missä hän näytti meille maalausta, joka esitti hänen opettajaansa. Hän kertoi, että maalaus oli niin harvinainen, että hän oli joutunut maksamaan suuren summan rahaa saadakseen lunastettua sen yksityisestä kokoelmasta. Koska hänen opettajansa oli hänen gurunsa, hän ei säästänyt vaivaa ja työskenteli pitkään saadakseen rahaa taulun maksamiseen. Hän soitti meille sitaraa tunnin ajan, jolloin sekä Avahutendraji että Ratnamji vaipuivat syvään meditaatioon.

Aiemmin joku oli kutsunut Ratnamjin kuuntelemaan Ravi Shankarin konserttia Hyderabadissa. He pyysivät minut mukaansa. Matkalla Ratnamji sanoi minulle:

"Älä uppoudu yksistään säveleen, jonka kuulet. Pidä huomiosi pintatason alla olevassa surisevassa sävelessä. Silloin konsertti on hyödyllinen meditaationa."

Istuuduimme auditorioon ja valot hämärtyivät. Konsertti alkoi ja minä suljin silmäni ja yritin keskittyä surinaan. Noin kahden minuutin kuluttua valot kirkastuivat ja kaikki nousivat ylös. Ihmettelin, mistä oikein oli kysymys. Minkä tähden konsertti oli päättynyt heti alettuaan? Katsoin Ratnamjia ihmeissäni. Hän sanoi nauraen:

"Tulehan, mennään. Heti kun suljit silmäsi, vaivuit syvään uneen. Se oli kaksi tuntia sitten. Ajattelin, että sinun täytyi olla hyvin väsynyt, joten en häirinnyt sinua. Todella syvä meditaatio!"

Nyt kun kuuntelen sitaraa, pidän huolen siitä, etten sulje silmiäni.

Oltuamme muutaman päivän Barodassa Avadhutendraji päätti palata Bombayhin. Ratnamji oli saanut kirjeen, jossa häntä pyydettiin tulemaan Hyderabadiin, joten ostimme liput sinne. Ostaessamme liput minun piti lainata rahat Avadhutendrajilta, koska olin jättänyt rahani taloon. Kun saavuimme Bombayhin, Avadhutendraji nousi junaan. Ratnamji kysyi minulta:

"Kuinka paljon olet velkaa Avadhutendrajille?"

"Seitsemänkymmentä rupiaa", minä vastasin.

"Paljonko sinulla on rahaa mukana?" hän kysyi.

"Sataviisi", vastasin.

"Anna hänelle sata", Ratnamji sanoi. "Se on pyöreä luku. Sitä paitsi ei näytä hyvältä, kun maksaa velkansa pyhälle miehelle."

Annoin vastahakoisesti rahat Avadhutendrajille, joka otti ne sanoen, ettei hänellä ollut yhtään rahaa mukanaan ja että raha olisi tarpeen. Sitten me jäimme junasta Bombayssa.

"Mitäs me nyt teemme?" sanoin vähän ärsyyntyneenä. "Meillä on vielä kahden päivän matka edessämme. Miten me voimme ostaa viidellä rupialla riittävästi ruokaa itsellemme?"

"Katsotaan mitä Jumala antaa meille. Eikö meidän tulisi antaa hänelle siihen mahdollisuus aina silloin tällöin?" Ratnamji kysyi hieman ilkikurinen ilme kasvoillaan.

"Matkan varrella on kaksi pyhää paikkaa, missä en ole vieraillut pitkään aikaan. Yksi on Dehun katu, missä suuri pyhimys Tukaram asui kolmesataa vuotta sitten. Lähellä sitä on Alandi, missä Jnaneshwarin hauta sijaitsee. Hän oli valaistunut sielu, joka jätti kehonsa vapaaehtoisesti kahdenkymmenenyhden vuoden iässä pyytämällä opetuslapsiaan hautaamaan hänet, kun hän oli yhä elossa. Hän istui meditaatiossa lopettaen kaikki elintoimintonsa ja niin hänet haudattiin. Monet palvojat ovat nähneet hänet jopa näinä päivinä meditoidessaan hänen hautansa lähettyvillä ja jotkut on siunattu valaisevilla kokemuksilla.

"Valitettavasti tämä on pikajuna, joka ei pysähdy Dehun kadulla. Toisaalta, jos jäämme junasta seuraavalla asemalla, voimme mennä bussilla Dehun kadulle ja palata sitten takaisin ja nousta seuraavaan junaan. Jos teemme niin, meillä ei sen jälkeen ole rupiaakaan rahaa ostaaksemme edes banaania. Katsokaamme. Ei syödä tänään mitään, säästetään rahaa."

Emme söisi! Kun kuulin nuo sanat, ajattelin siitä hetkestä alkaen, kuinka nälkäinen olin. Muutaman tunnin kuluttua Ratnamji ryhtyi keskustelemaan miehen kanssa, joka istui kanssamme samalla penkillä. Miehellä oli viinirypäleitä paperipussissa. Niin kuin nälkäinen susi, joka katselee lammaslaumaa, silmäni liimautuivat paperipussiin. Oi suuri Jumala taivaassa! Hän laittoi kätensä pussiin ja tarjosi Ratnamjille viinirypäleitä. Oi Jumala, tiesin, ettet hylkäisi palvojiasi! Ratnamji kääntyi puoleeni ja avasi kätensä. Kuusi pientä viinirypälettä. Miehen anteliaisuus ja minun nälkäni eivät oikein olleet oikeassa suhteessa keskenään. Nähdessään ilmeeni Ratnamji purskahti nauruun. Minusta siinä ei ollut mitään naurunaihetta. Jumala oli hylännyt meidät.

Joitakin tunteja myöhemmin juna pysähtyi odottamatta. Ratnamji katsoi ikkunasta ulos.

"Tule, hypätään ulos! Tämä on Dehun katu! Jumala on pysäyttänyt junan meitä varten!" Ratnamji huusi.

Nappasin kiireesti laukkumme ja hyppäsin junasta. Juna lähti välittömästi. Vaikutti siltä, että lehmä oli kuljeskellut kiskoille ja että junan oli ollut pakko pysähtyä ja odottaa, että eläin saatiin pois radalta. Ja se sattui juuri Dehun kadun kohdalla!

Me jätimme laukkumme erääseen kauppaan lähellä bussipysäkkiä ja menimme katsomaan kaikkia paikkoja, jotka liittyivät Tukaramin elämään. Hän oli ollut pyhä mies, jota ymmärtämättömät ihmiset olivat vainonneet koko hänen elämänsä ajan, silti hän oli selvinnyt kaikesta viattoman ja puhtaan sydämensä ansiosta. Hän neuvoi ihmisiä henkiseen elämään säveltämiensä laulujen avulla. Hänen vaikutuksensa ihmisten elämään tuossa osassa maata on tunnettavissa yhä tänäkin päivänä. Kerrotaan, että hän katosi salaperäisellä tavalla elämänsä lopulla eikä häntä enää koskaan nähty sen jälkeen. Talo ja temppeli, missä hän istui ja lauloi, on säilytetty ja näitä paikkoja menimme katsomaan.

Kaupungin laidalla oli hyvin vanha puu, joka näytti olevan eräänlainen maamerkki, mutta koska me emme puhuneet paikallista kieltä, emme saaneet selville mikä se oli. Sen sijaan että olisin inspiroitunut ajattelemaan pyhimyksen elämää, olin nälkäinen ja hieman vihainen Ratnamjille siksi, että hän oli antanut kaikki meidän rahamme pois. Palasimme takaisin pysäkille noustaksemme bussiin, joka menisin kahdenkymmenenviiden kilometrin päässä olevaan Alandiin. Kaupanpitäjä, joka puhui englantia, kertoi meille, että bussi tulisi tunnin kuluttua. Hän kysyi meiltä, olimmeko nähneet paikan, mistä Tukaram oli kadonnut. Hän sanoi, että Tukaram oli seissyt puun alla ja hyvästellyt kaikki ystävänsä ja hyväntoivojansa, ja lähtenyt kuin lentokone. Joka vuosi, samana päivänä ja samaan aikaan, puu vapisee voimallisesti niin kuin se olisi pelästynyt. Hän kertoi meille, mistä löytäisimme tuon puun.

Ratnamji sanoi, että meidän täytyi nähdä tuo puu ennen kuin lähtisimme. Hän lähti juoksemaan keskipäivän polttavassa helteessä. Osoittautui, että puu, johon olimme kiinnittäneet aiemmin huomiota, oli juuri se, minkä luota Tukaram oli kadonnut. Siinä vaiheessa, kun palasimme kauppaan uupuneina ja janoisina, bussi oli mennyt. Haukoin henkeäni. Juna, johon meidän tuli ehtiä, lähtisi kuuden aikaan ja kello oli nyt vasta yksi. Jos emme ehtisi junaan, meidän lippumme vanhenisivat ja ilman lippuja ja rahaa olisimme hukassa. Seuraava bussi Alandiin menisi kolmen aikaan. Kun menisimme Alandiin ja näkisimme siellä kaiken ja ajaisimme sitten bussilla rautatieasemalle, kello olisi seitsemän. Sitä paitsi minä olin nälkäinen ja väsynyt. Kuultuaan, että bussi ei tulisi kahteen tuntiin, Ratnamji asettui makaamaan kaupan taakse. Hän kehotti minua herättämään hänet ennen kolmea, ja vaipui sitten uneen. Tämä tarkoitti sitä, että minä en saisi vaipua uneen. Mieleni oli täynnä kiukkua ja huolta. Missä oli antaumukseni ja luottamukseni Ratnamjia ja Ramanaa kohtaan? Se oli haihtunut vaikeuksien keskellä.

Nousimme bussiin kolmen aikaan ja saavuimme Alandiin neljältä. Sitten vierailimme kaikissa paikoissa, jotka liittyivät Jnaneshwarin elämään ja istuuduimme lopulta meditoimaan hänen hautansa lähettyville. Meditaatio? Se ei tullut kysymykseenkään minun kohdallani niin ärsyyntyneessä mielentilassa. Lopulta me nousimme bussiin, joka veisi meidät juna-asemalle kahdessa tunnissa. Nyt Jumala antaa Ratnamjille oppitunnin, ajattelin. Miksi hän on niin epäkäytännöllinen?

"Mitä pidit noista paikoista? Minä koin, että siirryin kerta kaikkiaan toiseen maailmaan, aivan niin kuin olisin elänyt noiden pyhimysten kanssa. Entä sinä?" Ratnamji kysyi.

"Minä olen nälkäinen ja väsynyt. Kuinka minä voisin nauttia mistään? Nyt meidän on mahdotonta enää ehtiä junaan. Jos emme olisi menneet katsomaan sitä puuta toistamiseen, olisimme tässä vaiheessa rautatieasemalla", sanoin tukahdutettua kiukkua äänessäni.

"Sääli, että ajattelet niin paljon kehoasi, vaikka olet ollut jo niin pitkään kanssani. Sen sijaan, että käyttäisit pyhiinvaellustamme edistyäksesi henkisesti, käytät sitä vain mielesi tärvelemiseen. Missä on uskosi Ramanaan, jos et voi olla ilman rahaa yhtä päivää? Kun tapasimme, kerroit minulle, että halusit elää ilman rahaa. Missä on tuo asenne nyt?" hän kysyi.

Mitä saatoin sanoa? Hän oli oikeassa, kuten yleensä aina. Bussimme saapui lopulta rautatieasemalle ja me laskeuduimme bussista. Asemalla meille kerrottiin, että junamme oli myöhässä, ja että se ollut vielä saapunut! Ryntäsimme laiturille ja ehdimme sinne juuri kun juna saapui. Löydettyämme paikkamme Ratnamji katsahti minua ja hymyili.

"Osta nyt muutamia banaaneja. Huomenna me saavumme määränpäähämme", hän sanoi.

Olin saanut hyvän opetuksen ja vannoin, etten enää epäilisi henkistä opastani. Vuosien aikana Ratnamji tapasi tulla myöhässä rautatieasemille, mutta silti hän ei kertaakaan jäänyt junasta.

Hyderabadissa saimme tietää, että Purin Shankaracharya oli vastikään saapunut sinne ja järjestänyt suuren uskonnollisen tilaisuuden. Kahteen tai kolmeen vuoteen Hyderabadissa ei ollut ollut sadetta ja niinpä ihmiset olivat pyytäneet Acharyaa auttamaan heitä. On todistettu useita kertoja, että kun tietyt vediset rituaalit suoritetaan tarkasti pyhien kirjoitusten ohjeiden mukaisesti, rankkasade seuraa välittömästi palvelusmenojen jälkeen. Olen itse ollut todistamassa tätä kahdesti, kerran Tiruvannamalaissa ja toisen kerran Hyderabadissa. Pitäisi venyttää mielikuvitusta melko tavalla, jos sanoisi että kahden tai kolmen vuoden kuivuuden jälkeen olisi kyse sattumasta, kun rankkasade alkaa heti rituaalien päätyttyä.

Noin 1200 vuotta sitten Shankara-niminen poika syntyi Intian eteläosissa. Lapsuudestaan alkaen hän osoitti syvällistä älykkyyttä. Kahdeksan vuoden iässä hän lähti kotoaan ja matkusti jalkaisin ympäri Intiaa, kunnes löysi valaistuneen gurun. Opiskeltuaan tämän ohjauksessa, hän saavutti täydellisyyden.

Hän kirjoitti sen jälkeen tulkintoja useisiin hindujen pyhiin kirjoituksiin auttaakseen vilpittömiä etsijöitä. Ennen kuolemaansa, 32 vuoden iässä, hän perusti viisi ashramia eri puolille Intiaa asettaen kouluttamansa opetuslapset näiden laitosten johtoon. Koska hän oli kunnioitettu uskonnollinen opettaja, hänet tunnettiin arvonimellä Acharya.

Hänen ajoistaan lähtien, aina tähän päivään saakka, tätä perinnettä on seurattu siten, että jokaista nimitettyä johtajaa on kutsuttu Shankaracharyaksi. Nämä miehet on valittu huolella, heidän edeltäjiensä taholta, oppineisuutensa, itsekurinsa, antaumuksensa ja epäitsekkyytensä pohjalta. Suuri osa hinduja tunnustaa heidät uskonnollisiksi johtajikseen. Nykyinen Purin Shankaracharya oli tällainen merkittävä persoonallisuus, tunnettu korkeista henkisistä saavutuksistaan ja antaumuksestaan Jumalalle. Sen tähden koettiin, että hän olisi paras henkilö johtamaan tällaista seremoniaa.

Palvontamenot koostuivat kahdesta osasta. Yhden katoksen alla järjestettiin Intian pyhien kirjojen oppineiden tapaaminen. Päivän aikana nämä tärkeimmät oppineet keskustelivat monista kiistanalaisista uskonnollisista aiheista, lainaten säkeitä kirjoituksista ja todistaakseen siten oman näkökantansa. Iltaisin Acharya puhuisi eri aiheista, joilla olisi tavalliselle ihmiselle käytännöllistä merkitystä ja jotka antaisivat hänelle paremman ymmärryksen omasta uskonnostaan ja kulttuuristaan. Toisen katoksen alle rakennettiin tuhansia tulisijoja, joiden äärellä uhrattiin erilaisia aineksia Jumalalle käyttäen tulta uhraamisen välikappaleena. Samaan aikaan toistettiin vedisiä mantroja. Tämä katos oli valtaisa, sen ympärysmitta oli yli kilometri. Mantrojen ääni ja palavien tulien näkymä oli juhlaa korville ja silmille. Ilmapiiri oli täynnä antaumusta. Riittien toimittaminen veisi kymmenen päivää.

Halusin tavata henkilökohtaisesti Acharyan ja kysyin Ratnamjilta, olisiko se mahdollista. Ratnamji tunsi Acharyan melko hyvin ja vietti suurimman osan ajastaan tämän läheisyydessä. Itse asiassa muutamassa päivässä Ratnamjista tuli hänen henkilökohtainen avustajansa. Acharya sanoi Ratnamille, että minun tulisi osallistua kaikkiin keskusteluihin, ja kun hänellä olisi aikaa, hän kutsuisi minua. Kymmenen päivää ja iltaa istuin aamukuudesta keskiyöhön odottaen, että minut kutsuttaisiin millä minuutilla hyvänsä. Kun kymmenen päivän ohjelma oli päättynyt ja sade oli langennut maahan, minua ei oltu kutsuttu.

Acharya oli aikeissa lähteä Hyderabadista tuona iltana kohti 650 kilometrin päässä olevaa kaupunkia. Hän lähetti viestin, että jos halusin yhä tavata hänet, voisin seurata häntä seuraavaan kaupunkiin. Hän ilmiselvästi koetteli vilpittömyyttäni. Vastasin viestinviejän välityksellä, että seuraisin häntä eri puolille Intiaa, jos olisi tarpeen, kunnes hän tapaisi minut. Seuraavana päivänä – huolehdittuaan kiireellisimmistä tehtävistään – hän tapasi minut suljetussa huoneessa yhdessä Ratnamjin kanssa ja kertoi minulle monia asioita. Hän kertoi minulle, että muinaisista ajoista alkaen lukemattomat tietäjät ovat saavuttaneet Itse-oivalluksen toistamalla jatkuvasti Jumalan nimeä. Jos halusin saavuttaa korkeimman autuuden ja ikuisen rauhan, niin sitä tietä minun tulisi seurata.

Olin hyvin onnellinen kuullessani tämän, koska Ratnamji oli jo kertonut minulle tämän saman ja yritin seurata hänen neuvoaan. Rohkaistuaan minua jatkamaan yrityksiäni oivalluksen saavuttamiseksi Acharya antoi minulle suosionosoituksenaan ne kukat ja hedelmät, jotka oli uhrattu Jumalalle hänen *pujansa*

aikana. Kumarrettuani hänelle lähdin tyytyväisin ja täysin sydä-
min. Se oli ollut kymmenen päivän odotuksen arvoista.

Ratnamji neuvoi minua nyt palaamaan Tiruvannamalaihin
ja suorittamaan valmistelut hänen talonsa avajaisia varten. Hän
lupasi kohdata minut siellä kahden viikon kuluttua. Matkustin
näin Arunachalaan ja hän seurasi Acharyaa Pohjois-Intiaan, missä
hän sairastui pahasti nuhakuumeeseen. Flunssa kehittyi lopulta
vakavaksi taudiksi, joka oli pitkälti syynä hänen kuolemaansa
kolme vuotta myöhemmin. Tämä merkitsi hyvin tuskallisen
vaiheen alkamista henkisessä elämässäni.

"Näin viime yönä huonoenteisen unen. Luulenpa, että minun
terveyteni tulee olemaan tästä lähtien hyvin huonolla tolalla",
Ratnamji sanoi maatessaan talossani.

Hän oli saapunut edellisenä iltana yhdessä sisarensa Ses-
hamman kanssa. Hänellä oli kuumetta ja kivuliasta yskää. Kun
hän oli matkustellut, hänen jalkaansa oli kehittynyt paise, joka
oli tuottanut paljon kipua, kunnes lopulta se oli puhjennut.
Häntä jouduttiin sen takia enemmän tai vähemmän kantamaan
kaikkialle.

"Suoriutukaamme jollakin tavoin avajaisseremonioista ja
sitten me voimme mennä tapaamaan lääkäriä", hän sanoi.

Olin valmis lähtemään lääkäriin heti, kun vain näin hänet,
mutta hän ei sallinut sitä. Hänestä tuntui siltä, että lääkäri saattaisi
asettaa hänelle sellaisia rajoituksia, jotka voisivat estää seremo-
nian. Monia ihmisiä oli jo kutsuttu ja he saapuisivat muutaman
päivän sisällä. Jos päivämäärää muutettaisiin, se merkitsisi paljon
ongelmia ja vaivaa kaikille.

Me teimme kaikki tarvittavat suunnitelmat ja järjestelyt juh-
lallisuuksia varten ja sovittuna päivänä Ratnamji ja papit johtivat

toimitusta. Noin viisikymmentä vierasta tuli eri puolilta Intiaa, mutta Avadhutendraji ei päässyt tulemaan. Hän oli sairaalassa sydänkohtauksen takia eivätkä lääkärit sallineet hänen liikkua, mistä hän oli pahoillaan. Hän oli lähettänyt jonkun kertomaan henkilökohtaisesti tapahtuneesta Ratnamjille, joka oli odottanut hänen saapumistaan. Seremonian jälkeen Ratnamji asettui makaamaan. Hän oli hyvin heikko ja hänellä oli rintakipuja. Siitä huolimatta hänen kasvoillaan oli nähtävissä tavanomainen hymy ja loiste.

Seuraavana aamuna saimme kuulla, että eräs Ramana Maharshin vanha opetuslapsi teki kuolemaa ashramissa. Ratnamji ja minä kiirehdimme ashramiin ja löysimme tämän munkin kuolinvuoteeltaan. Kaikki toistivat jumalallista nimeä ääneen, ja muutaman tunnin kuluttua hän jätti rauhallisesti maallisen asuinsijansa. Hänen ruumiinsa haudattiin ashramin taakse vielä samana päivänä ja päätettiin, että Ratnamjin pitäisi suorittaa hänen haudallaan neljänkymmenen päivän pituinen rituaali, joka määrätään munkin kuoleman jälkeen. Tämä tarkoitti sitä, että lääkärin tapaaminen siirtyisi neljälläkymmenellä päivällä. Sydämeni oli murtumaisillaan, mutta mitä minä saatoin tehdä? Ei hän ottaisi vastaväitteitä kuuleviin korviinsa.

Neljänkymmenen päivän kärsimysten jälkeen Ratnamji ehdotti, että menisimme tapaamaan Avadhutendrajia, joka oli päässyt pois sairaalasta ja oleskeli joidenkin oppilaiden luona. Hän lupasi mennä lääkäriin, kun olisimme siellä. Niinpä lähdimme Arunachalasta ja saavuimme Avadhutendrajin luokse ja havaitsimme, että hänen terveytensä oli hieman parantunut. Hänellä oli kuitenkin kouristuksia sydäntä lähellä olevassa valtimossa, niinpä hän joutui nousemaan yhtäkkiä ylös ja haukkomaan henkeään useita kertoja päivässä. Oli tuskallista nähdä hänet siinä kunnossa. Heti kun kohtaus meni ohi, hän nauroi ja laski siitä leikkiä.

Muutaman päivän kuluttua Ratnamji suostui Avadhutendrajin vaatimuksesta lähtemään lääkäriä tapaamaan. Röntgenkuva otettiin ja kävi ilmi, että suurin osa hänen keuhkoistaan oli tuberkuloosin vallassa. Hänen verensokerinsa oli myös hyvin korkea. Kun isännällemme selvisi illalla, mikä Ratnamjia vaivasi, hän oli kovasti huolissaan eikä halunnut pitää häntä luonaan. Avadhutendraji kärsi kovasti heidän asenteestaan. He varoittivat häntä menemästä liian lähelle Ratnamjia.

"Jos lapsesi sairastuisi tuberkuloosiin, pysyttelisitkö hänestä kaukana peläten, että saisit tartunnan? Jos on olemassa todellista rakkautta, niin kuinka tällaisia ajatuksia voisi syntyä?" Avadhutendraji sanoi vihaisena.

Avadhutendraji kertoi hyvin lempeällä ja tahdikkaalla tavalla tilanteesta Ratnamjille ja ehdotti, että menisimme Hyderabadiin ja veisimme hänet sairaalaan siellä. Ratnamji oli myös sitä mieltä, että tämä oli paras ajatus, mutta mistä me saisimme rahaa sitä varten? Olimme käyttäneet kaikki rahat talon avajaisiin eikä meillä ollut enää riittävästi rahaa junalippuihin ja lääkkeisiin. Ratnamji kielsi minua mainitsemasta tästä Avadhutendrajille tai kenellekään muullekaan. Kuitenkin muutaman minuutin kuluttua Avadhutendraji tuli luokseni ja antoi minulle suuren summan rahaa.

"Säästä tämä raha Ratnamjin hoitoa varten", hän sanoi. "Minun guruni Prabhudattaji lähetti sen minulle kuultuaan, että olin sairastunut. En tarvitse niin paljon. Se voi olla tarpeen teille."

Silmäni täyttyivät kyynelistä. Oi Jumalani, sinä todellakin pidät meistä huolta, vaikka olinkin jälleen epäillyt sitä.

Avadhutendraji hyvästeli meidät, kun nousimme taksiin mennäksemme rautatieasemalle. Saimme myöhemmin kuulla, että hän oli itkenyt lähes tunnin ajan sitä, että Ratnamji oli jouduttu näin lähettämään pois ja että hän itse oli niin avuton, ettei pystynyt tulemaan meidän kanssamme. Hyderabadissa menimme jälleen poliklinikalle, missä lääkärit tutkivat uudestaan Ratnamjin keuhkot.

"Ihmisellä, jonka keuhkot ovat tällaisessa kunnossa, ei varmasti voi olla noin säteileviä kasvoja!" lääkärit huudahtivat.

Tällä kertaa Ratnamji siirrettiin yleiselle miesten osastolle. Hän ei olisi koskaan suostunut menemään yksityishuoneeseen tai erityishoitoon.

"Mitä eroa on tavallisella, köyhällä miehellä ja munkilla? Eikö munkin pidä tulla toimeen kaikkein vähimmällä?"

Ajatellessaan tällä tavoin hän ei sallinut sitä, että ylimääräistä rahaa olisi käytetty hänen vuokseen.

Hänen sänkynsä ympäristöstä tuli tietenkin ashram. Lähes kaikki lääkärit ja sairaanhoitajat tulivat hänen luokseen ongelmineen. Hänet oli määrätty lepäämään ja olemaan puhumatta, jotta hänen keuhkonsa saisivat mahdollisuuden toipua. Silti hän joutui puhumaan kymmenen kertaa enemmän kuin jos hän olisi levännyt sairaalan ulkopuolella.

"Kohdatkoon keho oman kohtalonsa. Kun puhun Jumalasta, minun mieleni on sulautunut Häneen enkä edes ajattele sairautta. Mikä voisi olla parempi kuin tämä? Kuka tietää millä hetkellä kuolema tulee? Eikö meidän pitäisi ajatella Häntä sillä hetkellä?"

Ei hän olisi kuunnellut meidän kehotuksiamme puhua vähemmän ja levätä.

Lääkäreiden epäinhimillinen julmuus sairaalan osastolla ei ollut yhtään sen vähäisempää kuin mitä olimme aiemmin kokeneet leikkausosastolla. Eräänä päivän kirurgi tuli osastolle oppilaidensa kanssa. Ratnamji torkkui lähettyvillä ja minä luin kirjaa. Lääkäri nappasi kiinni Ratnamjin jalasta ja kaavi refleksivasaransa kahvaosalla hänen herkkää jalkapohjaansa tunkeutuen lähes lihaan asti. Ratnamji huusi. Lääkäri osoitti oppilailleen: "Katsokaahan, tätä kutsutaan refleksitoiminnoksi."

Olin aikeissa itse näyttää joitakin refleksitoimintojani tälle säälimättömälle miehelle, kun Ratnamji katsahti minua ja sanoi: "Älä koske häneen. Hän on tietämätön."

Toisena päivänä opiskelijalle annettiin tehtäväksi antaa Ratnamjille pistos. Iskettyään neulan sisälle yhtäkkisellä liikkeellä hän sanoi:

"Oh, se meni vinoon!"

Ja vetämättä sitä ulos hän yksinkertaisesti väänsi sen oikeaan asentoon ja teki samalla runsaan senttimetrin haavan Ratnamjin takapuoleen. En kyennyt enää hillitsemään itseäni. Huusin miehelle ja ajoin hänet pois sängyn luota. Ratnamji kääntyi puoleeni ja sanoi:

"Älä missään tapauksessa anna minun kuolla tässä sairaalassa. Minun olisi parempi kuolla teurastajan käsissä kuin täällä."

Jos hän olisi sallinut minun pitää häntä maksetussa huoneessa, häntä ei olisi kohdeltu tällä tavoin, mutta koska hän oli yksi "köyhistä" häntä saatettiin kohdella niin kuin koekaniinia.

Kahden kuukauden sairaalassa oleskelun aikana minun sallittiin jälleen nukkua Ratnamjin sängyn vieressä. Eräänä yönä näin epätavallisen unen tai ehkä sitä voisi kutsua näyksi. Näin upean huoneen portaiden yläpäässä ja kapusin sinne. Silloin eräs mies lähestyi minua sanoen:

"Siellä on nuori tyttö, joka haluaisi saada lapsen. Voisitko olla hänelle avuksi?"

Ajattelematta suostuin miehen ehdotukseen, mutta seuraavassa hetkessä tajusin, mihin olin oikein suostunut. Katuen tyhmyyttäni ja peläten, että saattaisin rikkoa selibaattilupaukseni, juoksin portaita alas kadulle. Juostessani katua pitkin huomasin tien vierellä temppelin ja pysähdyin sen edessä. Saatoin nähdä Jumalallisen Äidin patsaan sen sisällä. Aloin itkeä Hänelle:

"Oi Äiti, anna minulle anteeksi tyhmyyteni!"

Itkiessäni Jumalallisen Äidin patsas katosi ja sen paikalla seisoi elävä Jumalallinen Äiti lihallisessa kehossaan. Hän tuli ulos temppelistä, otti minua kädestä kiinni ja vei minut takaisin huoneeseen, mistä olin juuri karannut. Hän näytti minulle joitakin rahvaanomaisia kuvia, jotka roikkuivat seinällä ja sanoi:

"Lapseni, tämä tyttö ei ole puhdas niin kuin luulit. Hän on hyvin vapaamielinen tyttö."

Sitten hän otti minua jälleen kädestä kiinni ja johdatti minut takaisin temppeliin. Jättäessään minut sisäänkäynnin luo hän liikkui hitaasti takaisin päin katsoen minua samalla rakkaudellisesti ja yhtäkkiä hän katosi. Hän paikallaan oli jälleen kivinen patsas niin kuin ennenkin. Temppelistä kaikui laulu:

"Voitto Äidille, voitto Jumalalliselle Äidille!"

Yhtäkkiä heräsin, mutta minä kuulin edelleen saman laulun! Muutaman sekunnin kuluttua oivalsin, että laulu tuli nurkassa olevasta radiosta. Juuri sillä hetkellä Ratnamji kutsui minua:

"Neal!"

Hänen äänensä kuulosti samalta kuin Jumalallisen Äidin ääni silloin, kun hän oli puhutellut minua. Nousin ylös ja kerroin Ratnamjille unestani. Hän hymyili ja sanoi:

"Sinä näet minut Jumalallisena Äitinä, joka on tullut edistämään sinun henkistä kehitystäsi. Minä näen myös sinut Jumalallisena Äitinä, joka on tullut huolehtimaan avuttomasta kehostani.

On monia tapoja katsoa ihmistä. Sinä voit esimerkiksi nähdä minut sairaana ihmisenä, joka tarvitsee apua tai sinä voit nähdä minut ihmisenä, joka on sellaisessa asemassa, että minun kuuluu saada palveluksia sinulta. Mutta korkein ja paras tapa on ajatella, että Jumala asustaa tuon palvelemasi ihmisen kehossa ja uhraat palvelusi ajatellen, että olet onnekas saadessasi mahdollisuuden palvella häntä. Lopulta sinun egosi pienenee ja Jumal-tietoisuus alkaa sarastaa sinussa. Älä ajattele, että sanon näin omaksi hyödykseni. Jos et olisi täällä, Jumala järjestäisi jonkun toisen huolehtimaan minusta. Minä olen riippuvainen yksin Hänestä, en kenestäkään yksilöstä."

Oltuaan kaksi kuukautta sairaalassa Ratnamjin terveys parani suuresti, hänen keuhkoissaan ei ollut enää tulehdusta. Hänet päästettiin pois ja häntä kehotettiin jatkamaan lääkkeiden syömistä useiden kuukausien ajan ja huolehtimaan siitä, ettei hän rasittaisi itseään. Pian tämän jälkeen Avadhutendraji lähetti sanan, että pyhässä paikassa nimeltä Bhadrachalam järjestettäisiin festivaali, missä laulettaisiin jumalallista nimeä viikon ajan. Hän pyysi Ratnamjia tulemaan sinne mahdollisimman pian.

Lähdimme Hyderabadista ja saavuimme seuraavana päivänä Bhadrachalamiin ja löysimme Avadhutedrajin sieltä satojen oppilaiden seurasta. Hänen terveytensä oli paljon parempi, vaikka hänellä olikin edelleen kouristuksia aina silloin tällöin. En nähnyt Ratnamjin juurikaan nukkuvan festivaalin aikana, en päivällä enkä yöllä. Hän oli aina oppilaiden seurassa laulaen ja keskustellen henkisistä aiheista tai seuraten Avadhutendrajia eri puolille. Bhadrachalamilla oli erityisen humalluttava vaikutus heihin molempiin.

Tämän temppelin olemassaolo oli yksinomaan kaksisataa vuotta sitten eläneen Ramdas nimisen pyhimyksen ponnistelujen ansiota. Ramdas oli nähnyt unen, jossa Sri Rama oli ilmestynyt hänen eteensä ja pyytänyt häntä rakentamaan temppelin patsaansa ympärille. Ramdas oli siihen aikaan valtion virkamies, jonka tehtävänä oli kerätä veroja ja lähettää ne muslimihallitsijalle joka vuosi. Sen sijaan että olisi lähettänyt verot, hän käytti rahat temppelin rakentamiseen ilmoittamatta siitä kuninkaalle.

Tämä huomattiin joitakin vuosia myöhemmin. Ramdas laitettiin kävelemään kahleissa neljä- tai viisisataa kilometriä vankilaan ja häntä pidettiin vankityrmässä ilman ruokaa ja vettä viikon ajan. Tällöin hän sävelsi muutamia liikuttavia lauluja Sri Ramalle kysyen, miksi hän joutui kärsimään tällä tavoin seurattuaan hänen ohjeitaan. Hän oli aikeissa tehdä itsemurhan, kun kaksi miestä, jotka väittivät olevansa Ramdasin palvelijoita, herättivät hallitsijan keskellä yötä. He antoivat hallitsijalle säkin kultakolikoita, jotka vastasivat sitä määrää, minkä Ramdas oli käyttänyt ja pyysivät, että hallitsija vapauttaisi Ramdasin.

Ramdas vapautettiin ja kolikoita tutkittaessa huomattiin, että niissä oli Raman kuva etupuolella ja Hanumanin kuva takapuolella, sekä joitakin käsittämättömiä kirjaimia. Ymmärtäen, että hän oli nähnyt Jumalan, kuningas lähetti Ramdasin kunnioittavasti takaisin Bhadrachalamiin ja aina vuosittain lähetti suuren kultalahjan temppelille vuotuisia juhlia varten. Näin yhden niistä rahoista, jotka Sri Rama oli antanut hallitsijalle. Kaikki paitsi kaksi oli kadonnut vuosien saatossa. Näin myös temppelin aarrekammion, missä oli useita kruunuja, joihin oli upotettu arvokkaita kiviä ja muita kultaisia koristeita, joita hallitsija oli lahjoittanut niin kauan kuin hän oli elänyt.

Vaikuttaa siltä, että Ramdas näki jatkuvasti unia, joissa Sri Rama kertoi hänelle, että edellisessä elämässään hän oli pitänyt papukaijaa vangittuna viikon ajan, niinpä hänen täytyi joutua vangituksi tässä elämässään. Hallitsija oli ollut kuningas, joka oli elänyt Jumalalle antautunutta elämää. Hän oli myös suorittanut erityisen seremonian Shivalle, jonka aikana hän oli kantanut tuhat astiallista vettä joesta ja kaatanut vedet sitten temppelin patsaalle. Uupumuksesta ja ärtymyksestä johtuen hän oli heittänyt tuhannennen vesiastian patsaan päälle sen sijaan, että olisi kaatanut veden. Sen tähden hän oli joutunut syntymään uudelleen, mutta hän sai kuitenkin kokea näyn Jumalasta aiemman antaumuksensa tähden. Paikalla vallitsevan pyhyyden pohjalta tarina oli epäilemättä tosi. Avadhutendraji ja Ratnamji saivat nauttia jatkuvasta jumalallisesta autuudesta siellä koko viikon ajan.

Valitettavasti stressi aiheutti kuitenkin sen, että tuberkuloosi uusiutui ja Ratnamjille nousi korkea kuume. Hän ja minä nousimme ensimmäiseen Arunachalan junaan heti, kun festivaali oli ohi. Hänen tilansa paheni nopeasti, sillä sairaus oli edennyt hänen aivojensa onkaloihin aiheuttaen hänelle sietämättömän päänsäryn. Ja kaikeksi epäonneksi aiemmin määrätystä lääkkeestäkään ei ollut apua.

Kun en tiennyt mitä tehdä, menin Ramana Maharshin haudalle rukoilemaan ohjausta. Sen jälkeen minusta tuntui siltä, että minun tulisi löytää se eurooppalainen lääkäri, joka oli alun pitäen kehottanut minua hakeutumaan Ratnamjin seuraan. Nähdessään minut hän kysyi, minkä tähden Ratnamjia ei nykyisin näkynyt. Kerroin hänelle Ratnamjin tilasta. Hän lähti heti mukaani talollemme ja tutki Ratnamjin. Hän antoi minulle voimakkaita kipulääkkeitä ja kirjoitti toiseen ashramiin, missä hän oli nähnyt varaston ulkomaalaisia lääkkeitä, jotka voisivat auttaa saamaan sairauden hallintaan. Muutaman päivän kuluttua lääkkeet saapuivat ja Ratnamjin tila alkoi nopeasti parantua.

Lääkäri sanoi, että jos hän ei lepäisi nyt kolmea kuukautta, tuberkuloosi tulisi varmasti uusiutumaan ja sitten sitä olisi hyvin vaikea saada enää hallintaan. Lääkkeet, joita hän oli aiemmin käyttänyt, eivät enää toimineet häneen. Vaikka Ratnamji olikin halukas noudattamaan lääkärin neuvoja, niin näytti siltä, että jumalallinen tahto halusi toisin. Pian tapahtui jotakin, joka aiheutti lisää vaivaa ja sairauden uusiutumisen. Näytti siltä, että Ratnamjin kärsimyksille ei ollut loppua.

"Avadhutendraji on kirjoittanut minulle kirjeen. Hän sanoo, että hän haluaa tulla tänne ja kävellä Arunachalavuoren ympäri 108 kertaa henkisenä harjoituksena. Jos hän kiertää sen kerran päivässä, se kestää häneltä ainakin 108 päivää. Tiedäthän, että matka on kymmenisen kilometriä eikä hänen terveytensä ole hyvä. Minun täytyy myös tehdä sama hänen seuranaan. Näyttää siltä, että Jumalalla on minun varalleni jokin muu suunnitelma kuin vuodelepo", Ratnamji sanoi minulle hymyillen eräänä päivänä.

Minuun sattui kuullessani tämän. Vaikka olinkin onnellinen saatuani kuulla, että Avadhutendraji tulisi, niin se tarkoitti lisää stressiä ja sairauden uusiutumisen Ratnamjille. Mutta hänelle se tarkoitti vain Ramanan suloista tahtoa, joka auttaisi häntä siirtymään kehoon samaistumisen tuolle puolen tällä kivuliaalla tavalla.

Avadhutendraji saapui pian kahden oppilaan kanssa, jotka huolehtisivat hänen tarpeistaan. Yritin näyttää onnelliselta nähdessäni hänet, mutta hän taisi ihmetellä vaimeaa intoani. Tosiasiassa koin, että kuoleman lähettiläs oli saapunut. Mitä tehdä? Ratnamji oli tietenkin parempi näyttelemään iloa kuin minä tai ehkä hän ei ajatellut koko asiaa. Hän näytti olevan aidosti onnellinen nähdessään Avadhutendrajin. He kuluttivat päivän keskustellen, mutta Ratnamji piti huolen siitä, että ei maininnut mitään siitä, mitä lääkäri oli sanonut. Hän ei halunnut pilata Avadhutendrajin vierailua.

Seuraavana päivänä Avadhutendraji aloitti vuoren kiertämisen. Ratnamji lähti mukaan tukeutuen olkapäähäni. Hän oli uupunut palatessamme takaisin. Kun tarkistin, oliko hänellä kuumetta, niin olin ihmeissä havaitessani, että hänen lämpötilansa oli normaali. Ehkä Jumala suojelisi häntä, ajattelin.

Seuraavana päivänä hänen vauhtinsa oli hitaampi. Tästä johtuen Avadhutendraji oli pakotettu hidastamaan omaa vauhtiaan. Saapuessamme kotiin mittasin Ratnamjin lämpötilan ja olin pahoillani huomatessani, että hänellä oli korkea kuume. Taudin uusiutuminen oli jo tapahtunut, aivan niin kuin lääkäri oli ennustanut. Minua kiellettiin sanomasta siitä mitään Avadhutendrajille.

Seuraavana päivänä Avadhutendraji tuli Ratnamjin luokse ja pyysi, että hän ei tulisi kävelylle enää mukaan, sillä se oli hänelle liian suuri rasitus ja tarkoitti samalla sitä, että Avadhutendraji joutui kävelemään hyvin hitaasti. Jumalan kiitos! Mutta mitä se enää hyödytti, sillä vahinko oli jo tapahtunut? Menin lääkärin luo, mutta hän kieltäytyi periaatteesta tulemasta tapaamaan Ratnamjia. Hän oli suosittanut tiettyä kuria, ja me emme olleet valmiit seuraamaan sitä. Saattaisimme toimia samalla tavalla jälleen tulevaisuudessa. Miksi hän käyttäisi siis aikaansa ja energiaansa, kun siitä ei ollut hyötyä? En voinut syyttää häntä tästä asenteesta, lähdin pois ja mietin, mitä nyt pitäisi tehdä. Hän ehdotti, että yrittäisimme saada lääkettä jonkun toisen avustuksella. Me tunsimme kaksi ihmistä Yhdysvalloista, toinen heistä oli äitini. Päätin kirjoittaa hänelle.

Ratnamji kertoi minulle, että koska hänen oli vaikea istua pitkään, niin lukeminen oli hänelle vaikeaa. Hänen lempikirjansa oli sanskritinkielinen *Srimad Bhagavatam*, Sri Krishnan elämäntarina. Se sisältää 18 000 säettä ja sen lukeminen vie kokonaiset kymmenen päivää, kun se luetaan yhtäjaksoisesti. Yksi Avadhutendrajin mukana tulleista seuralaisista oli erinomainen sanskritin kielen oppinut. Ratnamji ajatteli, että jos voisimme saada oppineen lukemaan tämän pyhän kirjan ääneen, minä voisin nauhoittaa sen ja näin hän voisi kuunnella sitä milloin tahansa. Myös Avadhutendraji piti ajatuksesta. Äitini oli tuonut arvokkaan saksalaisen magnetofonin, kun hän oli saapunut kotini avajaisiin, ja jättänyt sen minulle. Me päätimme aloittaa nauhoittamisen välittömästi. Joko ennen tai jälkeen päivittäisen lukemisen Avadhutendraji lähti aina kiertämään vuorta.

Kahden päivän lukemisen jälkeen nauhuri meni rikki. Raidat alkoivat mennä päällekkäin. Kerroin siitä Ratnamjille ja Avadhutendrajille.

"Saako sen korjattua?" Ratnamji kysyi.

"Epäilen ettei saa. Se on sen verran kallis laite. Minne me voisimme viedä sen korjattavaksi? Ihmiset saattavat hajottaa sen pikemminkin kuin korjata", vastasin.

"Se tuli Amerikasta, eikö niin? Voiko sen korjata siellä?" hän kysyi.

"Olen varma, että voi, mutta älä pyydä minua menemään sinne. Tietenkin jos ei ole olemassa mitään muuta keinoa, olen valmis tekemään niin kuin sanot", virkoin.

"Tiedän, ettet halua koskaan palata Yhdysvaltoihin. Olisi väärin minun pyytää sitä sinulta. Sinä tiedät mikä on tilanne. Sinun tulee päättää, mitä pitäisi nyt tehdä", Ratnamji sanoi keskustelun päätteeksi.

Kun menin sinä iltana nukkumaan, rukoilin Ramana Maharshia näyttämään mitä minun pitäisi tehdä. Heti kun nukahdin, näin elävän unen. Äitini seisoi edessäni ja minun toisella puolellani oli Ratnamji ja toisella Avadhutendraji. He molemmat osoittivat hänen jalkojaan. Ymmärsin, että he tarkoittivat, että minun tulisi kumartaa ja koskettaa hänen jalkojaan. Heti kun kosketin hänen jalkojaan, heräsin. Kutsuin Ratnamjia ja kerroin hänelle unesta. Hän ei sanonut mitään. Sanoin ajattelevani, että Ramana oli näyttänyt minulle, että minun tulisi mennä Yhdysvaltoihin. Mutta mistä saisin rahat lentolippua varten? Ratnamji kehotti minua menemään takaisin nukkumaan, näkisimme sitten aamulla jälleen. Kun Avadhutendraji tuli aamulla huoneeseen, Ratnamji kertoi hänelle unestani.

"Muutamat oppilaat haluavat minun järjestävän täällä festivaalin, samanlaisen kuin Bhadrachalamissa. He ovat itse asiassa antaneet minulle jo hieman rahaa, jotta alustavat valmistelut voidaan tehdä. Ota sinä ne, mene Yhdysvaltoihin ja tule takaisin niin pian kuin mahdollista. Me huolehdimme Ratnamjista siihen asti, kunnes palaat, mutta älä viivyttele", Avadhutendraji sanoi.

Hyvästelin heidät heti aamiaisen jälkeen ja kiirehdin Madrasiin. Sen illan New Yorkin koneessa sattui olemaan yksi vapaa paikka. Minulla ei ollut edes aikaa ilmoittaa äidilleni, että olin tulossa. Mitä jos hän ei olisikaan kaupungissa, kun saapuisin? Toivoen parasta ostin lipun ja nousin koneeseen samana iltana. 24 tuntia myöhemmin olin New Yorkissa. Minusta tuntui kuin olisin nähnyt unta. Yhdysvallat ja Intia ovat kaksi aivan erilaista maailmaa.

Kuusi tai seitsemän vuotta oli kulunut siitä, kun olin lähtenyt Yhdysvalloista ja noina vuosina olin elänyt perinteisen hindumunkin elämää. En ollut edes vaihtanut vaatteitani vaan olin matkustanut dhotissani huivin peittäessä kehoni yläosaa. Eikä minulla ollut edes kenkiä! Tunsin olevani kuin lapsi, joka oli työnnetty kodin lämmön ja mukavuuksien keskeltä keskelle pilvenpiirtäjiä. Ajattelin, että olisi parasta soittaa äidilleni Chicagoon ja varmistaa, että hän olisi siellä.

"Hei, äiti!"

"Kuka siellä on?" hän kysyi.

"Kuinka niin, kukapa muu kuin minä?" vastasin.

"Neal, missä sinä oikein olet? Äänesi kuuluu niin kirkkaana! Mitä on tapahtunut?" hän huudahti.

"Olen New Yorkin lentokentällä ja odotan lentoa Chicagoon. Voitko tulla minua vastaan sinne? Selitän sitten kaiken."

Olin jonotuslistalla Chicagon lennolle ja sain viimeisen paikan. Äiti odotti minua lentokentällä riemuissaan tavatessaan minut ja samalla huolissaan siitä, että olisinko sairas. Selitin hänelle kaiken ja kerroin, että minun tulisi palata välittömästi, jos mahdollista jo huomenna. Hän ei pitänyt siitä, että lähtisin niin pikaisesti, mutta suostui kuitenkin tekemään sen mikä oli välttämätöntä. Veimme samana päivänä nauhurin kauppaan, mutta koska oli perjantai, niin meille kerrottiin ettemme saisi sitä ennen maanantaita. Pyysin äitiäni varaamaan minulle paluulennon tiistaille. Minusta tuntui, että hän oli shokissa ja samanlaiselta minustakin tuntui, muutoin hän ei varmaankaan olisi suostunut niin helposti. Kerroin, että minulla oli hyvin köyhä ystävä Intiassa, joka tarvitsisi tiettyä kallista lääkettä tuberkuloosin hoitoa varten, jota ei ollut saatavilla Intiasta. Kysyin, voisiko hän hankkia sitä lääkettä. En kertonut, että tuo köyhä ystävä oli Ratnamji, sillä muuten äiti olisi huolestunut, että minä saattaisin saada tartunnan. Otimme yhteyttä perhelääkäriin, joka kertoi, että menisi muutamia päiviä ennen kuin saisimme lääkkeen. Äitini suostui lähettämään sen lentorahtina heti kun hän saisi sen.

Tiistaina nousin Intian lentokoneeseen kyyneleisen äidin seisoessa lentokentällä. Se oli kuin unta meille molemmille.

Vuorokauden kuluttua olin jälleen Madrasissa, kuusi päivää lähtöni jälkeen. Saapuessani talollemme astuin sisään ja kumarsin Avadhutendrajille ja Ratnamjille. He hymyilivät ja kysyivät matkastani. Ajattelin, että he olisivat olleet onnellisia nähdessään minut, mutta he olivat yhtä tyyniä kuin aina ennenkin.

Nauhoitusta jatkettiin jälleen ja se saatiin valmiiksi viikossa.

Eräänä päivänä minusta tuntui siltä, että minulla ei ollut aikaa opiskella tai meditoida. Koska palvelin Ratnamjia, joka oli vuoteenomana, minulla ei ollut käytännössä lainkaan aikaa itselleni. Kun en ajatellut itseäni, niin sain nauttia väläyksen epäitsekkään olemisen autuudesta, mutta toisinaan minusta tuntui siltä, että minun tulisi elää jossakin yksin voidakseni omistaa aikaa henkisille harjoituksille. Tällaisista ajatuksista johtuen palvelin Ratnamjia puolinaisesti. Ei mennyt kauaakaan, kun Avadhutendraji huomasi tämän ja eräänä päivänä kutsui minut sivummalle.

”Lapsi, minkä takia sinä teet tehtäviäsi tuolla tavoin puolinaisesti?” hän kysyi. ”Johtuuko se siitä, että sinä haluat mennä pois voidaksesi harjoittaa meditaatiota itseksesi? Minäkin koin yhdessä vaiheessa samalla tavoin. Tulet aina löytämään aikaa sitä varten, mutta todellisen pyhimyksen seura ja mahdollisuus läheiseen kanssakäymiseen hänen kanssaan ovat hyvin harvinaista. Oppilaat etsivät ympäri maailmaa todellista pyhimystä, mutta eivät löydä sellaista. Me molemmat olemme sairaita emmekä välttämättä ole enää pitkään tässä maailmassa. Vaikka emme olekaan riippuvaisia siitä, että palvelet meitä, niin sinun pitäisi miettiä, mitä sinun tulisi tehdä. Mikä on sinun velvollisuutesi? Jos haluat mennä pois ja harjoittaa voimallista meditaatiota, emme vastusta sitä, mutta jos päätät jäädä, sinun tulisi työskennellä täydestä sydämestäsi. Vain silloin saat hyödyn siitä, että palvelet pyhimyksiä. Päätä itse mitä haluat tehdä.”

Minä tiesin jo, että se mitä Avadhutendraji sanoi, oli totta. Niinpä sanoin hänelle, että tekisin vastedes oikeutta valitsemalleni tielle palvella tietäjiä. Jos meditoiminen yksinäisyydessä olisi minulle tarpeen, tulisin tekemään niin, kun heidän seuransa ei olisi enää mahdollinen.

Kun Avadhutendraji oli saattanut päätökseen valansa kävellä Arunachalan ympäri 108 kertaa, hän järjesti festivaalin niin kuin oli suunniteltu. Lähes viisisataa ihmistä eri puolilta Intiaa osallistui tähän tilaisuuteen, joka kesti viikon ajan. Tämän jälkeen Avadhutendraji päätti lähteä pohjoiseen ja antoi Ratnamjille hieman rahaa lääkkeiden ostamista varten. Ratnamji oli kärsinyt kaikkina näinä päivinä yli 38 asteen kuumeesta, mutta hän ei ollut kertonut siitä Avadhutendrajille. Nyt kun Avadhutendraji oli lähdössä, me ajattelimme myös lähteä löytääksemme lääkärin ja saada hänelle hoitoa. Päivä hänen lähtönsä jälkeen me pakkasimme tavaramme ja ajattelimme lähteä seuraavana päivänä. Olin laittanut rahat astiakaappiin omassa talossani, missä Ratnamjin sisar nukkui. Ratnamji ja minä nukuimme hänen talossaan. Yhtäkkiä aamulla Ratnamji kutsui minua sanoen:

"Nouse ylös ja mene toiseen taloon. Minusta tuntuu siltä, että siellä on tapahtumassa varkaus. Nopeasti!"

Kun menin toiselle talolle, huomasin, että ovi oli lukittu ulkoapäin. Avasin sen. Seshamma oli syvässä unessa eikä rahoja löytynyt astiakaapista. Varkaat olivat poistaneet sementtilaatat savupiipusta ja laskeutuneet taloon. Otettuaan sen mitä he olivat halunneet, he olivat menneet hiljaa ulos ja sulkeneet oven.

Aamulla poliisi kutsuttiin paikalle ja poliisikoira tuotiin Madrasista. Koira otti kiinni miehen, joka työskenteli läheisessä talossa, hän oli puutarhurimme veli. Poliisi vei miehen selliin, mutta joku, joka osasi puhua poliisin ympäri, sai hänet vapautettua ja asian käsittely jäi siihen. Kun meillä ei ollut rahaa, meidän täytyi odottaa siihen asti, että muutamat ystävät lähettivät meille rahaa voidaksemme matkustaa lääkärin luo ja maksaa hänen palkkionsa.

Muutamia päiviä myöhemmin näin unen, jossa Avadhutendrajin kuollutta ruumista tuotiin tännepäin, monen ihmisen toimesta. Mainitsin tästä Ratnamjille, mutta hän vain nyökkäsi sanomatta mitään. Pian tämän jälkeen saimme sanan, että Avadhutendraji oli kuollut yhtäkkiä saatuaan sydänkohtauksen Hyderabadissa. Itse asiassa hänen ruumiistaan oli käyty köydenvetoa. Kiista päättyi vasta sitten kun löytyi kirje, joka oli kirjoitettu vuosia aiemmin ja jossa sanottiin, että hän halusi, että hänen ruumiinsa upotettaisiin Krishnajokeen Etelä-Intiassa.

Kiirehdimme Krishnajoelle niin pian kuin vain ehdimme ja havaitsimme, että hautajaisseremonioita ei ollut vielä aloitettu. Seuraavien viidentoista päivän ajan Ratnamji kantoi vastuun tilanteesta ja huolehti siitä, että kaikki rituaalit suoritettiin täydellisesti. Tämä vaati jatkuvaa työnohjausta, mikä synnytti stressiä huonontaen hänen terveyttään edelleen. Hän näytti kuin säteilevältä valolta rikkinäisessä lampussa. Hän oli päättänyt tehdä sen, minkä hän koki velvollisuudekseen, jopa oman henkensä uhalla, ja tähän Jumala ilmiselvästi antoi hänelle mahdollisuuksia kerta toisensa jälkeen.

Huokaisin helpotuksesta, kun seremoniat olivat lopulta ohi ja saatoimme mennä lääkäriin. Lääkäri määräsi Ratnamjille erilaisia yrttejä ja mineraaleja, jotka tuli nauttia hunajan tai voin kanssa ja sanoi, että hänen mielestään Ratnamjilla ei ollut tuberkuloosi vaan krooninen keuhkoputkentulehdus. Hän kehotti Ratnamjia palaamaan kotiin ja ottamaan lääkkeitä muutamien kuukausien ajan.

Ennen kuin lähdimme Arunachalaan, muutamat ystävät konsultoivat astrologia Ratnamjin tulevaisuudesta. Heille kerrottiin, että hän ei eläisi yhdeksää kuukautta pidempään. Kuultuaan tämän Ratnamji päätti tehdä testamentin. Hän jättäisi talonsa ja kirjastonsa minulle. Ne olivatkin ainoat asiat mitä hän omisti. Hän koki, että minä käyttäisin niitä sillä tavoin kuin hän itsekin käyttäisi niitä.

Tiruvannamalaissa Ratnamji ryhtyi järjestelemään kirjastoaan, missä oli kaksituhatta harvinaista kirjaa. Häneltä oli kulunut lähes kolmekymmentäviisi vuotta niiden keräämiseen. Minne hyvänsä hän menikin, hän osti aina kirjan, jos hänellä vain oli rahaa. Nyt hän koki, että ne tuli järjestää tietyllä tavalla, jotta minun ei tarvitsisi sitten jälkikäteen ponnistella järjestääkseni niitä. Hän luki myös Garuda Puranan, vanhan teoksen, joka kertoo poislähtevälle sielulle tehtävistä viimeisistä riiteistä, ja joka kuvaa sielun matkaa kuoleman jälkeen seuraavalle tasolle. Hän teki muistiinpanoja, käänsi ne englanniksi ja laittoi minut opiskelemaan ne, jotta kykenisin johtamaan hänen viimeisen seremoniansa, aivan niin kuin hän oli puolestaan tehnyt Avadhutendrajille. Lopulta hän kirjoitti listan ihmisistä, joille tulisi kertoa hänen poislähdöstään. Ainoa asia mikä jäi minulle tehtäväksi, oli täyttää kuolinpäivä.

"Miksi teet kaiken tämän?" kysyin häneltä eräänä päivänä. "Kyllä minä jotenkin pärjään. En kestä katsella, kun teet kaiken tämän. Kuka tietää, ehkä tilasi paranee ja elät vielä 50-60 vuotta!"

"Vaikka eläisin vielä sata vuotta, joudun jättämään kehoni jonakin päivänä. Kykenetkö sinä ottamaan kaiken tämän silloin huomioon? Tämä on vain harjoitusta, jotta et ole sitten huolissasi ja näin asiat tulevat hoidetuiksi oikealla tavalla. Tiedäthän, että kaikki juhlivat lapsensa naimisiinmenoa tai lapsen syntymää tai vastaavia tilanteita. Oltuani poikamies koko elämäni ajan, tämä on ainoa juhla, joka minulla on. Toteutettakoon se suurella tavalla. Kehoni on uhrilahja kuolemanjumalalle. Voisi sanoa, että tämä on viimeinen ruokauhri", Ratnamji sanoi nauraen.

Seuraavien kuuden tai seitsemän kuukauden ajan Ratnamji jatkoi yrttihoitoa, joka ei näyttänyt tekevän hänen oloaan paremmaksi tai huonommaksi. Hänen sisarensa Seshamma kutsui hänet kyläänsä osallistumaan erityiseen *pujaan*, jonka hän ja hänen miehensä aikoivat pitää siellä. He halusivat, että Ratnamji olisi paikan päällä ja opastaisi heitä. Me sovimme matkapäivästä ja teimme tarvittavat valmistelut. Hän pyysi minua menemään ashramiin hakemaan muutamia kirjoja, jotka hänen ystävänsä oli lainannut häneltä joitakin kuukausia aiemmin. Tämä ystävä oli vanhempi herrasmies, jolla oli intuitiivinen kyky kertoa tulevaisuudesta. Hän kysyi, minne olimme menossa ja koska palaisimme. Kerroin hänelle suunnitelmistamme.

"Kerro Ratnamjille, että hän saattaisi kaiken päätökseen ennen 21. helmikuuta", hän sanoi. "Jotakin voi tapahtua silloin. Minusta tuntuu myös siltä, että sinä saatat joutua ottamaan lainan vuodeksi jonkun sinulle rakkaan ihmisen takia."

Lainan? En voinut ymmärtää, mistä hän oikein puhui. Palasin Ratnamjin luokse ja kerroin hänelle tämän kaiken.

Kun saavuimme Seshamman kylään, Ratnamji ryhtyi suorittamaan valmisteluita seremoniaa varten. Sen oli tarkoitus olla iso tapahtuma, johon kuuluisi usean tunnin mittainen rituaali, lahjojen antaminen ja ruoan tarjoaminen vieraille. Valmistelut veivät lähes kolme viikkoa. Hän vaati, että vain kaikkein parhaita aineksia tuli käyttää ja lähetti takaisin kaiken, mikä ei täyttänyt vaatimuksia. Hiljalleen hänen terveytensä alkoi parantua. Ehkäpä yrttilääkäri olikin lopulta oikeassa.

Lopulta *pujan* päivä koitti. Se aloitettiin kuudelta aamulla ja saatiin päätökseen keskiyöllä ja kesti näin 18 tuntia! Ratnamji osallistui koko prosessiin ja ohjasi pienimmätkin yksityiskohdat. Hän ei noussut paikaltaan, ei käynyt edes luonnollisilla tarpeillaan eikä syönyt eikä juonut mitään, ennen kuin *puja* oli saatettu päätökseen. Pelkäsin, mitä hänen keholleen tapahtuisi, mutta hän oli täysin muissa maailmoissa, eikä välittänyt elämästä tai kuolemasta. Hänen kehonsa näytti loistavan niin, että se veti puoleensa jopa pieniä lapsia. Se oli niin silmiinpistävää, että kyläläiset kyselivät häneltä, mikä ihme oli tällainen jumalallinen säteily.

"En minä tiedä", hän vastasi yksinkertaisesti. "Ehkäpä se on minun guruni siunauksen ilmennystä."

Tosiasiassa se oli hänen Itse-oivalluksensa synnyttämää loistetta, jota ei voinut mitenkään piilottaa.

Noin kaksi viikkoa tämän erityislaatuisen jumalanpalveluksen päättymisen jälkeen Ratnamji kutsui eräänä päivänä minut vierelleen.

"Tunnen oloni nyt paljon paremmaksi", hän sanoi. "Voimme palata muutaman päivän kuluttua Arunachalaan. Siitä huolimatta minusta tuntuu siltä, että jätän kehoni tässä kuussa tai sitten kuuden kuukauden kuluttua."

Sanottuaan näin hänen vasen jalkansa alkoi täristä hallitsemattomasti. Otin siitä kiinni käsilläni. Silloin myös toinen jalka alkoi täristä, ja minä onnistuin saamaan myös siitä otteen. Kun katsoin hänen kasvojaan, näin, että myös hänen käsivartensa tärisivät ja että hän oli vaipumassa epileptiseen kohtaukseen. Ryntäsin keittiöön ja pyysin hänen veljenpoikaansa tulemaan avuksi. Kun ehdimme hänen sänkynsä vierelle, havaitsimme, että hän oli tajuton. 20 minuutin kuluttua hän palasi tajuihinsa, mutta ennen kuin hän ehti sanoa mitään, alkoi uusi kohtaus ja hän vaipui jälleen tajuttomuuteen. Tämä uusiutui aina 20 minuutin välein. Kutsuimme paikalle lääkärin, joka saapui pian ja yritti saada hänet ottamaan lääkettä, mutta oli vaikea saada Ratnamjia nielemään sitä. Kolmannen tai neljännen kohtauksen jälkeen hän sanoi vain muutaman sanan:

"Tämä kaikki on sinun ystävällisyyttäsi, Herra!"

Hän ei sanonut enää mitään muuta. Kohtaukset jatkuivat aina 20 minuutin väliajoin. Hiljalleen hänen kehostaan tuli yhä heikompi ja samalla kohtausten voima vaimeni johtuen hänen heikkenemisestään. Järjestin useita ihmisiä istumaan hänen vuoteensa vierelle toistamaan jumalallista nimeä. Oli ilmeistä, että hänen lähtönsä hetki oli lähellä. Kummallista kyllä, minä en ollut lainkaan huolissani tai peloissani. Tunsin, että kaikki se mitä edessäni tapahtui, oli kuin näytelmää ja että minun tuli vain näytellä oma osani.

Lopulta, 18. helmikuuta, puoli kolmelta yöllä Ratnamji hengähti viimeisen kerran. Niin kuin hän oli neuvonut, minä suoritin *aratin* (liikutin palavaa kamferia) hänen edessään, minkä jälkeen hän avasi silmänsä, hymyili autuaallisesti ja sitten häntä ei enää ollut. Täydellinen rauha ja autuaallisuus hänen silmissään sai minut ajattelemaan, että hän oli *samadhissa* (Jumalaan sulautumisen tilassa). Hänen ruumiinsa kannettiin nyt ulos talosta ja laitettiin pihalla olevaan vajaan, missä hyväntoivojat saattoivat jättää hänelle kunnioittavat jäähyväiset.

Jumalallisen nimen laulaminen jatkui koko yön ja aina seuraavan päivän iltaan asti, jolloin ruumis kylvetettiin ja vietiin polttopaikalle kylän reunamille. Seurasin mukana varmistamassa, että kaikki tapahtui oikealla tavalla, niin kuin hän oli toivonut. Satoja ihmisiä saapui lähikylistä nähdäkseen suuren pyhimyksen ruumiin, ennen kuin se uhrattiin tuleen. Sen jälkeen, kun hautajaisrovio oli sytytetty, kaikki menivät kotiinsa. Vain yksi ystävä ja minä olimme tuhkausalueella, lähellä roviota varmistaaksemme, että mikään koira ei yrittäisi syödä ruumista tai häiritä roviota.

Koin iloa ja surua samaan aikaan. Ratnamji oli viimein vapautunut kärsivän kehonsa vankilasta, henkiselle kilvoittelulle uhratun elämänsä jälkeen. Hänen sielunsa oli mennyt hänen gurunsa, Ramana Maharshin, luokse. Samalla minä olin jäänyt jäljelle huolehtimaan itsestäni. Hän oli ollut minulle kaikki kaikessa viimeisten kahdeksan vuoden ajan. Hän oli opettanut minulle kaiken henkisestä elämästä. Nyt hän oli mennyt. Vai oliko? Tunsin selkeästi hänen läsnäolonsa sisälläni tietoisuuden valona. Seuraavien päivien aikana tunsin erikoisen samastumisen hänen kanssaan. Vaikka en tiennyt, havaitsivatko muut sitä, niin minusta tuntui siltä kuin kasvojeni ilmeet olisivat tulleet samanlaisiksi kuin hänellä oli ollut, samoin tapani puhua ja jopa ajatella. Koin, että kehoni ja persoonallisuuteni olivat kuin varjo hänestä. Vaikka olinkin joutunut hänestä fyysisesti erilleen, nautin syvästä rauhan tunteesta sisälläni. Toiset ajattelivat, että olisin ollut pohjattoman onneton hänen lähtönsä takia, sillä olin ollut kuin hänen oma poikansa viimeisten kahdeksan vuoden ajan. He olivat hämmästyneitä nähdessään, että olin, jos mahdollista, vieläkin onnellisempi. Eikö tämä johtunut hänen siunauksestaan? Niin minä sen koin.

Pyhien hindukirjoitusten mukaan sielu ei mene heti kuoleman jälkeen toiseen maailmaan. Se tarvitsee jonkinlaisen kehon, jolla tehdä tuo matka. Yleensä pieni kivi laitetaan ruumiin päälle tuhkaamisen ajaksi. Sen jälkeen, kun tuli on asettunut, tuo kivi ja muutamia luunpalasia etsitään. Kymmenen päivän ajan valmistetaan ruokaa ja uhrataan sitä kuolleelle käyttäen kiveä välikappaleena. Samalla toistetaan tiettyjä mantroja. Uskotaan, että jokaisena päivänä, jolloin ruokaa tarjotaan, pieni osa sitä hienostunutta kehoa muodostuu, jota tarvitaan matkustettaessa hienolla tasolla. Ensimmäisenä päivänä uhraus menee jalkojen muodostumiseen, toisena päivänä säärien ja niin edelleen. Uhrilahjaa kutsutaan *pindaksi* ja sitä hienosyistä kehoa, mikä muodostuu ruoan hienosyisestä olemuspuolesta, kutsutaan *pinda sariramiksi* (*sariram* tarkoittaa kehoa). Kymmenentenä päivänä sielu tulee tietoiseksi ympäristöstään ja *pinda sariramin* olemassaolosta. Se tulee paikkaan, minne hänen hyväntoivojansa ovat kokoontuneet seremoniaa varten, katsomaan kuka on tullut paikalle. Sen jälkeen se aloittaa matkansa seuraavaan maailmaan.

Kaikki nämä rituaalit tehtiin Ratnamjia varten. Kymmenentenä päivänä kivi heitettiin läheiseen jokeen, sillä se oli täyttänyt tehtävänsä. Se sattui olemaan se sama joki, mihin Avadhutendrajin ruumis oli saatettu yhdeksän kuukautta aikaisemmin. Päivä sattui olemaan Shivaratri, vuotuinen festivaali, jota vietetään eri puolilla Intiaa. Tuona päivänä ihmiset paastoavat ja valvovat koko yön palvoen Jumalaa aina auringonnousuun saakka.

Koska olin seremonioiden uuvuttama enkä ollut kovin onnellisessa mielentilassa, kävin makuulle yhdentoista aikaan illalla. Ratnamji ilmestyi välittömästi minulle eläväisessä unessa. Hän hymyili ja näytti kättään. Katsoin sitä ja huomasin, että se kivi oli hänen kämmenellään. Hän heitti sen jokeen ja sanoi minulle: "Tule, tänään on Shivaratri. Meidän tulee palvoa Herraa." Sitten hän istuutui, pyysi minua viereelleen ja aloitti *pujan*.

Heräsin hätkähtäen ja koin, että se mitä olin juuri nähnyt ei ollut pelkkä uni vaan että Ratnamji oli tahtonut näyttää minulle, että hän oli edelleen olemassa ja minun seurassani, vaikkakin hienosyisessä muodossa, jota minä en kyennyt näkemään. Olin äärettömän onnellinen ja tuskin kykenin nukkumaan koko yönä.

Luku 5

Itseäni ohjaamassa

Kun hautajaisrituaalit oli saatu päätökseen, otin Ratnamjin vähät tavarat ja palasin Arunachalaan. Olin tullut Arunacahalaan kahdeksan vuotta aiemmin elääkseni Ramana Maharshin haudan lähellä ja yrittääkseni saavuttaa oivalluksen. Koin, että Ramana oli ohjannut minua nämä kahdeksan vuotta Ratnamjin olemuksen kautta. Nyt minun oli aika toteuttaa käytännössä kaikki se, mitä olin oppinut. Perusta oli luotu, nyt oli aika rakentaa talo.

Junassa matkalla takaisin sain kokea jälleen ihmeellisen unen. Huomasin, että olin saapunut ashramiin ja että vuoren juurelle oli kokoontunut suuri joukko ihmisiä. Tulin lähemmäksi ja näin, että Ramana Maharshin liikkumaton ruumis makasi siellä. Hän oli kuollut juuri hetkeä aikaisemmin. Kaikki itkivät. Minä tulin hänen ruumiinsa vierelle ja aloin itkeä:

"Oi Jumalani, olen matkustanut pitkään luoksesi, mutta ennen kuin ehdin luoksesi, sinä olet lähtenyt!"

Sitten hän avasi silmänsä ja hymyili minulle. Hän kehotti minua istumaan ja laittoi jalkansa syliini ja pyysi minua puristamaan niitä.

"He sanovat, että minä olen kuollut. Näytänkö minä sinusta kuolleelta?" hän kysyi.

Sitten heräsin ja ihmettelin uneni selkeyttä. Varmasti hän oli seurassani. Vakuutuin siitä.

Meidän talomme tuntuivat tyhjiltä ja elottomilta ilman Ratnamjia. Ihmettelin, miten kykenisin olemaan hänen talossaan ilman häntä. Tunsin, että hän oli sisälläni, mutta hän oli fyysisesti poissa. Autuus, jota olin tuntenut jatkuvasti hänen seurassaan, oli poissa.

Päätin nyt mennä tapaamaan ashramin astrologia. Hän kysyi minulta Ratnamjista. Kerroin hänelle kaiken. Kerroin hänelle, että hän oli ollut oikeassa siinä, että Ratnamjin tulisi saattaa työnsä päätökseen ennen 21. helmikuuta, samoin kuin siinä, että minun piti pyytää äidiltäni lainaa voidakseni suorittaa joka kuukausi vuoden ajan kuoleman jälkeen tehtävän rituaalin. Kerroin hänelle, että olin yllättynyt hänen ennustuksensa tarkkuudesta.

"Kertoisitko minulle, mitä tulevaisuus pitää sisällään minulle nyt kun Ratnamji on kuollut?" minä kysyin.

"Sinun terveytesi tulee asteittain huononemaan", hän aloitti, "ja neljän vuoden kuluttua on olemassa mahdollisuus, että sinä kuolet. Jos et, tulet menemään äitisi luo ja jatkamaan henkistä elämääsi. Samaan aikaan tulet olemaan kiireinen hankkiessasi rahaa."

Kuolema? Yhdysvaltoihin palaaminen? Rahan kerääminen? Tuo kaikki kuulosti liian kauhealta ollakseen totta. Kiitin häntä ja menin takaisin talolleni. Aloin huolestua. Tiesin, että tämän miehen puheet eivät voineet olla virheellisiä ja tunsin sen tähden oloni surulliseksi ja levottomaksi. Ei ollut ketään, kenelle olisin voinut puhua siitä. Murehdin asiaa seuraavat kymmenen päivää kykenemättä meditoimaan tai lukemaan mitään. Tämä olisi todennäköisesti jatkunut, kunnes näin unen. Ratnamji seisoi talossamme katsoen minua ärsyyntynyt ilme kasvoillaan.

"Miksi käyttäydyt tuolla tavoin?" hän sanoi. "Kaikki on Ramanan käsissä. Sinä olet antanut elämäsi hänelle. Eikö totta?

Sinun tulee tehdä velvollisuutesi mietiskelemällä Jumalaa päivät ja yöt. Mitä sinulle sitten tapahtuukin, Hän pitää siitä huolen. Älä ole huolissasi."

Heräsin. Uni oli tipotiessään ja koin vapautuneeni painolastistani. Siitä hetkestä alkaen tulevaisuutta koskevat ajatukset eivät enää vaivanneet minua.

Päätin matkustaa seuraavan vuoden aikana aina kuukausittain Hyderabadiin osallistuakseni Ratnamjin sielun hyväksi tehtävään seremoniaan. Erään kerran, kun olimme juuri lopettaneet ruokailun ja käyneet lepäämään sen miehen talossa, joka oli suorittanut seremonian, näin unen, jossa Ratnamji ja Ramana Maharshi seisoivat vierekkäin ja katsoivat minua. Ramana osoitti Ratnamjia ja sanoi minulle:

"Palvellessasi häntä sinä palvelet minua."

Vaikka kutsunkin näitä kokemuksia uneksi, haluan tehdä selväksi, että niihin ei liittynyt unen utuista tunnelmaa. Ne olivat lähes yhtä kirkkaita kuin valvetietoisuus, kuitenkin niin, että niillä oli oma erityislaatunsa. Tunsin, etten ollut sen enempää valveilla kuin unessakaan. Ne antoivat minulle sen syvän tunnelman, että nämä kaksi pyhimystä huolehtivat minusta ja ohjasivat minua.

Kuusi kuukautta Ratnamjin kuoleman jälkeen äitini päätti tulla Intiaan sisareni ja lankoni kanssa. Me matkustimme kymmenisen päivää Kashmirissa, joka on maalauksellisimpia alueita Intiassa. Sieltä lensimme Itä-Intiaan ja oleskelimme Darjeelingissa kukkuloilla, jotka ovat tunnettuja teeviljelmistään ja joista avautuu upeat näkymät Mount Everestille ja Kanchenjungalle. Kun ajoimme tasangolta kukkuloille, aloin tuntea itseni ikionnelliseksi ilman mitään erityistä syytä. Minä itse asiassa kieriskelin naurusta. Kukaan ei ymmärtänyt, mikä nyt oli niin huvittavaa, enkä minä itsekään kyennyt selittämään sitä. Oletan, että lähettyvillä täytyi olla useita pyhiä miehiä, joiden läsnäolo sai minut tuntemaan oloni autuaalliseksi.

Kun menin tuona iltana nukkumaan, Ratnamji ilmestyi minulle. Hän katsoi minua niin kuin olisi odottanut, että sanoisin jotakin. Uskaltauduin kysymään:

"Ratnamji, kun sinä kuolit, mitä sinulle tapahtui sillä hetkellä?"

Olin nähnyt, että hän näytti olevan *samadhissa* tai täydellisessä ykseyden tilassa Jumalan kanssa. Hän vastasi:

"Sillä hetkellä koin voiman nousevan sisältäni ja ottavan minut valtaansa. Antauduin sille ja sulauduin siihen."

Sitten hän kääntyi pois, käveli taivaaseen ja katosi hiljalleen.

Kun olimme saaneet vuoden aikana tehtävät rituaalit päätökseen, päätin oleskella Arunachalassa seuraavan vuoden ajan. Pyysin, että ystäväni eivät tulisi sinne. Halusin viettää tuon vuoden täydellisesti eristyksissä meditoiden, opiskellen ja yrittäen sisäistää kaiken minkä olin kokenut yhdeksän vuoden aikana. Aloin kokea syvää epäilyksen tunnetta sen suhteen, että minkä tulisi olla varsinainen henkinen harjoitukseni. Maharshin mukaan on olemassa vain kaksi pääasiallista polkua, antaumuksellinen rakkaus Jumalaa kohtaan, johon liittyy jatkuva jumalallisen nimen tai mantran toistaminen ja tiedon tie, johon liittyy jatkuva sisäinen tutkimustyö sen suhteen, että minä loistaa meissä Minänä.

Ratnamji oli neuvonut minua seuraamaan antaumuksen polkua niiden kuuden vuoden aikana, jotka olimme olleet yhdessä. Sitten eräänä päivänä hän kutsui minut luokseen ja sanoi minulle, että minun tuli ryhtyä yhä enemmän harjoittamaan Itsen tutkiskelua, sillä ainoastaan se puhdistaisi mieltäni tarpeeksi, jotta siitä tulisi liikkumaton ja se olisi näin valmis sulautumaan todellisuuteen. Hän laittoi minut viettämään useita tunteja huoneessani ja meditoimaan sisäistä Itseäni. Nyt minussa heräsi epäilys sen suhteen, minkä tulisi olla harjoitukseni. Tunsin, että tiedon tie synnytti minussa hienosyisen ylpeyden tunteen. Vaikka näinkin totuudesta heijastuman sisälläni, olin silti kaukana siitä, että olisin oivaltanut tuon totuuden olevan todellinen Itseni. Koin, että kun olin Jumalan tai gurun nöyrä oppilas, se oli turvallisempi polku, mutta Ratnamjin sanat tulisi myös ottaa huomioon. Kuinka voisin luottaa omaan mieleeni?

Horjuin usean päivän ajan kahden vaihtoehdon välillä. Sitten eräänä yönä näin jälleen merkittävän unen. Oivalluksen saavuttanut tietäjä, Kanchipuramin Shankaracharya, jota pidin korkeassa arvossa, istui edessäni. Hän sanoi:

"Voinko sulautua sinuun? Voinko sulautua sinuun? Toista tätä joka päivä yhdeksän tuntia."

Pyysin häntä toistamaan saman sanskritin kielellä.

"Tämä riittää", hän sanoi hieman ärsyyntyneenä ja samassa minä heräsin.

Seuraavana päivänä yritin toistaa noita sanoja yhdeksän tuntia. Minusta tuntui oudolta toistaa niitä, joten toistin omaa mantraani asenteella, joka liittyi noihin sanoihin. Kehostani tuli päivä päivältä heikompi ja huomasin, että minun oli mahdotonta istua useita tunteja. Jotenkin onnistuin toistamaan mantraa viisi tuntia päivittäin. Jokaisen päivän lopulla tunsin selvästi sen vaikutuksen syvenevänä sisäisenä rauhana. Jatkoin tällä tavoin kaksi tai kolme kuukautta.

Sitten eräänä päivänä Acharya ilmestyi jälleen uneeni. Hän istui edessäni samalla tavalla kuin edellisessäkin unessa.

"Yksin mieli on tärkeä", hän sanoi.

Sitten hän ojensi minulle banaaninlehden, jolla oli kasa sokerimakeisia. Hän otti itsekin palasen, laittoi sen suuhunsa, nousi ylös ja käveli pois. Seuraavana päivänä minulla ei ollut halua istua toistamassa mantraa. Huomasin, että Itsen tutkiskelu tuntui luonnolliselta ja niinpä ryhdyin harjoittamaan sitä vakavalla mielellä. Minulle valkeni, mitä hän oli tarkoittanut sanoessaan, että 'yksin mieli on tärkeä'. Olennaista ei ole se, mitä henkistä harjoitusta teet vaan se, että saavutat sen avulla mielen puhtautta. Henkiset harjoitukset ovat olemassa vain sitä tarkoitusta varten.

Toisen vuoden lopulla, jolloin oli aika suorittaa toinen vuotuinen rituaali Ratnamjille, Hyderabadissa asuvat oppilaat esittivät toivomuksenaan, että seremonia tehtäisiin tällä kertaa Benaresissa. Siinä vaiheessa koin itseni liian heikoksi voidakseni matkustaa. Koin äärimmäistä kipua alaselässäni, samoin kuin vatsassani. Koko selkärangassani oli kipua ja minulla oli jatkuva migreeni. Sain hoitoa kaupungissa sijaitsevasta valtion sairaalasta, mutta en havainnut minkäänlaista kehitystä olotilassani. Kuultuani heidän ehdotuksensa ajattelin, että 'Ratnamji laiminlöi kehonsa voidakseen osallistua henkisiin ohjelmiin. Eikö minun pitäisi tehdä hänen poikanaan samalla tavoin'?

Kun olin ajatellut näin, lähdin Hyderabadiin. Pian sen jälkeen, kun olin saapunut sinne, kahdeksan hengen ryhmämme lähti kohti Kasia, minne saavuimme kahden päivän päästä. Olin hyvin onnellinen tullessani jälleen Kasiin kymmenen vuoden poissaolon jälkeen, mutta tuskin kykenin kävelemään tai istumaan. Saatoin vain maata nurkassa kaiken aikaa. Rituaalia edeltävänä yönä näin sykähdyttävän unen. Olin mäen juurella. Kiipesin ylös ja löysin pienen majan, jonka sisällä istui Ratnamji. Hän säteili taivaallista valoa ja jopa tuo talo säteili hänen läsnäoloaan.

"Oi, olet tullut koko tämän matkan vain osallistuaksesi tähän rituaaliin? Sinä kärsit aika tavalla. Eikö totta? Olen onnellinen nähdessäni sinun antaumuksesi. Ota tämä ja syö."

Sanottuaan tämän hän antoi minulle jotakin makeaa ja minä heräsin silmät kyynelissä. Hän todellakin näki kaiken mitä tapahtui ja ymmärsi sydäntäni, aivan niin kuin silloin kun hän oli vielä kehossa.

Palasin vaikeuksien jälkeen Arunachalaan. Astrologi oli sanonut, että saattaisin kuolla neljän vuoden sisällä. Nyt oli kulunut kaksi vuotta. Minulla oli kaksi toivetta, jotka halusin toteuttaa ennen kuin lähtisin tältä maalliselta tasolta. Yksi oli se, että halusin kävellä Arunachalan ympäri 108 kertaa. Toinen oli se, että halusin kävellä kaikkiin Himalajan alueen tärkeisiin pyhiinvaelluskohteisiin. Olin liian heikko toteuttaakseni kumpaakaan, mutta päätin kuitenkin yrittää. Pahinta mitä voisi sattua olisi lopultakin se, että kehoni uupuisi ennen aikojaan. 'Kuolkoon se toteuttaessani pyhää tehtävää', ajattelin.

Kävelin hitaasti ashramissa sijaitsevalle Maharishin haudalle ja seisoin siellä pyytäen sisäisesti häntä antamaan minulle riittävästi voimia toteuttaa toiveeni. Tunsin energia-aallon ja kykenin jotenkin kävelemään tuona päivänä runsaan kymmenen kilometrin matkan Arunachalan ympäri. Päätin levätä vuoropäivin. Joka kerta kun kävelin ashramiin, tunsin itseni niin heikoksi, että olin varma, etten jaksaisi ottaa enää askeltakaan. Seisottuani Samadhi-pyhäkön edessä sain kuitenkin tarpeeksi energiaa kävelläkseni vuoren ympäri. Näin jatkui, kunnes olin saanut päätökseen 108 pyhää kierrosta.

Nyt oli aika yrittää täyttää toinen toiveeni. Matkustin junalla ensin Hyderabadiin ja sitten Kasiin. Ajatukseni oli oleskella ensin muutamia päiviä Kasissa ja kävellä sitten Himalajalle. Ajattelin, että minulta menisi ehkä kuusi kuukautta tuohon kierrokseen kävellessäni rauhallista vauhtia. Valitettavasti tulin kuitenkin Kasissa niin sairaaksi, että tajusin, etten kykenisi toteuttamaan toivettani. Myönsin tappioni ja matkustin junalla takaisin Hyderabadiin.

Siellä menin luontaishoitolaan. Uskoin, että jos joku kykenisi määrittämään tautini ja parantamaan sen, se olisi joku näistä naturopatian, homepatian tai ayurvedan (yrttihoidon) lääketieteistä. Olin kaksi kuukautta sairaalassa. Ilmapiiri oli samanlainen kuin ashramissa joogatunteineen, antaumuksellisine lauluineen ja ruokavaliohoitoineen. Oloni kuitenkin heikkeni edelleen, jolloin päätin etsiä toisenlaista hoitoa. Menin sitten tunnetun homeopaatin vastaanotolle, joka hoiti siihen aikaan Intian presidenttiä. Homeopaatti hoiti minua ilmaiseksi kaksi tai kolme kuukautta, mutta edistymistä ei tapahtunut. Mitä seuraavaksi? Oppilastoverini ehdotti, että palaisin Yhdysvaltoihin parantelemaan terveyttäni henkisen elämän takia. Hän ajatteli, ettei se vahingoittaisi minua, niin kuin olin kokenut kaikkien näiden vuosien aikana. Hän sanoi, että jos terveyteni ei paranisi edes siellä, voisin palata Intiaan välittömästi.

Vain hän, joka on asunut Intiassa joitakin vuosia, voi ymmärtää haluttomuuteni asua Yhdysvalloissa. Intiassa oli helppoa harjoittaa itsekuria omassa elämässään ja viettää aikaa meditoiden, opiskellen ja tehden muita henkisiä harjoituksia. Siellä ei ole juuri mitään, mikä veisi huomion muualle. Kulttuuri itsessään tukee tällaista elämäntapaa. Samaa ei voi sanoa Yhdysvalloista. Amerikkalainen unelma perustuu mukavuuteen ja nautintoihin. Suuntasi huomionsa sitten minne hyvänsä, aina joutui kohtaamaan mahdollisuuksia unohtaa oma henkinen päämäärä ja uppoutua nautintoihin. Ihmisen luontainen olemus ei perustu siihen, että etsisimme mielenrauhaa luopumisen kautta ja kääntyisimme etsimään Jumalaa sisältämme. Sen sijaan ihmiset tapaavat etsiä onnea ulkopuoleltaan, maailman kohteista. Tämä johtaa vääjäämättä eriasteisiin pettymyksiin, kun he etsivät rauhaa ulkopuoleltaan. Tämä saa jotkut heistä etsimään sitä vaihtoehtoisesti sisältään. Kun he saavat kuulla, että on olemassa korkeampi, hienostuneempi onni kuin se minkä maailma voi tarjota, moni omistaa elämänsä henkisen oivalluksen ja sen äärettömän autuuden saavuttamiseksi, joka on sen seurauksena mahdollista saavuttaa. Silti vanha taipumus etsiä onnea ulkopuolelta herää meissä yhä uudelleen. Sen tähden on havaittu, että otollinen ilmapiiri on tarpeen voidaksemme kävellä Itse-oivalluksen partaveitsen kapeaa polkua.

Kuvatakseen, miten maalliset taipumukset nousevat pintaan, kun mieli suunnataan sisäänpäin voidaksemme löytää valon, Intian viisaat kertovat tarinaa. Olipa kerran kissa, joka väsyi jahtaamaan hiiriä ravinnokseen. Se ajatteli, että jos se voisi oppia lukemaan, se saattaisi saada paremman työpaikan. Eräänä iltana se istui kynttilän vieressä opiskellen aakkosia. Juuri sillä hetkellä hiiri juoksi lähellä. Kissa heitti heti kirjan syrjään, sammutti kynttilän ja hyppäsi hiiren kimppuun! Minne katosi halu lukea?

Tunsin olevani kuin tämän tarinan kissa. Olin varma siitä, että jos viettäisin aikaani Yhdysvalloissa, alkaisin jälleen juosta aisti-ilojen perässä ja menettäisin hiljalleen sen sisäisen valon, minkä olin saavuttanut kovien ponnistelujen tuloksena.

Päätin yrittää kuuden kuukauden ajan ja soitin äidilleni, että tulisin muutaman päivän sisällä ja varasin sitten lentolipun. Palasin Arunachalaan ja menin Maharishin haudalle ja rukoilin johdatusta ja turvallista paluuta. Sitten matkustin Madrasiin ja lensin Bombayn kautta New Yorkiin, minne äiti tuli minua vastaan. Sieltä hän vei minut uuteen kotiinsa Santa Fehen, minne hän oli vähän aiemmin muuttanut. Ylläpidin lapsen asennetta äitini käsissä. Päätin totella äitiäni tarkasti nähden hänessä Jumalan edustajan näiden kuuden kuukauden aikana. Näin harjoittelisin jälleen antautumista Jumalan tahtoon.

Menin seuraavien kuuden kuukauden aikana eri lääkäreille. Ensin yritin tietenkin länsimaista lääketiedettä. Vaikka lääkäri oli valmis myöntämään, että koin tuskaa ja olin heikko, hän ei löytänyt sille mitään syytä. Se, että en saanut diagnoosia, tarkoitti sitä, etten saanut hoitoakaan. Sitten yritimme yrttihoitoa ja sen jälkeen homeopatiaa erityisen ruokavalion kera. Sen jälkeen oli sitten vuorossa akupunktio ja jopa hypnoosi. Mikään ei näyttänyt auttavan. Lopulta äitini oli sitä mieltä, että minun pitäisi mennä psykiatria tapaamaan. Minun täytyi oikein hymyillä tälle ajatukselle. 'Olkoon niin, jos se on sinun tahtosi, Herra, minä menen', ajattelin itsekseni.

"Muistatko isääsi?" psykiatri kysyi minulta.

"Toki muistan isääni elämäni joka minuutilla", vastasin.

"Ihanko totta? Sepä mielenkiintoista! Miksi haluat muistaa isääsi niin usein? Sinulla on täytynyt olla hyvin traumaattinen kokemus hänen kanssaan", hän sanoi.

"Kyllä, traumaattinen on hyvä sana sitä ajatellen. Hän laittoi mieleeni halun nähdä Hänet ja tulla yhdeksi Hänen kanssaan. Siitä päivästä alkaen olen yrittänyt muistaa Hänet aina ja nähdä Hänet kaikessa mihin silmäni osuu."

"Mitä tarkoitat 'isällä'?" hän kysyi.

"Sinulla ja minulla ja kaikilla on vain yksi Isä ja se on Jumala. Me olemme kaikki Hänen lapsiaan. Sinä et välttämättä usko Hänen olemassaoloonsa ja se on sinun asiasi. Minä taas en voi kieltää Hänen olemassaoloaan. Näen Hänen läsnäolonsa sisälläni. Sinä saatat kutsua sitä mielen synnyttämäksi harhaksi tai miksi haluat. Minä taas sanoisin, että todellisuuden tunteminen sisällään on normaalia, ja että kun tuntee vain ajatuksensa ja levottomuuden, niin kuin on laita suurimmalla osalla ihmisistä, on se eräänlaista sairautta", vastasin. "Vaikka minun kehoni on sairas, tunnen itseni täysin rauhalliseksi ja onnelliseksi."

"Sinä voit olla rauhassa ja se voi olla niin sinulle hyväksi, mutta minulla on monia potilaita, jotka tulevat tänne vakavien mielenterveysongelmiensa kanssa. Usko ei ole ratkaisu heille. He kysyvät: 'Jos on olemassa Jumala, miksi on tämä kärsimys?' Minulla ei ole heille vastausta ja sen lisäksi itse ihmettelen sitä."

"Lääkäri", aloitin, "sinut on kasvatettu yhteiskunnassa, missä kristinusko ja juutalaisuus vallitsevat. Käyttäen noiden uskontojen opinkappaleita on todellakin vaikea todistaa rationalistille Jumalan olemassaolo tai Hänen tahtoonsa antautumisen arvoa. Kyse olisi vain sokeasta uskosta.

Nykyään ihmiset ajattelevat asioita syvästi ennen kuin hyväksyvät sen totena. Jos ihminen alkaisi tutustua idän uskontojen filosofiaan, hän huomaisi, että ne perustuvat johtopäätöksiin, jotka rakentuvat loogisille, järjestelmällisille kokeille. Intian tietäjien johtopäätökset ovat elämänpituisten henkisten harjoitusten hedelmiä, jotka lahjoittivat heille tiettyjä kokemuksia. Jos joku seuraa sitä polkua, minkä he ovat kuvanneet, hän saa kokemuksia, joita tuhannet ovat saaneet. Heidän elämänfilosofiansa on täydellisen looginen ja yhtäpitävä tämän päivän tieteellisten löydösten kanssa.

Hindujen korkein käsitys Jumalasta esimerkiksi ei ole sellainen, että Hän istuu taivaassa hallitsemassa luomakuntaa kuin diktaattori. Sen sijaan Jumala on meidän sisäinen olemuksemme, jonka voimme kokea suoraan, kun hallitsemme oman mielemme ja teemme siitä hienosyisen ja rauhallisen. Aurinkoa ei voi nähdä selkeästi järvenpinnalta, joka on rauhaton aaltojen takia. Meidän mielemme on kuin järvi. Kun sen pinta tyynnytetään, se heijastaa jumalallista läsnäoloa. Menettäessämme sisällämme olevan jalokiven näkyvistämme, juoksemme levottomana ympäriinsä onnea etsien. Emme voi istua hiljaa edes minuuttia. Sillä hetkellä, kun nautimme jostakin kohteesta, meidän mielemme hiljenee hetkeksi ja sitä hiljaisuutta me kutsumme onneksi. Siitä seuraa loogisuuden nimissä se, että kun me hallitsemme mielemme levottomuuden ja teemme siitä rauhallisen käyttämättä nautintoa keinona, onnellisuudesta tulee jatkuva kokemus.

Idässä uskonto ei ole pelkästään uskomista, vaan se on mielen hallitsemisen tiede, jonka avulla saadaan suora kokemus todellisuudesta, mielen alkulähteestä. Toimia, jotka vieroittavat meidät sisällämme olevasta keskuksesta, voidaan sanoa pahoiksi. Hyvää on se, mikä vie meidät lähemmäksi keskusta. Fysiikan tiede sanoo, että jokaista tapahtumaa seuraa samanarvoinen vastareaktio. Tämä pätee kaikkiin elämänalueisiin, sekä aineellisiin että henkisiin. Ihminen niittää sitä mitä hän kylvää. Jos teemme toiselle vahinkoa, joudumme lopulta kärsimään samanlaisen tuskan kuin tuo toinen. Se pätee myös siihen, kun teemme hyvää toiselle. Hedelmä ei välttämättä tule heti, mutta sen täytyy lopulta tulla, jos tiede on oikeassa.

Tämä tietenkin edellyttää uskoa aikaisempaan ja myöhempään olemiseen, sillä miksi me muuten kärsisimme jostakin, jota emme muista tehneemme tai miksi me koemme nautintoa ilman, että olisimme sitä ansainneet? Jotkut ihmiset elävät pahan elämän ja pakenevat vahingoittumattomina, toiset taas tekevät hyvää ja kärsivät koko elämänsä. Se mitä me koemme tässä elämässä, johtuu pitkälti edellisen elämän teoista. Kukaan ei tule tänne puhtaan taulun kera. Se, mitä me teemme tänään, palaa meille ennemmin tai myöhemmin, ehkä jossakin seuraavista elämistämme. Me olemme oman kohtalomme luojia emmekä voi syyttää Jumalaa omasta kärsimyksestämme. Tasapainotamme

luonnon lainalaisuutta. Meidän tulee oppia tuntemaan nuo laina-
laisuudet ja elää tasapainossa niiden kanssa voidaksemme välttää
kärsimystä ja saavuttaa ikuisen rauhan ja onnen.

Jos pidämme mielessämme, että korjaamme aikaisempien
tekojemme hedelmiä nautinnollisten ja tuskallisten kokemusten
muodossa, että puhdistamme vain omaa tiliämme, silloin mieli
pysyy rauhallisena eikä siitä tule onneton tai yli-iloinen. Tällai-
sessa rauhallisessa mielessä äärettömän hienostunut henkinen
valo, joka on mielen perusta ja ilmenee sattumanvaraisina onnen-
hetkinä, tulee hiljalleen näkyville ja siihen sulaudutaan. Se on
ydinolemukseltaan autuutta ja häntä, joka kokee sitä, kutsutaan
tietäjäksi. Hän loistaa inspiraation lähteenä erehdyksessä elävälle
ihmiskunnalle.

Vaikka sinä saatatkin voida rauhoittaa potilaitasi ja ratkoa
joitakin heidän ongelmiaan, niin uusia ongelmia tulee syntymään
aina. Vain jos ymmärrämme, että mieli on mahdollista hallita ja
vapauttaa ajatuksista, myös ongelmia tuottavista ajatuksista, niin
silloin ihmistä on mahdollista neuvoa asianmukaisesti sillä tavoin,
että ongelmia ei enää synny, ei ainakaan mielen tasolla. En tiedä,
kykenitkö seuraamaan kaikkea sitä mitä juuri sanoin. Se saattaa
vaikuttaa oudolta tavalta katsoa asioita."

Psykiatri itse asiassa ymmärsi mitä sanoin, sillä hän oli
opiskellut hieman Intian filosofiaa. Hän oli myös kokenut, että
mieleen käsiksi käyminen – lukemattomien ongelmien sijasta
– oli johdonmukaisempi tapa saavuttaa rauha, mutta koska
hänellä ei ollut koulutusta siihen, miten tämä tehtäisiin, hän
ei kyennyt neuvomaan ketään tässä asiassa. Lähtiessäni annoin
hänelle teoksen nimeltä *Who Am I?* (*Kuka minä olen?*), joka pitää
sisällään Ramana Maharishin opetuksia hyvin tiiviissä muodossa.
Hän kutsui minut lounaalle toisena päivänä ja meillä oli pitkä

keskustelu henkisistä asioista. Nähtyään tämän kaiken äitini tuli siihen tulokseen, että en hyötyisi psykiatriasta, niinpä hän ei painostanut minua jatkamaan tapaamisia. Olin myös sanonut hänelle, että ei kannattanut maksaa psykiatrille viittäkymmentä dollaria siitä, että voisin antaa hänelle mielenrauhaa!

Oli jo kulunut viisi kuukautta siitä, kun olin palannut Yhdysvaltoihin. Lähtöpäiväni läheni. Ainoa asia, joka esti minua nousemasta lentokoneeseen, oli siinä, että olin anonut pidempää viisumia Intiaan eikä vastaus ollut vielä tullut. Samaan aikaan ongelmallinen tilanne oli kehittymässä toisella rintamalla. Viimeiset kolme, neljä kuukautta ikäiseni nuori nainen oli käynyt säännöllisesti tapaamassa minua. Jos hän ei tullut jonakin päivänä, hän vähintäänkin soitti minulle kysyäkseen, miten minä voin. Ensi alkuun ajattelin, että hän oli kiinnostunut henkisistä asioista ja että hän halusi sen takia viettää aikaa kanssani. Puhuin hänelle yksinomaan henkisistä aiheista. Jonkin ajan kuluttua huomasin, että aina silloin tällöin hän elehti tavalla, jonka saattoi tulkita rakastuneen naisen eleiksi. Pidin sitä oman epäpuhtaan mielikuvitukseni tuotteena tai vain jonakin naisellisen luonteenlaadun ilmauksena.

Aloin tuntea hienosyistä nautintoa hänen seurassaan ja toisinaan mietin, mikä oli saanut minut kokemaan, että täydellinen kieltäytyminen maallisista nautinnoista oli minun tieni. Olin hämmästynyt siitä, että tällaisia ajatuksia tuli mieleeni. Tiesin, että vaikka lankeaisinkin kiusaukseen, se kestäisi vain hetken, sillä olin jo elänyt maallisen elämän läpi eikä minulla ollut enää harhakuvitelmia sen suhteen. Putoaminen olisi kuitenkin putoaminen, jolloin aikaa ja energiaa menisi hukkaan. Nähdessäni oman mieleni taipumukset päätin, että minun olisi palattava Intiaan heti ensimmäisen tilaisuuden tullen. Ympäristö oli ilmiselvästi vaikuttanut minuun henkisessä mielessä taannuttavasti.

Minun ei tarvinnut odottaa kauaa. Viisumini tuli muutaman päivän kuluttua ja varasin lentolipun välittömästi. Äitini ei tietenkään halunnut, että olisin lähtenyt, mutta olin järkkymätön. Lähtöpäiväni koitti. Tyttö tuli talollemme hyvästelemään minua. Hän vei minut syrjemmälle ja sanoi:

"Neal, täytyykö sinun mennä? Minä rakastan sinua hyvin paljon."

"Minä rakastan myös, mutta vain niin kuin veli rakastaa sisartaan", vastasin. "Sitä paitsi minulle ei ole mahdollista rakastaa yhtä ihmistä enemmän kuin toista. Sama kipinä on jokaisessa ja sille minä uhraan rakkauteni. Vaikka olisi erilaisia koneita, niin sähkövirta, joka saa ne toimimaan, on kaikissa sama. Se tekijä, mikä tekee kehoistamme eläviä ja vetovoimaisia, on sama kaikissa, ja heti kun se lähtee, vain ruumis jää jäljelle. Meidän tulisi rakastaa vain Sitä", minä vastasin iloisena siitä, että olin palaamassa Intiaan.

Oma koti kullankallis! Luulin, etten enää näkisi sinua, rakas Äiti-Intia. Vaikka et olekaan aineellisesti rikas, sinulla on se ääretön omaisuus, minkä tuhannet lapsesi ovat hankkineet henkisillä harjoituksilla, he, jotka ovat saavuttaneet Jumal-oivalluksen autuuden kautta aikojen. Oi Äiti, älä anna minun jättää sinua enää!

Intia oli minulle rakas jo ennen kuin lähdin. Kun nyt palasin, se oli minulle kaksi kertaa rakkaampi. Palasin suoraa päätä Arunachalaan ja yritin saavuttaa tavallisen sisäisen tilani. Huomasin, että kuusi kuukautta Yhdysvalloissa olivat vaikuttaneet takertumattomuuteeni niin kuin olin pelännyt. Sen sijaan, että

Sri Nisargadatta Maharaj

olisin iloinnut jatkuvasti sisäisen valon meditoinnista, halu nauttia ulkoisista kohteista ja sen mukanaan tuomasta rauhattomuudesta olivat hiipineet mieleni reunamille. Pohdin sitä, että voisinko jälleen saavuttaa aiemman mielentilani. Vietin kuitenkin mahdollisimman paljon aikaa Ramana Maharshin pyhätön lähettyvillä ja aiempi sisäinen tilani palasi pian.

Maallisessa ympäristössä elämisen hienosyinen, salakavala vaikutus tuli minulle nyt kristallinkirkkaaksi. Taipumus katsoa ulospäin varastaa hiljalleen meiltä suurella vaivalla hankkimamme sisäisen omaisuuden, jonka olemme keränneet intensiivisen meditoinnin avulla. Jos astiassa on pienikin halkeama, huomaamme pian, että kaikki vesi on kadonnut, kuka tietää minne.

Terveyteni jatkoi heikkenemistään päivä päivältä. Kykenin hädin tuskin kävelemään sataa metriä heikkouteni takia enkä jaksanut istua kuin muutaman minuutin. Kipu selässäni lisääntyi huomattavasti ja jopa syöminen oli tuskallista. Minusta tuntui siltä kuin pohjukaissuoleni tienoilla olisi ollut haavauma. Paikallisen homepaattisen lääkärin neuvosta aloin syödä vain leivän pehmeää sisusta ja juoda maitoa. Jopa tämä oli kivuliasta. Ihmettelin, kuinka monta päivää kehoni kestäisi tällaista. Kuolema olisi parempi, mutta se ei ollut minun käsissäni. Olin antautunut Ramanalle ja minun tuli hyväksyä se tilanne, mihin hän minut asetti. Söin lääkkeitä, mutta auttoivatko ne vai eivät, sekin oli Hänen käsissään.

Tässä vaiheessa löysin kirjan, jonka nimi oli *I Am That* (*Valvetilasi on unta*), joka sisältää keskusteluja Nisargadatta Maharajin kanssa, joka oli oivalluksen saavuttanut sielu Bombaysta. Koin, että hänen opetuksensa olivat yhtäläisiä Maharshin opetuksien kanssa ja koska en ollut saanut tavata Maharshia hänen elinaikanaan, minussa eli voimakas halu saada tavata joku hänen kaltaisensa. Bombayhin matkustaminen ei kuitenkaan tuntunut mahdolliselta, niinpä kirjoitin kirjeen Nisargadattalle ja selostin kehoni, mieleni ja henkeni tilanteen, ja pyysin hänen siunaustaan. Heti seuraavana päivänä kirjeen kirjoittamisen jälkeen ranskalainen nainen tuli tapaamaan minua. Hän oli lukenut saman kirjan ja päättänyt lähteä Bombayhin tapaamaan Nisargadattaa. Kerroin hänelle toiveestani ja kyvyttömyydestäni matkustaa.

"Voisit lentää Bombayhin. Jos haluat, minä autan sinut sinne", hän sanoi.

Ajattelin, että tämän täytyi olla Jumalan lähettämä apu ja suostuin välittömästi hänen ehdotukseensa. Hän oli lukenut monia vedanta- filosofiaa käsitteleviä teoksia, jotka tuovat esiin, että on olemassa vain yksi todellisuus ja että maailma on sen ilmennys. Ja että meidän tosiolemuksemme on Se. On mahdotonta saavuttaa tuota tietoisuutta ilman keskittynyttä antaumusta Jumalalle tai gurulle. On puhdistettava täysin oma keho, puhe ja mieli sekä teot. Ananda, kuten häntä kutsuttiin, koki niin kuin useimmat teko- ykseysfilosofit, että muuta ei tarvita kuin pinnallinen vakuuttuminen siitä, että me olemme Se. Korkeimman totuuden nimissä tällaiset ihmiset antautuvat kaikenlaiseen kurittomuuteen, vastuuttomuuteen ja toisinaan moraalittomaan toimintaan. Kun olimme matkalla taksilla Madrasiin, hän kysyi minulta:

"Miksi kaikki tällaiset rajoitukset, säännöt ja ohjeistukset? Jopa antautuminen Jumalalle on tarpeetonta. Kaikki tuollainen on tarkoitettu vain ihmisille, joilla on heikko mielenlaatu. Riittää, kun vain ajattelet: 'Minä olen Se, minä olen Se' ja oivallat sitä koskevan totuuden jonakin päivänä."

"Minusta tuntuu, että olet unohtanut tärkeän seikan *vedantasta*", sanoin. "Kaikki pyhät tekstit ja tuon koulukunnan opettajat painottavat sitä, että ennen kuin edes ryhtyy opiskelemaan *vedantaa*, on täytettävä tietyt vaatimukset. Lastentarhassa oleva lapsukainen ei kykene ymmärtämään yliopistotason oppikirjaa. Hän saattaa vääristää sen opetukset. Niinpä ennen kuin ryhtyy opiskelemaan *vedantaa*, mielestä pitäisi tehdä liikkumaton siinä määrin, että todellisen heijastuma voidaan havaita. Kun keskitymme tuohon heijastumaan, se johdattaa meidät alkulähteelle. Jos heijastuma ei ole näkyvissä, niin mihin silloin voimme keskittää mielemme ajatellen, että me olemme totuus? Ajatuksiin, tuntemuksiin ja kehoonko? Me teemme jo aika lailla pahaa tällä pienellä, katoavalla keholla. Jos ajattelemme, että olemme Korkein Olento, mitä emme epäröisi tehdä? Mitä muuta on demoni tai diktaattori, joka luulee, että hänen pieni itsensä on tasa-arvoinen tai jopa suurempi kuin Jumala? Korkeimmassa todellisuudessa ei ole pienintäkään määrää pahaa ja hän, joka ei ole luopunut sellaisista kielteisistä ominaisuuksista, kuten himosta, vihasta ja ahneudesta, hänen ei voi katsoa oivaltaneen totuutta. Turvallisempaa on pitää itseään valaistuneen sielun tai Jumalan lapsena. Jotta hyötyisimme siitä, että olemme sellaisen lapsi, meidän on pyrittävä tulemaan hänen kaltaisekseen. Vain jos voimme toimia näin, mieli puhdistuu hiljalleen eivätkä intohimot enää häiritse meitä. Silloin voimme nähdä totuuden, emme ennen sitä."

"Sinä olet todella heikko mieleltäsi. Tulet näkemään sen, kun pääsemme Maharajin luokse. Hän tulee kertomaan sinulle, kuinka heittää tuollainen sentimentaalinen siirappi yli laidan", hän tiuskaisi ärsyyntyneenä.

Olin jo tavannut monia hänen kaltaisiaan ja tiesin, ettei kannattanut ryhtyä väittelemään, niinpä olin hiljaa.

Kun saavuimme Mumbaihin, ystävä vei meidät Nisargadattan asunnolle. Hän oli ollut nuorena tupakkakauppias. Eräänä päivänä ystävä vei hänet tapaamaan kuuluisaa pyhää miestä Bombayssa. Pyhä mies antoi Maharajille mantravihkimyksen ja kehotti häntä puhdistamaan mielensä vapautumalla kaikista ajatuksista ja pysyttäytymään olemisen tunteessa tai 'minä olen'-ajatuksessa. Hän harjoitti tätä voimallisesti kolmen vuoden ajan ja monien mystisten kokemusten jälkeen hän huomasi mielensä sulautuvan transsendenttiseen todellisuuteen. Hän pysytteli edelleen Bombayssa, harjoitti liiketoimintaansa ja antoi neuvoja heille, jotka tulivat häntä tapaamaan. Hän oli nyt 80-vuotias ja eli poikansa kanssa kolmen huoneen asunnossa. Hän oli rakennuttanut pienen parven olohuoneeseensa, missä hän vietti suurimman osan ajastaan. Siellä minä tapasin hänet.

"Tule sisään, tule sisään. Sinä tulet Arunachalasta. Eikö niin? Sinun kirjeesi tuli eilen. Nautitko rauhasta Maharshin lähellä?" Maharaji kysyi minulta iloisesti viitaten minua istuutumaan lähelleen. Tunsin välittömästi hänen lähellään voimallisen rauhan, varma merkki siitä, että hän oli suuri sielu.

"Tiedätkö, mitä minä tarkoitan rauhalla?" hän kysyi. "Kun laitat munkin kiehuvaan öljyyn, paljon kuplia syntyy niin kauan, kunnes munkissa oleva kosteus on poistunut. Se synnyttää samalla ääntä. Eikö totta? Lopulta on hiljaista ja munkki on valmis. Hiljaista mielentilaa, joka syntyy meditaatioelämän seurauksena, kutsutaan rauhaksi. Meditaatio on kuin öljyn keittäminen. Se saa kaiken mielessä olevan tulemaan ulos. Vain siten rauha saavutetaan."

Tämä oli havainnollisin ja tarkin kuvaus henkisestä elämästä, minkä olin kuullut.

"Maharaji, olen kirjoittanut sinulle niistä henkisistä harjoituksista, joita olen tehnyt tähän mennessä. Pyydän, kerro minulle, mitä vielä tulee tehdä."

"Lapseni, sinä olet tehnyt enemmän kuin tarpeeksi. Riittää, jos vain toistat Jumalan nimeä siihen asti, kunnes saavutat päämäärän. Antaumus gurulle on sinulle sopiva polku, siitä tulisi tulla ajatuksissasi täydellinen ja jatkuva. Mitä hyvänsä tapahtuukin, hyväksy se Hänen armollisena tahtonaan, joka tapahtuu sinun parhaaksesi. Sinun on vaikea jopa istua. Eikö niin? Sillä ei ole väliä. Joidenkin ihmisten keho tulee sairaaksi tällä tavoin, kun he harjoittavat vilpittömästi meditaatiota ja tekevät muita henkisiä harjoituksia. Se riippuu kunkin kehon rakenteesta. Sinun ei tule luopua harjoituksistasi ennen kuin saavutat päämäärän, tai kehosi kuolee", hän sanoi.

Kääntyen Anandan puoleen hän kysyi:

"Minkälaisia henkisiä harjoituksia sinä harjoitat?"

"Minä vain ajattelen, että olen Korkein Olento", hän vastasi hieman ylpeällä äänellä.

"Niinkö? Oletko koskaan kuullut Mirabaista? Hän oli suurimpia naispyhimyksiä, mitä Intiassa on koskaan syntynyt. Lapsuudestaan alkaen hän tunsi, että Sri Krishna oli hänen rakastettunsa ja hän vietti suuriman osan päivistään ja öistään palvoen häntä ja laulaen hänelle omistettuja lauluja. Lopulta hän näki Krishnan mystisessä näyssä ja hänen mielensä sulautui häneen. Siitä lähtien hän lauloi lauluja Jumal-oivalluksen loistosta ja autuudesta. Elämänsä lopulla hän meni Krishna-temppeliin ja katosi pyhättöön. Sinun tulisi kulkea samaa polkua, jos haluat saavuttaa oivalluksen", Maharaji sanoi hymyillen.

Ananda kalpeni. Maharaji iski hänen *vedanta-* vuorensa tuhkaksi yhdellä iskulla. Hän ei saanut sanaa suustaan.

"Minä saatan puhua *vedantasta* joillekin ihmisille, jotka tulevat tänne", Maharaji sanoi. "Mutta se ei ole sinua varten eikä sinun tule kiinnittää huomiota siihen, mitä sanon muille. Sitä kirjaa, joka pitää sisällään keskustelujani, ei tule pitää minun vii-meisenä sananani koskien opetuksiani. Olen antanut vastauksia tiettyjen yksilöiden esittämiin kysymyksiin. Nuo vastaukset oli tarkoitettu noille ihmisille, ei kaikille. Ohjeita voi antaa vain yksilökohtaisesti. Samaa lääkettä ei voi määrätä kaikille.

Ihmiset ovat näinä päivinä täynnä älyllistä itserakkautta. Heillä ei ole uskoa ikivanhoihin harjoituksiin, jotka johtavat Itseä koskevaan tietoon. He haluavat, että kaikki tarjoillaan heille hopealautasella. Heidän mielestään tiedon tie tuntuu järkevältä ja sen tähden he ryhtyvät harjoittamaan sitä. He havaitsevat, että se edellyttää enemmän keskittymistä kuin mihin he kykenevät ja niin heistä tulee asteittain nöyriä, sitten he ryhtyvät harjoittamaan helpompia harjoituksia, kuten mantran toistamista tai muodon palvontaa. Hiljalleen heissä herää usko itseään korkeampaan voimaan ja heidän sydämessään alkaa kasvaa antaumuksen sie-men. Vain siten he voivat saavuttaa mielen puhtauden ja keskit-tyneisyyden. Omahyväiset joutuvat kulkemaan mutkan kautta. Sen tähden sanon, että antaumus riittää sinulle", Maharaji sanoi lopuksi.

Oli lounasaika, niinpä me jätimme Nisargadattan. Kun olimme tekemässä lähtöä, hän kysyi, olisinko minä joitakin päiviä Bombayssa.

"En tiedä. Minulla ei ole suunnitelmia", vastasin.

"Oikein hyvä. Tule sitten tänne iltapäivällä, neljän jälkeen", hän sanoi.

Palasin jälleen Nisargadattan huoneeseen illalla. Hän pyysi minua istuutumaan lähelleen. Vaikka olin tuntenut hänet vain muutamia tunteja, tunsin kuin olisin ollut hänen lapsensa. Että hän oli äitini tai isäni. Eräs eurooppalainen tuli paikalle ja laittoi suuren setelin Maharajin eteen.

"Ota se takaisin, pyydän. En ole kiinnostunut kenenkään rahoista. Poikani on täällä ja hän antaa minulle ruokaa ja huolehtii tarpeistani. Kun olet saavuttanut hieman mielenrauhaa, aikaa jää riittävästi tällaisille asioille. Ota rahasi, ota se!" hän huudahti.

Istuin suurin hankaluuksin ja seurasin sitä, mitä tapahtui aina seitsemään asti. Olin täysin tyytyväinen ja rauhallinen ja ajattelin, etten voisi varmaankaan saada enää mitään muuta kuin sen minkä Maharaji oli jo kertonut minulle. Ajattelin palata Arunachalaan seuraavana päivänä. Mainitsin siitä ja pyysin hänen siunaustaan.

"Jos sinusta tuntuu siltä, niin sitten voit mennä. Tiedätkö, mikä on minun siunaukseni sinulle? Että siihen asti kunnes jätät kehosi, sinulla olisi täysi antaumus ja antautuminen gurullesi."

Maharaji katsoi minua myötätuntoisesti. Hänen ystävällisyytensä liikuttamana aloin itkeä, mutta sitten hallitsin itseni. Siitä huolimatta muutama kyynel valui poskilleni. Hän hymyili ja antoi minulle palasen hedelmää. Sitten hän nousi ylös, otti parin valtavan kokoisia symbaaleja ja ryhtyi laulamaan antaumuksellisia lauluja gurunsa ylistykseksi. Kumarsin hänelle ja menin huoneeseeni lepäämään.

En ollut nähnyt Anandaa sitten aamun. Ajattelin, että nöyryytys oli ollut hänelle liikaa eikä hän halunnut näyttää kasvojaan enää. Niinpä ponnistelin yksinäni ja pääsin jotenkin Arunachalaan ilman surullisempaa mutta viisaampaa Anandaa.

209

Luku 6

Saapuminen Äidin luo

En enää yrittänyt seuraavien kuukausien aikana Arunachalassa parantaa terveyttäni. Maharaji oli sanonut minulle, että sen syy oli henkinen. Olin myös kuullut tällaisesta aiemmin. Ramana Maharishi oli kerran selittänyt oppilaalle, että vaikka elämänvoima virtaa useimpien ihmisten kohdalla ulospäin aistien kautta, niin henkinen oppilas pyrkii kääntämään sen takaisin päin ja saamaan sen sulautumaan alkulähteeseensä. Tämä aiheuttaa rasitusta hermoille, vähän samalla tavoin kuin jos joki padotaan. Paine voi ilmentyä eri tavoin, kuten päänsärkynä, kehollisena kipuna, ruoansulatusongelmina, sydänvaivoina ja muina oireina. Ainoa keino on jatkaa harjoituksia.

Kun luovuin levottomasta parannuksen etsimisestä, se lisäsi mielenrauhaani. Oleskelin pääasiassa sängyssä ja jatkoin mantran toistamista, niin kuin Maharaji oli neuvonut ja odotin, mitä tulevaisuus toisi tullessaan. Olkoon sitten kuolema tai elämä, se oli Ramanan käsissä.

Eräänä yönä näin hyvin elävän unen, viimeisen unen, minkä olen koskaan nähnyt Ramana Maharshista. Olin ashramissa lähellä sairaalaa. Suuri joukko oppilaita oli paikalla odottamassa jotakin. Kysyin, mitä oli tapahtumassa ja minulle kerrottiin, että Ramana oli joutunut sairaalaan ja että hän voisi tulla pian. Eräs mies tuli luokseni ja tarjosi minulle tablettia, joka voisi parantaa terveyttäni.

"Ei kiitos, olen jo yrittänyt kaikenlaisia lääkkeitä eikä mikään auta", sanoin hänelle.

Sillä hetkellä sairaalan suuri pääovi avautui ja Maharshi käveli ulos ja istuutui maahan sairaalan eteen avoimelle pihamaalle. Menin ja kumarsin hänelle. Kun kumarruin, hän laittoi kätensä päälaelleni ja kuljetti sitten käsiään selkärankaani pitkin selän keskiosaan saakka. Sitten katsoin ja näin hänen säteilevät kasvonsa. Hän hymyili ja sanoi:

"Enkö minä tiedä kuinka paljon sinä kärsit? Älä ole huolissasi."

Sitten nousin ylös ja ajattelin, että toisetkin haluavat varmasti tulla hänen lähelleen, ja sillä hetkellä heräsin. Vaikka en sitä vielä silloin tiennyt, niin elämässäni oli pian tapahtuva odottamaton käänne.

Muutamia päiviä myöhemmin ovelleni koputettiin.

"Voinko tulla sisään?" nuoren miehen ääni sanoi.

"Tule vain", sanoin.

"Ehkä voit auttaa minua. Tulen Keralasta. Nuori nainen lähetti minut tänne Tiruvannamalaihin sanoen, että minun tulisi harjoittaa hiljaisuutta neljänkymmenen päivän ajan. Hän sanoi myös, että minun tulisi ehdottomasti välttää naisten seuraa ollessani täällä. Yritin löytää yöpymispaikan kukkulalla olevasta luolasta, mutta siellä oleskeleva munkki käyttää suuren osan ajastaan keskustellen kaupungista tulevien vierailijoiden kanssa heidän rakkausasioistaan. Minä lähdin sieltä ja etsin nyt paikkaa, missä voisin saattaa lupaukseni päätökseen. Tiedätkö mitään paikkaan?" hän kysyi.

Katsoin häntä tarkasti. Hän näytti vähän siltä kuin miltä olin kuvitellut Ratnamjin näyttäneen hänen iässään. Hän oli ehkä kahdenkymmenenviiden vuoden ikäinen. Hän näytti olevan vakavissaan meditaation harjoittamisen suhteen.

"Tämän talon vieressä on toinen talo. Se kuului henkiselle oppaalleni. Häntä ei ole enää. Voit olla siellä", sanoin hänelle. Sanottuani nämä sanat minä koin, että olin puhkeamassa kyyneliin ilman mitään syytä. Silmäni itse asiassa täyttyivät kyyneleistä ja minä tunsin yhtäkkisen rakkauden täyttävän sydämeni. En pystynyt puhumaan muutamaan hetkeen ja ihmettelin, kuka oikein oli se nainen, joka oli lähettänyt tämän pojan tänne. Hänen täytyi olla varmasti suuri pyhimys. Jollakin tuntemattomalla tavalla hänen voimansa oli siunannut minut sillä hetkellä, jona olin tarjonnut taloa tälle hänen opetuslapselleen. Vaikka tämä ei kuulostaisikaan kovin järkevältä, niin siihen tulokseen tulin tuolla hetkellä. Myöhemmin kävi ilmi, että juuri näin oli asianlaita.

Kun olin auttanut häntä asettumaan taloon, annoin hänelle jotakin syötävää. Nähtyäni, että hänellä ei ollut kelloa, annoin hänelle ylimääräisen kellon, jotta hän tietäisi mitä kello on ja voisi näin pysyä harjoitusaikataulussa. Noutaessani kelloa silmäni osuivat rukousnauhaan ja ajattelin, että se voisi olla hänelle hyödyllinen, niinpä annoin myös sen hänelle.

"Kun lähdin Amman luota, pyysin häneltä kelloa ja rukousnauhaa. Hän nuhteli minua ja sanoi, että minun tulisi pyytää vain korkeinta asiaa, toisin sanoen Jumalaa. Hän sanoi myös, että saisin nämä asiat kysymättä harjoitustani varten. Nyt sinä ole antanut minulle ne", hän sanoi ilmiselvästi liikuttuneena.

"Kuka on Amma?" kysyin uteliaana.

"Keralassa on pieni kalastajakylä, kolmekymmentäviisi kilometriä Quilonin (Kollamin) kaupungista pohjoiseen. Se sijaitsee saarella, jonka länsipuolella on Arabianmeri ja itäpuolella takavedet. Amma on yhden kyläläisen tytär. Viiden, kuuden vuoden ajan hän on parantanut ihmisiä henkisen voimansa avulla parantumattomista sairauksista, kuten syövästä, halvaantumisesta ja spitaalista. Ihmiset tulevat hänen luokseen kaikenlaisten maallisten ongelmien kanssa ja tavalla taikka toisella asiat ratkeavat hänen siunauksellaan. Kolme kertaa viikossa hän istuu koko yön ja ottaa vastaan ihmisiä. Tuolloin hän paljastaa ykseytensä Krishnan ja Jumalallisen Äidin kanssa."

"Mitä tarkoitat tuolla?" keskeytin. "Joutuuko hän silloin jonkin jumalallisen voiman valtaan?"

"Ajattelisin, että kyse on siitä, mihin tahdot uskoa. Mitä minuun tulee, niin uskon, että hän on itse Jumalallinen Äiti. Mutta kyläläiset uskovat, että Krishna ottaa hänet valtaansa alkuillasta ja Devi tai Jumalallinen Äiti loppuyöstä. Ennen ja jälkeen tämän hän vaikuttaa olevan aivan eri ihminen eikä muista, mitä hän sanoi noina aikoina", hän selitti.

Olin nähnyt monia tuollaisia ihmisiä vuosien aikana matkustaessani Avadhutendrajin ja Ratnamjin kanssa. Jotkut heistä olivat epäilemättä kanavia jumalalliselle voimalle, mutta koska heidän mielensä oli eriasteisesti puhdas, heidän sanaansa ei voinut pitää totuuden evankeliumina. Heidän tavanomainen mielentilansa oli poissa jonkin aikaa, ja myöhemmin he eivät muistaneet mitä olivat tehneet tai sanoneet. He näyttivät kuitenkin saavan jonkinlaisen hyödyn siitä, että he olivat väliaikaisesti yhteydessä jumalalliseen. Minä kuitenkin olen asunut todellisten tietäjien kanssa. Miksi haluaisin tavata tuollaisen ihmisen? Ehkä hän voisi auttaa minua saamaan terveyteni takaisin, jotta minun ei tarvitsisi maata sängyssä koko päivää. Ajatellessani tähän tapaan kerroin nuorelle miehelle tilastani ja kysyin, voisiko Amma tehdä puolestani mitään.

"Minä kirjoitan hänelle ja toivon vastausta. Mutta vasta kun neljänkymmenen päivän valani on ohi, voin viedä sinut sinne."

Sitten hän kertoi minulle joistakin tapauksista, jotka hän oli parantanut. Eräs oli spitaalinen, jolla oli ollut haavoja päästä jalkoihin ja ne olivat vuotaneet visvaa. Hän oli ollut enemmän kuollut kuin elävä. Itse asiassa hänen veljensä olivat jo kuolleet samaan sairauteen. Hänen silmänsä, korvansa ja nenänsä olivat olleet hädin tuskin nähtävissä sairauden kauhistuttavan vaikutuksen tähden. Hänen kehonsa löyhkä oli ollut niin voimakas, että hänen oli täynyt pitää kerjuukulhoaan neljänkymmenen metrin päässä siitä, missä hän oli seisonut, jotta ne, jotka olivat tunteneet sääliä häntä kohtaan, olivat saattaneet laittaa ruokaa siihen. Eräänä päivänä joku oli kertonut hänelle, että läheisessä kylässä oli nainen, joka ilmensi jumalallista voimaa, ja että tämä ehkä voisi auttaa häntä.

Hän oli ajatellut, ettei ainakaan menettäisi mitään ja oli mennyt sinne, mutta hän oli epäröinyt lähestyä väkijoukkoa. Amma, joka oli istunut temppelissä Devinä, oli havainnut hänet jo kaukaa, hypähtänyt ylös ja kutsunut häntä:

"Oi poikani, älä ole huolissasi. Minä tulen."

Sitten Amma oli juossut hänen luokseen, antanut hänelle myötätuntoisen halauksen ja puhunut hänelle kannustavasti. Mies oli tärissyt kuin lehti peläten, mitä hänelle tapahtuisi. Amma oli pessyt hänet vesiastioista omat hienot vaatteet päällään ja lopulta Amma oli laittanut kourakaupalla pyhää tuhkaa koko hänen kehoonsa. Amma oli kehottanut häntä tulemaan takaisin joka viikko kolmena iltana, jolloin hän olisi temppelissä. Sitten Amma oli mennyt ja vaihtanut vaatteensa, jotka olivat tahraantuneet hänen haavoistaan erittyneestä visvasta, ja oli sitten istunut loppuyön ottaen vastaan toisia.

Spitaalinen oli tullut säännöllisesti seuraavien kuuden viikon aikana ja Amma oli hoitanut häntä samalla tavoin. Kuudennen viikon jälkeen hänen haavansa eivät olleet enää vuotaneet ja ne olivat alkaneet parantua. Tällä hetkellä hän on täysin parantunut sairaudesta, vaikka hänen ihossaan on näkyvissä arvet. Jos Amma löytää hänen ihostaan pienenkin halkeaman, hän nuolee sitä ja se sulkeutuu seuraavana päivänä.

Neljäkymmentä päivää myöhemmin minä ja uusi ystäväni Chandru menimme junalla Keralaan, 650 kilometriä lounaaseen Arunachalasta. Näkymä oli lumoava. Keralaa pidetään Intian puutarhana. Minne hyvänsä katsoi, näki runsaasti kasvillisuutta. Joka pihalla kasvoi banaani- ja kookospuita. Se alue, missä Amma asui, oli tiheää metsää täynnä kookospuita, joita oli liian monta laskettavaksi asti, ne ulottuivat kilometrejä joka suuntaan. Paikka oli kuin paratiisi maan päällä, melko lailla Tiruvannamalain kuuman ja kuivan ilman vastakohta.

Laskeutuessamme junasta ostimme hedelmiä ja ruokatarvikkeita, ja nousimme sitten taksiin ajaaksemme runsaan kymmenen kilometrin matkan hänen kyläänsä. Onneksi Chandru oli seurassani, sillä muuten matka ei olisi ollut minulle mahdollinen. Olin niin heikko, että kykenin tuskin ottamaan montaakaan askelta.

Koska Chandru ei ollut nähnyt Ammaa kahteen kuukauteen, minä ajattelin, että hän haluaisi viettää ensin jonkin aikaa Amman seurassa yksinään, ilman minun seurani synnyttämää häiriötä. Istuuduin läheisen talon verrannalle ja sanoin hänelle, että mene sinä vain ja tule sitten hakemaan minua, kun olet viettänyt hänen seurassaan haluamasi ajan. Minun yllätyksekseni hän palasi kuitenkin muutaman hetken kuluttua nuoren naisen vanavedessä. Tämä oli pukeutunut valkoiseen hameeseen ja paitaan ja hänellä oli valkoinen huivi päänsä ympärillä. Olin nähnyt vain pienen valokuvan Ammasta, joka oli otettu muutamia vuosia aiemmin.

Ammachi samadhissa (ekstaattisessa transsissa) – 1978.

En tunnistanut häntä samaksi ihmiseksi. Nousin kuitenkin seisomaan, kun Chandru sanoi:

"Tässä on Amma".

Minä kumarsin hänelle. Hän ojensi kätensä ottaakseen käteni omiinsa, mutta minä epäröin. Kahteentoista vuoteen en ollut koskenut naiseen enkä ollut sallinut kenenkään naisen koskea minua. Tämä oli ollut osa sitä itsekuriharjoitusta, mitä odotettiin selibaatissa elävältä munkilta. Mitä minun tulisi nyt tehdä? Katsoin ympärilleni hädissäni ja näin hedelmät, jotka olin tuonut hänelle. Laitoin ne hänen käsiinsä helpottuneena siitä, että olin löytänyt ratkaisun ongelmaan. Helpotukseni oli kuitenkin lyhytaikainen. Hän antoi hedelmät Chandrulle ja ojensi jälleen kätensä. Toistin Jumalan nimeä ja ajattelin, että hän oli pyhimys eikä mikään tavallinen nainen, niinpä laitoin käteni hänen käsiinsä ja hän ohjasi minut pieneen temppeliin, missä hän vietti suurimman osan ajastaan. Se oli vain muutaman neliömetrin kokoinen ja sen keskellä oli jonkinlainen jakkara. Seinät oli täytetty hindujumalien ja pyhimysten kuvilla. Siellä ei näyttänyt olevan mitään varsinaista patsasta jumalanpalvelusta varten. Amma otti kirkkaanpunaista jauhetta ja laittoi sitä kulmakarvojeni väliin, paikkaan, jota joogit kutsuvat kolmanneksi silmäksi, jossa niin sanottu intuition silmä sijaitsee. Hänen kätensä värähtelivät kaiken aikaa. Tunsin jonkinlaisen humalluksen tunteen enkä kyennyt seisomaan kun muutaman minuutin verran.

Minut ohjattiin sen jälkeen kookoslehtikatoksen alle, lähelle temppeliä, minne Chandru ja Amma istuutuivat juttelemaan. Kävin makuulle ja katselin häntä tarkasti. Hän oli ehkä 150 senttiä pitkä, kädet ja jalat olivat pienet ja iho oli tumma. Hän oli enintään kahdenkymmenenviiden vuoden ikäinen. En kyennyt havaitsemaan minkäänlaista säteilyä tai loistetta, joka on yleensä nähtävissä suurten pyhimysten kasvoilla. Itse asiassa hänen kasvonsa näyttivät tavallisen ihmisen kasvoilta. Hän oli hyvin rakkaudellinen Chandrua kohtaan, aivan niin kuin hän olisi tämän oma äiti.

Maattuani siinä muutamia tunteja sanoin Chandrulle: "Puhut pitkään. Kello on jo yli puolenpäivän. Eikö mieleesi ole tullut, että Amma saattaa olla nälkäinen? Aamulla, kun hän laittoi sormensa kulmakarvojeni väliin temppelissä, tunsin, että hän tärisi kuin hänellä olisi nälkä. Hän saattaa tuntea olonsa heikoksi. Miksi et antaisi hänelle ruokaa?"

Chandru käänsi sanani Ammalle ja he molemmat nauroivat.

"Vapina ei johdu heikkoudesta. Sitä on kaiken aikaa. Se johtuu siitä voimasta, mikä värähtelee jatkuvasti hänen sisällään. Katsohan hänen käsiään tarkasti. Ne vapisevat hieman kaiken aikaa. Sillä ei ole mitään tekemistä sairauden tai heikkouden kanssa", Chandru vastasi.

Menimme sitten taloon, joka sijaitsi temppelin vierellä. Minulle kerrottiin, että täällä hänen vanhempansa ja sisaruksensa asuivat. Näytti siltä, että hän asui mieluummin yksin temppelissä tai ulkona hiekalla. Minulle kerrottiin, että jopa sadekauden aikana hänet saattoi löytää nukkumasta tai istumasta sateessa kehostaan välittämättä. Hän tuli ja istuutui taakseni laittaen kätensä juuri siihen kohtaan selkärankaani, jossa tunsin kaikkein eniten kipua.

Amma kääntyi minun puoleeni ja sanoi:

"Poikani, jokainen joutuu kokemaan aikaisempien tekojensa seurausvaikutukset. Johtuen pahoista teoistasi jossakin aikaisemmassa elämässäsi sinä joudut nyt kärsimään. Mutta se koituu lopulta hyödyksesi. En usko, että yksikään lääkäri voi löytää syytä sairaudellesi. Tämä on tullut sinulle Jumalan tahdosta, jotta pääsisit korkeammalle tasolle henkisessä elämässäsi. Olisi virhe, jos Amma poistaisi sen. Jos otat sairauden ilolla vastaan Jumalan lahjana ja itket Häntä, keskittäen mielesi Häneen, silloin sinun ei tarvitse syntyä uudelleen. Toisaalta, jos Amma poistaa tämän vaikeuden sinulta, sinun pitää varmasti syntyä uudelleen ja kärsiä vielä enemmän kuin nyt."

Sitten Chandru pyysi kuumaa vettä ja valmisti minulle maitoa maitojauheesta ja antoi minulle hieman leipää.

"Kuinka pitkään olet syönyt tällä tavoin?" Amma kysyi.

"Noin kolme kuukautta. Mitä hyvänsä syönkin, se aiheuttaa minulle kovia vastakipuja. Jopa tämäkin aiheuttaa minulle kipua, mutta täytyyhän minun kuitenkin syödä jotakin", vastasin.

Minut majoitettiin yhteen talon huoneista. Uupunut kun olin, niin vaivuin uneen ja heräsin keskellä yötä nähdäkseni Chandrun ja Amman keskustelevan huoneessa. Amma antoi minulle jälleen jotakin syötävää ja minä vaivuin uudelleen uneen. Kun heräsin neljän aikaan, huomasin heidän yhä juttelevan. Eikö hän nuku, ihmettelin. Myöhemmin huomasin, että hän nukkui yleensä vain kaksi tai kolme tuntia, joko päivällä tai yöllä, mikä parhaiten sopi.

Seuraavana aamuna Chandru ja Amma tulivat ja istuutuivat lähelleni ja alkoivat puhua.

"Minkälaisia henkisiä harjoituksia sinä teet?" Amma kysyi.

"Toistan Jumalan nimeä ja harjoitan myös Itsen tutkiskelua. Onko tarpeen saada vihkimys mantran käyttöön? Onko olemassa mitään eroa sillä, että toistaa Jumalan nimeä tai gurun antamaa mantraa?" kysyin.

"Toistamalla Jumalan nimeä voi epäilemättä saavuttaa oivalluksen Jumalasta, mutta gurun antama vihkimys antaa opetuslapselle vahvan uskon jatkaa harjoitustaan luottaen siihen, että gurun voima on hänen tukenaan", Amma vastasi. "Sinä olet taivaltanut tiedon tietä jo pitkään, etkä ole silti saavuttanut sitä mitä tavoittelet. Miksi et yritä itkeä Jumalaa tai guruasi Ramanaa? Saatat onnistua sillä tavoin."

"Kuinka on mahdollista itkeä ilman mitään syytä? Tulisi olla syy itkeä. Eikö totta?" sanoin.

"Eikö sairautesi ole tarpeeksi hyvä syy? Tuskin kykenet liikkumaan ja makaat sängyssä kaiken aikaa. Et voi edes syödä. Sinun tulisi ottaa gurusi kuva ja pitää sitä vierelläsi, itkeä, että hän paljastaisi itsensä sinulle ja vapauttaisi sinut kaikesta surustasi. Yritä sitä. Ei se ole niin mahdotonta kuin ajattelet", hän sanoi minulle. "Meidän pitää mennä sukulaisen talolle, saaren toiseen päähän. Tulen takaisin kahden tai kolmen tunnin kuluttua."

Sanottuaan tämän Amma nousi ylös ja lähti äitinsä kanssa.

Neljä tuntia oli mennyt eikä Amma ollut tullut takaisin. Halusin syödä ja pyysin Chandrua antamaan minulle tavallisen maitoni ja leipäni. Kun laitoin lusikkaa suuhuni, aloin itkeä. 'Mitä tämä on?', ajattelin ja laitoin lusikan alas. Itku loppui. Kun laitoin jälleen lusikan suuhuni, itku alkoi jälleen. Yritin kolme tai neljä kertaa ja sama ilmiö toistui. Chandru katsoi minua kasvoillaan huolestunut ilme.

"Onko vatsassasi noin paljon kipua?" hän kysyi.

"Ei, en tiedä, mistä on kysymys. Yhtäkkiä Amman kuva ilmestyi mieleeni ja aloin itkeä kuin vauva. Tunsin valtavan kaipuun ja levottomuuden saada nähdä hänet sillä hetkellä. Ehkä hän on tehnyt jotakin saadakseen minut tuntemaan näin", vastasin.

"Aion istua ulkona auringossa ja toistaa mantraani. Ehkä se saa hänet palaamaan nopeammin", Chandru sanoi ja meni ulos.

Nousin ylös ja menin viereiseen huoneeseen. Siellä roikkui Amman valokuva. Heti kun kohdistin silmäni siihen, aloin itkeä.

Tunsin niin kuin olisin nähnyt Jumalan valokuvassa. Koko olemukseni järkkyi ja mieleni keskittyi siihen. Menin takaisin ja istuin sängylle.

Juuri silloin Amman äiti tuli juosten huoneeseen. "Amma tulee. Me olimme toisella puolella takavesiä emmekä kyenneet saamaan venettä, jolla olisimme päässeet joen yli. Amma alkoi huutaa: 'Chandru istuu kuuman auringon alla ja Neal itkee saadakseen nähdä minut. Jos et löydä venettä pian, minä uin joen yli!' Jotenkin me onnistuimme saamaan veneen heti sen jälkeen."

Sanottuaan tämän hän katsoi kyyneleisiä kasvojani ihmeissään. Juuri sillä hetkellä Amma tuli huoneeseen.

"Itket?" hän kysyi viattomasti, aivan kuin ei olisi tiennyt mitään.

En kyennyt nostamaan kasvojani katsoakseni häntä. Hän oli nöyryyttänyt minua ja minä tunsin itseni mitättömäksi hänen edessään. Mieleni ja sydämeni olivat pelkkiä leikkikaluja hänen käsissään. Chandru tuli sisään ja kertoi hänelle, mitä oli tapahtunut, kun hän oli ollut poissa. Minulla ei ollut aikomustakaan sanoa mitään, niinpä istuin hiljaa ja odotin.

"Tänään on *darshan*. Paljon ihmisiä saapuu nähdäkseen Krishnan ja Jumalallisen Äidin. Laulaminen alkaa nyt. Chandru, näytä sinä Nealille, missä hän voi istua, kun Devi-*bhava* alkaa."

Opastaen näin Chandrua Amma lähti huoneesta. *Darshan* tarkoitti Amman kohtaamista, jota hän antoi ihmisille kolmena iltana viikosta ja *'bhava'* oli sana, joka tarkoitti sitä muutosta, minkä hän kävi lävitse noina hetkinä.

Laulu jatkui noin tunnin ajan, kunnes Amma nousi ylös ja meni temppeliin. Chandru pyysi minua istumaan temppelin verannalla, jotta voisin nähdä esteettä. Amma lauloi Krishnalle omistetun laulun ja kun hän oli päässyt sitä puoleenväliin, hänen

Amma 1979

kehonsa täristi yhtäkkiä. Tunsin näkymättömän voima-aallon tulevan temppelistä ja vyöryvän ylitseni. Ihokarvani nousivat pystyyn ja olin täynnä henkistä autuutta. Sydämeni raskaus, joka oli vaivannut minua pitkittyneen sairauteni takia, katosi hetkessä. Chandru tuli ja vei minut temppeliin.

Amma seisoi nurkassa. Hän oli pukeutunut Krishnaksi ja hänellä oli pieni kruunu päässään, jossa oli jopa pieni riikinkukon sulkakin. Kyse ei ollut vain asusta. Hänen kasvonsa loistivat jumalallista valoa ja minulle tuli tunne siitä, että todella näin Herra Krishnan itsensä. Chandru työnsi minut hänen lähelleen. Hän halasi minua rakkaudella ja silitti selkääni kipeää selkärankaani pitkin. Koko hänen kehonsa värähteli hämmästyttävällä tavalla. Sitten hän katsoi minua suoraan silmiin. Nuo silmät. Missä olin nähnyt tuollaiset silmät? Ratnamjilla oli ollut tuollaiset silmät Jumalaan sulautumisen hetkinään. Ramana Maharshilla oli aina tuollaiset silmät. Ne olivat sellaisen ihmisen silmät, joka oli yhtä korkeimman todellisuuden kanssa, täynnä rauhaa ja jotka tuntuivat tanssivan sisäisessä autuudessa. Hän syleili minua vielä kerran rakkaudella ja minä purskahdin itkuun.

Jos Jumala oli olemassa maan päällä, niin Hän oli Amman olemuksessa. Olin viimeinkin tullut aarteiden aarteen luo. Hän näytti, että voisin seisoa hänen vierellään. Katselin nyt paikaltani, kuinka hän vastaanotti jokaisen ihmisen, joka tuli hänen luokseen. Hän antoi rakkaudentäyteisen halauksen jokaiselle, ja painoi hetkeksi sormensa heidän kulmakarvojensa väliin. Sitten hän antoi heille palasen banaania ja juotti heille hieman pyhää vettä puhuen samalla heille rohkaisevasti. Jos heillä oli jokin sairaus, hän kosketti sairastunutta kohtaa. Pienten lasten annettiin ensin tulla hänen kanssaan temppeliin. He tulivat lähinnä banaanin takia! Amman jumalallista autuutta ilmaiseva ilme ei muuttunut

hetkeksikään. Hän istui siellä viisi tai kuusi tuntia, kunnes vii-
meinenkin ihminen oli saanut hänen *darshaninsa*. Kiirettä ei
ollut. Hän ilmaisi samanlaista kärsivällisyyttä ja huolehtivaisuutta
miehille ja naisille, lapsille ja vanhuksille, rikkaille ja köyhille. Se
ilmensi todellista tasa-arvoisuutta. Hän oli täydellisen tietoinen
ja tarkkaavainen kaiken suhteen. Siinä ei ollut mitään samanlaista
verrattuna heihin, joiden olin nähnyt olevan armon vallassa.
Tässä oli Jumal-oivalluksen saavuttanut sielu, joka oli vakiintunut
mielentyyneyteen. Miten ihmeellistä, että hän kykeni salaamaan
itsensä niin täydellisesti, että kukaan ei kyennyt ymmärtämään,
kuka tai mikä hän oli! Istuin siellä hämmästyneenä. Tässä pienessä
kalastajakylässä eli tällainen olento kenenkään tietämättä. Olin
kuullut, että tällaisia olentoja oli olemassa, jotka salasivat sen, että
he olivat täydellisiä tietäjiä. Nyt sain itse nähdä sellaisen. Olin
tullut tänne terveyteni takia. Olin nyt häpeissäni itsekkyyteni
tähden ja päätin turvautua tähän suureen sieluun, jotta hän ohjaisi
minut Jumal-oivallukseen.

Tulin vastahakoisesti temppelistä ja kävin makuulle talossa.
Kipujeni ja heikkouteni vuoksi en yksinkertaisesti kyennyt istu-
maan tai seisomaan siellä pidempään, vaikka olisinkin halunnut
olla siellä loputtomasti. Krishna-bhavan loputtua Amma tuli
huoneeseeni muutamien oppilaiden kanssa ja istuutui lattialle.
Laskeuduin sängystäni lattialle makaamaan. Tunsin itseni liian
nöyräksi voidakseni maata korkeammalla tasolla kuin hän istui.

"Mitä pidit Krishna-bhavasta?" hän kysyi.

"Amma, sinä olet hyvin ovela teeskennellessäsi, ettet tiedä
mitään, kun itse asiassa tiedät kaiken", minä vastasin.

Hän nauroi.

"Todellakaan, minä en tiedä mitään", hän sanoi. "Olen vain
hullu tyttö!"

Hullu todellakin!

Puoli tuntia myöhemmin Amma meni temppeliin jälleen. Tällä kertaa hän lauloi laulun Deville, Jumalalliselle Äidille. Jälleen hänen kehonsa tärisi ja muutaman minuutin kuluttua hän seisoi siellä Kalina, Jumalallisen Äidin hurjana olemuspuolena. Myötätunnosta ja armosta Jumalallinen Äiti omaksuu tämän hurjan olemuspuolensa herättääkseen ihmiskunnassa pelkoa, jotta ihmiset vakavassa mielessä korjaisivat virheellisen toimintatapansa. Hyvän vanhemman tulee olla ystävällinen ja rakastava, mutta samaan aikaan hänen ei tule epäröidä rangaista tai kurittaa lasta, joka on lähtenyt harhapoluille. Jos lapsi ei pelkää ja kunnioita vanhempiaan, hän ei epäröi tehdä mitä haluaa, oli se sitten hyvää tai pahaa. Esi-isämme eivät koskaan uskoneet, niin kuin tämän päivän psykologit, että lasten pitäisi saada kasvaa, kuten itse haluavat, niin kuin villit rikkaruohot. Elämällä on tarkoitus ja päämäärä, ja saavuttaaksemme sen, ymmärrys oikeasta ja väärästä tulee istuttaa meihin jo lapsuudessa. Vanhempien velvollisuus on opettaa nämä arvot lapsilleen. Eettinen ymmärryskyky ei ole luonnollista ihmiseläimelle, niinpä se tulee opettaa ja hankkia.

Amman hurja olomuoto, jossa hän piti miekkaa yhdessä kädessään ja kolmikärkeä toisessa, innosti ihmisiä tulemaan hänen luokseen, jotta he voisivat pitää mielensä puhtaana, edes silloin kun he olivat hänen läheisyydessään. Maallinen oppilas, joka ei kyennyt keskittämään mieltään Jumalaan edes minuutiksi 24 tunnin aikana, kykeni saavuttamaan voimallisen keskittyneisyyden muutaman tunnin ajaksi ollessaan hänen lähellään. Ajan myötä, kun yhä enemmän henkisiä oppilaita saapui hänen luokseen, Amman hurja olemuspuoli Devi-bhavan aikana koki muutoksen, kunnes lopulta siitä tuli täysin rauhallinen ja tyyni.

Hän jopa lakkasi pitämästä miekkaa ja kolmikärkeä käsissään pitäen sen sijaan kukkasia.

Menin temppeliin ja minua kehotettiin jälleen istumaan hänen vierellään. Hän piti päätäni sylissään ja silitti selkääni. Koin, että olin todellakin itsensä Jumalallisen Äidin sylissä. Hänen olemuksensa ja persoonallisuutensa oli nyt täysin erilainen kuin silloin kun hän oli Krishna tai Amma. Ihmettelin, millä tavoin nämä erilaiset persoonallisuudet kykenivät elämään samaan aikaan, samassa henkilössä. Hän näytti olevan ilmiselvästi tietoinen siitä, mitä tapahtui kaikkina aikoina. Ihminen oli sama, mutta hänen persoonallisuutensa ja olemuksensa muuttuivat. Päätin kysyä tästä häneltä jälkikäteen.

Istuin siellä niin pitkään kuin kykenin ja sitten palasin taloon ja asetuin makuulle. *Darshan* loppui neljältä aamuyöllä, jolloin hän kutsui minut temppeliin palattuaan tavalliseen mielentilaansa. Olin tuonut pienen magnetofoninauhurin mukanani, niin kuin Chandru oli ehdottanut, jotta Amma voisi kuulla joitakin Avadhutendrajin lauluja. Hän pyysi minua soittamaan niitä. Kun hän kuunteli niitä, kyyneleet valuivat hänen poskilleen. Hän oli ilmiselvästi ekstaasissa. Oliko tämä se sama henkilö, jonka olin nähnyt Itse Jumalana muutamia tunteja aiemmin? Istuin hänen seurassaan hetkisen ja menin sitten sänkyyn, mutta uni ei tullut. Tunsin, että minut oli ladattu voimakkaalla autuuden virralla, joka virtasi kehoni läpi tehden nukkumisen mahdottomaksi. Itse asiassa seuraavien kolmen päivän aikana en käytännössä nukkunut lainkaan.

Seuraavana aamuna Amma tuli katsomaan, miten voin. Päätin käyttää tilaisuutta hyväkseni saadakseni epäilykseni selvitettyä.

"Voisitko kertoa, mitä sinä koet *bhavan* aikana?" kysyin.

"Kun minä laulan Krishnalle tai Deville, näen tuon korkeimman olemuspuolen. Kun uhraan itseni kokonaan sille, tunnen sulautuvani Häneen ja tulevani täysin yhdeksi Hänen kanssaan." Sanottuaan näin hän teki kahdella sormellaan V-kirjaimen ja sitten hän toi sormet yhteen, jolloin niistä tuli yksi.

"Miksi sinä teeskentelet, että et tiedä mitään siitä, mitä *bhavan* aikana tapahtuu? Sinä olet ilmiselvästi täysin tietoinen. Olen kuullut Chandrulta, että sukulaisesi ja tietämättömät kyläläiset aiheuttivat sinulle kovasti kärsimystä, sillä he uskoivat sinun olevan hullu. Etkö olisi voinut kertoa heille totuutta?" kysyin.

"Minä olen ottanut hoitaakseni tietyn tehtävän, jonka Jumala on antanut minulle. Tahdon ihmisten palvovan Jumalaa, en minua. He kokevat, että Jumala ottaa minut haltuunsa kolmena iltana viikossa, sen uskon varassa he tulevat tänne ja heidän ongelmansa ratkeavat. Sitä paitsi suurin osa ihmisistä ei tunne henkisen elämän aakkosia. Vaikka kertoisinkin heille totuuden, niin kuka heistä ymmärtäisi sen? Mutta mikä tärkeintä, jos näkee kaiken Jumalana niin, onko silloin enää jäljellä tunnetta siitä, että minä ja muut olemme erillisiä? Hän, joka kokee, että on jotakin erikoista ja että muut rämpivät tietämättömyydessä, hänellä on varmuudella vielä pitkä matka Jumalan oivaltamiseen."

Suurella vaivalla sain selvitettyä jotakin Amman elämästä. Koska hän oli luonnostaan nöyrä, hän puhui itsestään vain pitkän houkuttelun jälkeen. Silloinkin hän tuli levottomaksi ja lähti ennen kuin oli kertonut loppuun asti mitään tapahtumaa.

Antaumuksen siemen oli ollut hänen sydämessään varhaisimmista vuosista alkaen. Hän oli pitänyt Krishnaa rakastettunaan ja ryhtynyt säveltämään lauluja hänelle jo viiden vuoden ikäisenä. Hän oli pitänyt aina Krishnan pientä valokuvaa alushameessaan ja ottanut sen aina silloin tällöin esille puhuen hänelle. Kun hän oli ollut kahdeksan tai yhdeksän vuoden ikäinen, hänen äitinsä oli sairastunut, jolloin kotitaloustöiden taakka oli jäänyt hänen hartioilleen. Hän oli ollut pakotettu jäämään pois koulusta, vaikka hän olikin mennyt seurakunnan kouluun oppiakseen ompelemaan. Hänen äitinsä ja veljensä olivat olleet ankaria kurittajia, jotka eivät olleet epäröineet lyödä tai potkia häntä, jos he olivat kokeneet, että hänen käytöksessään oli ollut jotakin sopimatonta. Hänen veljensä erityisesti oli aiheuttanut hänelle paljon kärsimystä, sillä hän oli vastustanut sisarensa antaumusta Jumalalle ja oli haukkunut häntä jatkuvasti siitä, että hän oli laulanut kovaäänisesti Jumalan nimeä.

Aamukolmesta iltayhteentoista hän oli lakaissut pihaa, syöttänyt lehmiä, keittänyt ruokaa, pessyt kattiloita ja pannuja, pessyt perheen vaatteita ja tehnyt lukemattomia muita tehtäviä. Ja niin kuin tässä ei olisi ollut tarpeeksi, hänet oli lähetetty vieläpä auttamaan taloustöissä sukulaistensa koteihin. Kaiken aikaa hän oli toistanut Jumalan nimeä hengityksensä tahdissa odottaen päivää, jolloin hän voisi nähdä Herran, Sri Krishnan. Hän oli tavannut antaa kaiken mitä talosta oli löytynyt köyhille ja nälkäänäkeville, mutta kun tämä oli havaittu, hänen päälleen oli heitetty kuumaa vettä. Kerran hänet oli sidottu puuhun ja hänet oli piesty vereslihalle, koska hän oli antanut äitinsä kultaisen rannekkeen nälkäänäkevälle perheelle.

Kun hän oli tullut murrosikään, hän oli alkanut nähdä jatkuvasti näkyjä Krishnasta ja kokenut samaistuvansa häneen. Hän oli lukinnut itsensä kotinsa pieneen rukoushuoneeseen tanssien ja laulaen Jumal-tietoisuuden autuudessa tai hän oli saattanut vaipua tuntikausiksi meditaatioon, täysin tietämättömänä ulkomaailmasta. Toisinaan hänet oli löydetty istumasta tiedottomana kylpyhuoneesta kyynelten valuessa hänen kasvoillaan ja hänen mumistessa:

"Krishna, Krishna."

Suurin vaikeuksin hänen äitinsä oli saanut hänet palaamaan ulkoiseen tietoisuuteen. Lopulta hänen sisäinen oivalluksensa oli ilmennyt ulkomaailmalle.

Kun Amma oli ollut eräänä päivänä poimimassa ruohoa lehmille, hän oli kuullut, että naapuritalon pihamaalla oli ollut menossa esitelmä Krishnasta. Hän ei ollut enää kyennyt hallitsemaan itseään, vaan hän oli juossut paikan päälle ja seissyt siellä Krishnaa ilmentäen. Kyläläiset eivät olleet kyenneet täysin ymmärtämään, mitä tälle nuorelle tytölle oli oikein tapahtunut. Monet olivat uskoneet, että Krishna oli ottanut hänet valtaansa, toiset taas olivat ajatelleet, että hän oli saanut jonkinlaisen kohtauksen. Kukaan ei ollut kyennyt ymmärtämään, että hän oli tullut yhdeksi Krishnan kanssa. Väkeä oli alkanut kerääntyä paikalle. Häntä oli pyydetty tekemään ihme todistaakseen, että hän oli Krishna. Ensi alkuun hän oli kieltäytynyt sanoen, että heidän tulisi nähdä todellinen ihme, Jumala sisällään, mutta myöhemmin hän oli suostunut heidän toivomuksiinsa.

Erästä miestä oli pyydetty tuomaan pieni vesikannu ja laittamaan sormensa sen sisään. Ja katso! Vesi oli muuttunut makeaksi vanukkaaksi, jota oli jaettu kaikille läsnäolijoille. Tuosta pienestä kannusta lähes tuhat kyläläistä oli saanut oman osansa vanukasta ja silti kannu oli ollut yhä täysi. Siitä lähtien moni oli uskonut, että Krishna oli todellakin tullut siunaamaan heidän kyläänsä.

Tämä ei kuitenkaan ollut mikään siunaus Ammalle. Monet kyläläiset ja jopa lähisukulaiset uskoivat, että kyse oli huijauksesta ja häpeästä perheen nimeä kohtaan, niinpä he olivat yrittäneet tappaa hänet. He olivat myrkyttäneet hänen ruokansa ja yrittäneet

iskeä häntä veitsellä. He olivat kuitenkin epäonnistuneet kaikissa yrityksissään ja joutuneet itse asiassa erilaisiin onnettomuuksiin pian sen jälkeen.

Noin kuusi kuukautta oli kulunut tällä tavoin, jonka jälkeen eräänä päivänä Ammassa oli kehittynyt halu nähdä Jumalallinen Äiti, samalla tavoin kuin hän oli jo aiemmin nähnyt Krishnan. Hän oli ajatellut, että meditaation ja itsekuriharjoitusten avulla hän voisi saada osakseen Devin suosion, niinpä hän oli viettänyt kaiken aikansa mietiskellen syvästi hänen hahmoaan. Toisinaan hän oli ollut täynnä levottomuutta toivoessaan näkevänsä Devin jumalallisessa näyssä, jolloin hän oli itkenyt niin kuin lapsi äitiään. Hänet oli usein löydetty makaamasta hiekassa, kasvot kyynelten ja hiusten juovittamina, korvat ja silmät täynnä mutaa. Hän ei ollut välittänyt suojella kehoaan luonnolta, niinpä hän oli istunut tai maanut keskipäivän kuuman auringon alla tai rankkasateessa. Hänen kaipauksensa voimasta ja hänen keskeytyksettömästä Devin ajattelemisestaan johtuen hän oli alkanut nähdä koko maailmankaikkeuden Devin, Jumalallisen Äidin ilmentymänä. Hän oli suudellut puita, syleillyt maata ja itkenyt tuulen koskettaessa hänen ihoaan ajatellen, että se oli Äidin kosketusta. Kaipauksestaan ja itsekuriharjoituksistaan huolimatta hän ei ollut saanut nähdä Jumalallisen Äidin persoonallista hahmoa, joka oli hänen kaipauksensa kohde.

Lopulta Jumalallinen Äiti oli ilmestynyt hänen eteensä elävässä muodossaan puhuen hänelle. Hän oli kertonut Ammalle, että hän oli syntynyt maailman hyväksi, että hänen tulisi osoittaa ihmisille polku, joka johtaa sulautumiseen todellisen Itsen kanssa. Hymyillen armollisesti Jumalallinen Äiti oli muuttunut säteileväksi valoksi ja sulautunut Ammaan. Amman omin sanoin:

"Tuosta hetkestä alkaen lakkasin näkemästä maailman ulko-
puolellani olevana, aloin nähdä kaiken omana Itsenäni."

Hän oivalsi oman todellisen olemuksensa muotojen maail-
man tuolla puolen, joka sisälsi kuitenkin kaikki muodot, jopa
Jumalan muodon. Siitä lähtien hän alkoi ilmentää Krishna-bha-
van lisäksi Devi-bhavaa. Tämä ei kuitenkaan tarkoittanut Amman
ongelmien päättymistä.

Amman luokse alkoi tulvia ihmisiä, mikä saattoi synnyttää
kateutta joissakin ihmisissä, jotka jatkoivat hänen kiusaamistaan
tai kenties he vain nauttivat saadessaan aiheuttaa hänelle ongel-
mia. Jotkut ilmoittivat hänestä poliisille ja yrittivät saada hänet
pidätetyksi sillä perusteella, että hän häiritsi yleistä rauhaa, mutta
nähdessään Amman säteilevän ja autuaallisen olemuksen poliisi
kumarsi hänelle ja meni pois. Salamurhaaja palkattiin nitistämään
hänet *darshanin* aikana. Tämä astui temppeliin veitsi piilotettuna
vaatteisiinsa. Amma katsoi häntä säteilevästi hymyillen, mikä sai
hänet katumaan pahoja aikeitaan. Langeten Amman jalkojen
juureen hän pyysi anteeksi ja näin hänestä tuli muuttunut mies.

Siinä vaiheessa, kun minä tulin hänen luokseen, tilanne oli
enemmän tai vähemmän rauhoittunut, vaikka edelleen oli joukko
kyläläisiä, jotka vastustivat häntä.

Eräänä päivänä Amman isä oli saanut tarpeekseen vaikeuk-
sista, jotka olivat syntyneet sen jälkeen, kun Amma oli alkanut
ilmentää jumalallisia mielentiloja ja mikä myös oli tuonut väki-
joukot mukanaan. Hän lähestynyt Ammaa Devi-bhavan aikana
ajatellen, että Devi oli ottanut hänen kehonsa valtaansa. Niinpä
hän oli esittänyt pyynnön:

"Minä haluan tyttäreni takaisin samanlaisena kuin hän oli
ennen. Ole hyvä ja mene pois."

"Jos minä menen", Amma vastasi, "sinun tyttärestäsi tulee eloton ruumis."

Ohittaen tyttärensä sanat isä oli edellyttänyt, että hänen vaatimukseensa suostutaan. Samassa Amma oli pudonnut kuolleena siihen paikkaan. Kahdeksaan tuntiin hänen kehossaan ei ollut ollut elonmerkkiä. Tästä oli syntynyt sekasorto ja isä oli syyttänyt itseään siitä, että hän oli aiheuttanut tyttärensä ennenaikaisen kuoleman. Hänen ruumiinsa ympärille oli sytytetty lamppuja ja ihmiset olivat rukoilleet, että Jumala toisi hänet takaisin elävien kirjoihin. Isä oli ymmärtänyt nyt virheensä ja katunut ankarasti, hän oli kaatunut maahan temppelin edustalla ja pyytänyt itkien:

"Anna minulle anteeksi, Jumalallinen Äiti! Minä olen tietämätön ihminen. En tule enää koskaan sanomaan tällaisia sanoja. Pyydän, tuo tyttäreni takaisin elämään."

Hiljalleen Amman kehossa oli alkanut näkyä liikettä. Lopulta hänen kehonsa tila oli palautunut normaaliksi. Siitä hetkestä alkaen hänen vanhempansa eivät enää olleet asettaneet minkäänlaisia rajoituksia hänelle, ja hän oli saanut tehdä enemmän tai vähemmän sen mitä oli itse halunnut.

Ammalla oli kaksi naimatonta sisarta, jotka olivat huolehtineet kotitöistä ja jotka olivat käyneet myös koulua. Muutamat nuoret miehet, joita Amman äidillinen rakkaus ja henkiset puheet olivat vetäneet puoleensa, olivat halunneet viettää enemmän aikaa hänen seurassaan *darshanin* jälkeen, mutta hänen isänsä ei ollut sallinut sitä. Hän oli pelännyt, että heidän pyrkimyksensä ei ollut ollut täysin viaton ja että ongelmia olisi saattanut syntyä suhteessa hänen toisiin tyttäriinsä. Hän oli ajanut nämä pojat tiehensä heti, kun *darshan* oli päättynyt.

Chandru oli ollut yksi näistä nuorista miehistä ja häntä oli loukannut isän käytös. Eräänä päivänä hän oli vedonnut Ammaan sanoen:

"Jos isäsi jatkaa tällaista käytöstä, kuinka tästä paikasta voisi koskaan kehittyä ashram taikka turvapaikka vilpittömille henkisille etsijöille? Hän on epäystävällinen sinua ja heitä kohtaan, jotka haluavat oleilla läheisyydessäsi. Sitä paitsi täällä ei ole ketään, joka huolehtisi sinun tarpeistasi. Sinulla ei ole edes peitettä, jolla peittelisit itsesi, eikä sopivaa ruokaa mitä syödä. En kestä katsella sitä, että asiat jatkuvat tällä tavoin."

Amma oli lohduttanut häntä, hymyillyt ja sanonut:

"Poikani, älä ole huolissasi. Mene Arunachalaan ja vanno vala, että harjoitat hiljaisuutta neljäkymmentä päivää. Kaikki tulee olemaan hyvin, kun palaat. Arunachalassa tulet tapaamaan ne ihmiset, jotka tulevat huolehtimaan minusta ja tulevaisuuden ashramista. Tulet myös tapaamaan lapsiani, jotka saapuvat Intian ulkopuolelta, eri maista, lapsia, jotka ovat minun omiani. Saat nähdä. Koittaa päivä, jolloin isä tulee toivottamaan sinut lämmöllä ja rakkaudella tervetulleeksi omana poikanaan."

Niin Chandru oli tullut Arunachalaan, ja me olimme tavanneet pian sen jälkeen.

Nyt oli vasta kolmas päiväni Amman seurassa. Koko päivän ajan olin haistanut taivaallisen tuoksun. Ajattelin, että ehkä se oli jokin suitsuke, jota käytettiin temppelissä, mutta en löytänyt sieltä sellaista. Kysyin Ammalta, mistä voisin saada sellaista suitsuketta. Hän nauroi ja sanoi minulle:

"Sellaista tuoksua ei ole missään kaupassa. Se on olemassa jokaisen sisällä, mutta vain joogit tietävät, miten se saadaan esille."

Olin kuullut, että Maharshi oli toisinaan siunannut joitakin oppilaitaan katseensa voiman avulla. Aivan kuin hienostunut valo olisi lähtenyt hänen silmistään, ja kun se oli osunut johonkuhun, tämä oli saanut erilaisia henkisiä kokemuksia. Kysyin Ammalta, voisiko hän toimia samoin minun suhteeni.

"Minä olen vain hullu tyttö. En kykene tekemään mitään", hän vastasi nauraen.

Sinä iltana oli *darshan*. Oleskelin temppelissä niin pitkään kuin kykenin molempien *bhavojen* aikana. Koin, että ilmapiiri temppelin sisällä oli henkisen rauhan täyttämä. Meditaation tila oli helppo saavuttaa vain, kun yritti hieman. Menin makaamaan temppelin taakse. En halunnut mennä sisälle taloon. Halusin olla niin lähellä Ammaa kuin mahdollista. *Darshan* päättyi ja Chandru tuli kutsumaan minua. Hän sanoi, että Devi pyysi minua tulemaan temppelin eteen. Astelin temppelin ympäri sen etupuolelle ja seisoin kasvot häneen päin. Nähdessään minut hän käveli ripeästi luokseni ja antoi minulle rakkaudellisen halauksen. Hän kumartui ja kuiskasi korvaani:

"Älä ole huolissasi, sinun kehosi tulee voimaan paremmin."

Sitten hän asteli hitaasti taaksepäin temppeliin seisoen ovella ja katsellen minua. Kun hän katsoi minua, huomasin, että hänen kasvonsa muuttuivat yhä valoisammiksi. Hiljalleen valoisuus laajeni niin paljon, että se peitti alleen koko hänen kehonsa, sitten temppelin ja jopa sen ympäristön. En nähnyt mitään muuta kuin loistavan, rauhoittavan valon. Yhtäkkiä valo supistui pieneksi pisteeksi, jonka kirkkaus sai minut siristämään silmiäni. Hetkeä myöhemmin se katosi. Näin jälleen Amman, joka hymyili minulle. Temppelin ovet suljettiin ja *darshan* päättyi.

Tunsin selvästi, että Amma oli tullut minuun. Mieleni oli täynnä vain häntä koskevaa ajatusta ja tunsin hänen läsnäolonsa sisälläni. Tunsin, että olin saanut nähdä välähdyksen hänen todellisesta olemuksestaan, jumalallisesta valosta. Ihmettelin hänen mestarillista kykyään peittää todellinen olemuksensa suurena tietäjänä ja antaa vaikutelma itsestään melko tavallisena ja toisinaan jopa hulluna. Hän oli todellakin ainutlaatuinen persoona. Oli olemassa tietäjiä, jotka neljänkymmenen tai viidenkymmenen vuoden intensiivisen meditaation seurauksena saavuttivat Itse-oivalluksen, mutta hänen tilanteensa oli aivan toisenlainen. Kuusi- tai seitsemäntoistavuotiaasta alkaen hän oli vakiintunut korkeimpaan tilaan ja hän oli käyttänyt sitä tavallisten ihmisten hyväksi ilmaisematta todellista olemustaan ja välittämättä siitä, että häntä oli pahoinpidelty. Hän ei ollut menettänyt koskaan kärsivällisyyttään vaan oli osoittanut tasa-arvoisesti rakkautta kaikille, jotka olivat tulleet hänen luokseen, jopa heille, jotka olivat halunneet vahingoittaa häntä.

Kun puhuimme ihmisistä, jotka olivat halunneet vahingoittaa häntä, hän sanoi eräänä päivänä:

"Heidän väärät käsityksensä saivat heidät puhumaan ja käyttäytymään sillä tavalla. He eivät kyenneet oivaltamaan henkisen elämän merkitystä ja tarkoitusta. Koska tilanne oli tämä, miksi olisimme vihaisia heille? Katso näitä kauniita ruusuja. Kuinka hieno tuoksu niissä onkaan. Mutta mitä me annamme niille saadaksemme ne kasvamaan? Lantaa! Kuinka suuri ero onkaan kauniin ruusun ja pahalta haisevan lannan välillä. Samalla tavoin esteet saavat meidät kasvamaan henkisesti. Tietämätön ihminen synnyttää luonnostaan vaikeuksia. Meidän tulee rukoilla Jumalaa, että hän antaisi heille anteeksi ja ohjaisi heidät oikealle tielle."

Seuraavana aamuna Amma tuli luokseni ja kysyi, olinko nauttinut *darshanista* edellisenä iltana. Kerroin hänelle kokemuksestani.

"Sinä olet hyvin onnekas. Minä koin, että sisäinen valoni tuli silmistäni ja sulautui sinuun. Ihmettelin, olitko sinä tuntenut mitään", hän sanoi.

Ramana Maharshin sadatta syntymäpäivää oli tarkoitus viettää kolmen päivän kuluttua. Se tulisi olemaan suuri juhla. Vaikka halusinkin olla Amman seurassa, halusin myös osallistua juhliin Arunachalassa. Amma tiesi, mitä sydämessäni liikkui, niinpä hän kehotti minua menemään Arunachalaan katsomaan juhlallisuuksia. Hän sanoi, että Chandru voisi matkustaa kanssani ja auttaa minua niin kauan kuin vain tarvitsisin apua. Amma oli sitä mieltä, että koska hän ei voinut olla seurassani, oli parempi, että olisin henkisellä polulla olevan oppilaan seurassa. Sitä paitsi minä tarvitsin jonkun, joka huolehtisi minusta. Kysyin, voisinko tulla takaisin ja olla pysyvästi hänen seurassaan, sillä sellainen oli voimakas toiveeni.

"Jos isä ei vastusta, voit tulla ja jäädä", hän vastasi.

Lähestyin hänen isäänsä ja pyysin, että hän sallisi minun jäädä. Hän suostui, mutta sanoi, että olisi hyvä, että rakentaisin itselleni majan. Koska se oli ainoa ehto, sanoin hänelle, että palaisin pian. Silloin Amma sanoi, että tietyt kielteiset voimat vaikuttivat minuun ja että osittain sen takia olin sairas. Hän sanoi, että minun pitäisi olla Tiruvannamalaissa 41 päivää ja suorittaa tietty rituaali, joka tekisi tehottomaksi tuon voiman. Sitten hän selosti minulle yksityiskohtaisesti tuon rituaalin.

Amma kutsui isänsä paikalle ja pyysi häntä esittämään meille tanssin. Nuorena miehenä hän oli opiskellut Keralan perinteistä tanssia, kathakalia. Hän alkoi tanssia ympäri huonetta. Hän ei ollut enää nuori mies, hänestä oli tullut vääräsäärinen ja hänellä oli suurikokoinen vatsa, joka oli kuin pallo. Amma kieriskeli lattialla naurusta. Mitä enemmän nauroimme, sitä nopeammin hän tanssi ja hyppi kuin suuri pallo. Lopulta hän lopetti henkeään haukkoen.

Hyvästellessäni Amman hän otti rukousnauhan kaulastani sanoen:

"Minä pidän tästä."

Sanoin, että pyytäisin tekemään sellaisia hopeasta ja toisin ne hänelle, kun palaisin. Antaessaan minulle äidillisen halauksen hän sanoi minulle:

"Älä ole huolissasi. Amma on aina sinun kanssasi. Ymmärrä, että Ramana Maharshi ja Amma ovat samassa Itse-oivalluksen tilassa. Ero on vain kehossa ja persoonallisuudessa."

Sitten hän saattoi meidät venelaiturille ja seisoi siellä niin kauan, että olimme päässeet takavesien toiselle puolelle. Taksi odotti meitä siellä viedäkseen meidät Chandrun talolle viiden-kymmenen kilometrin päähän. Heti kun pääsimme taksiin, minä purskahdin itkuun muistellessani sitä rakkautta, jota Amma oli osoittanut minulle. En kyennut hallitsemaan itseäni ennen kuin olimme ajaneet viiden kilometrin päähän. Chandru katseli minua ihmeissään. Itkuni ei ollut enää mikään uusi ilmiö, joten hän ei kysynyt syytä siihen. Sanoin kuvaamaton autuus täytti mieleni enkä voinut ajatella mitään muuta kuin Ammaa. Chandru ryhtyi puhumaan jostakin, mutta en kyennyt vastaamaan hänelle. Mieleni ei vain suostunut ajattelemaan mitään. Vaikka olin yhä sairas ja heikko, en välittänyt enää paljoakaan kehostani. Amma oli sanonut, että tilani paranisi. Sen täytyi olla niin, ajattelin.

Kun saavuimme Chandrun talolle, tunsin itseni nälkäiseksi ensimmäistä kertaa kuukausiin. Pyysin hänen äitiään keittämään riisiä ja vihanneksia, jonka söin kokematta paljoakaan vatsa-kipuja. Tuosta päivästä lähtien kykenin syömään normaalisti. Tämän vuoksi aloin hiljalleen saada voimiani takaisin ja kykenin

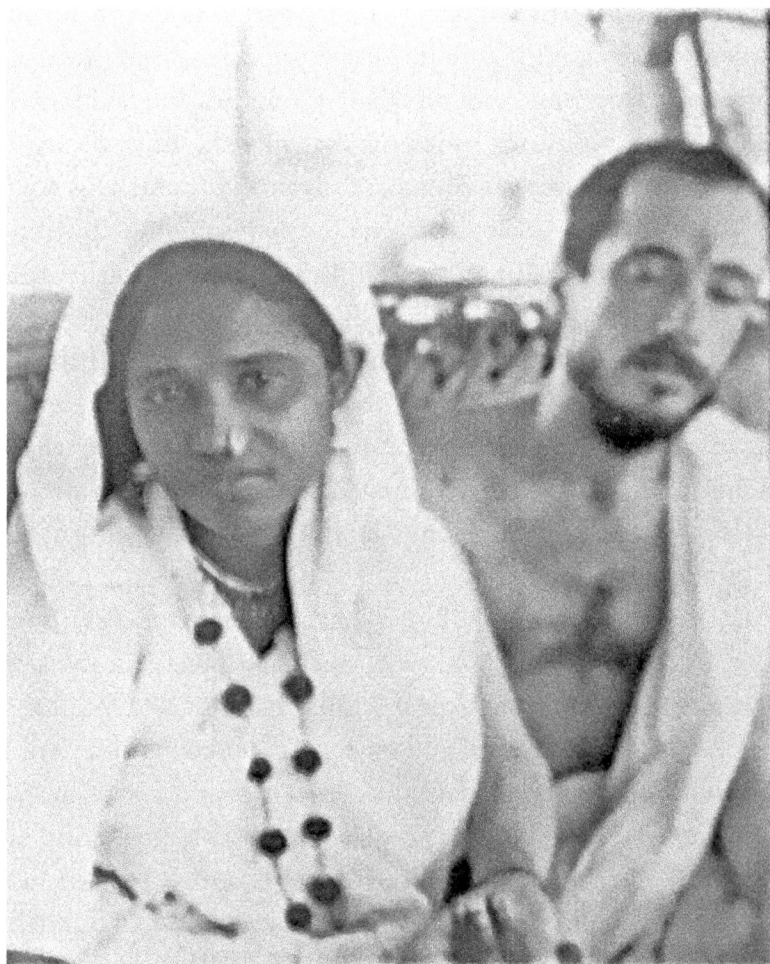

Amma ja Neal – 1980.

tekemään pieniä työtehtäviä. Vaikka oloni oli edelleen heikko ja selkäkivut jatkuivat, tilanne ei ollut enää yhtä paha kuin silloin, kun olin mennyt tapaamaan Ammaa.

Seuraavana päivänä nousimme Tiruvannamalain junaan. Puolen tunnin kuluttua aloin tuntea sen jumalallisen tuoksun, minkä olin haistanut Amman läheisyydessä. Tutkin laukkuani ja oivalsin, että tuoksu tuli siitä rukousnauhasta, mitä Amma oli koskettanut. Tuoksu oli voimakas, aivan kuin joku olisi kaatanut rukousnauhan päälle hajuvettä. Laitoin sen muovipussiin ja pakkasin sen pois. Muutaman minuutin kuluttua tunsin saman tuoksun uudelleen. Minua alkoi jälleen itkettää. Yhtäkkiä tuoksu muuttui jasmiinin kukkien tuoksuksi, sitten tuoreiden sitruunoiden, sen jälkeen tavalliseksi hajuveden tuoksuksi ja lopulta keitettyjen tapiokajuurien tuoksuksi – jotka olivat kaikki sellaisia asioita, joita olin nähnyt Amman lähellä. Silloin kun olimme nähneet hänet, hän oli syönyt tapiokajuurta perusruokanaan, riisin sijasta.

Kutsuin Chandrua ja kysyin, haistoiko hän mitään noista tuoksuista. Ei hän haistanut. Pyysin häntä pitämään nenäänsä lähellä omaani ja kertomaan, haistoiko hän mitään. Muut matkustajat ihmettelivät varmaankin, mitä me oikein puuhasimme. Siitä huolimatta hän ei haistanut mitään, vaikka nuo tuoksut täyttivätkin sieraimeni, kuin noita asioita olisi pidetty nenäni alla. Sen täytyi olla Amman leikkiä, ajattelin. Chandru istuutui takaisin omalle paikalleen. Kahden minuutin kuluttua hän huudahti: "Nyt minä haistan sen!"

Kuudentoista tunnin matkan aikana nuo tuoksut tulivat ja menivät ja niiden mukana tuli tunne Amman läheisyydestä. Epäilemättä ajatus siitä, että joku saattoi olla läsnä, vaikka ei ollutkaan näkyvillä, oli melko abstrakti. Tämä oli kuitenkin meidän kokemuksemme ja Amma vahvisti asian myöhemmin. Oleilimme Tiruvannamalaissa 41 päivää. Ramana Maharshin satavuotisjuhlat olivat todellakin suureelliset ja ne oli toteutettu vaikuttavalla tavalla. Olin iloinen siitä, että saatoin olla todistamassa sitä, vaikka seisoessani Maharshin haudan äärellä, minun mieleni oli Ammassa. Minusta tuntui niin kuin hänestä, joka pitelee kiinni puusta ja jonka pyörremyrsky vie mennessään. Maharshi oli ollut elämäni keskiö ja tuki yhdentoista vuoden ajan. Jopa yhteyteni Ratnamjiin ja Avadhutendrajiin tuntui olevan Maharshin järjestämää ja ohjaamaa. Olin saanut usein tuntea hänen elävän läsnäolonsa hänen hautansa lähellä, ja se oli auttanut ja lohduttanut hämmentynyttä mieltäni. Olin jopa tuntenut, että se hienosyinen valo tai tietoisuuden virta, minkä olin saanut tuntea mielessäni, oli jollakin tavoin yhteydessä Maharshiin.

Seisoessani nyt hänen edessään koin, että tuo sisäinen läsnäolo oli Amma. Oliko tämä seurausta siitä, että hän oli mystisesti tullut minuun tuona iltana ennen lähtöäni hänen luotaan? En epäillyt sitä, enkä ollut pahoillani siitä. Fyysisessä kehossa elävän oivaltaneen sielun seura ja ohjaus ovat aina parempi kuin sellaisen, joka on jättänyt fyysisen kehonsa. Lohdutin itseäni ajattelemalla, että Isä oli lähettänyt minut Äidin luo kasvatettuaan minua tiettyyn rajaan asti.

Rituaali, jonka Amma oli neuvonut minut tekemään, piti sisällään ohjeen mennä Devin temppeliin ennen kahta yöllä ja rukoilla Jumalaa poistamaan kielteisen vaikutuksen, joka vaikutti minuun. Minun tuli pyörittää samalla palavaa kekälettä pääni ympärillä. Tein näin koko tuon 41 päivän ajan. Tuona aikana Chandru teki parhaansa huolehtiakseen tarpeistani. Se oli haastavaa aikaa hänelle. Ratnamji oli kouluttanut minut sillä tavoin tarkasti, että kaikki tuli tehdä tietyllä tavalla. Ei edes tulitikkuaskia saanut laittaa sattumanvaraisesti. Vaadin, että Chandru toimi samalla tavoin. Hän joutui tietenkin ponnistelemaan, mutta myönsi myöhemmin, että se oli hänelle hyödyksi, kun hän joutui jättämään Amman neljäksi vuodeksi lähtiessään opiskelemaan vedantaa Bombayhin.

Tässä vaiheessa tapasin Gayatrin. Hän oli kotoisin Australiasta ja tullut Arunachalaan ilman edeltävää suunnitelmaa. Olosuhteet olivat tuoneet hänet sinne, ja hän oli elänyt siellä kaksi viimeistä vuotta laittaen ruokaa paikallisille henkisille oppilaille ja eläen hyvin kurinalaista elämää. Hänellä ei ollut lainkaan rahaa, ja joinakin päivinä hänen täytyi poimia lehtiä puista, jotta hänellä olisi ollut jotakin tarjota ruoaksi toisille ja itselleen. Jollakin mystisellä tavalla hieman rahaa aina ilmestyi hänelle ja hän kykeni jatkamaan elämäänsä tällä tavoin. Hän oli kuullut Ammasta Chandrulta heidän keskustellessaan ja halusi kovasti tavata hänet. Hän itse asiassa toivoi, että hän voisi tulla niin läheiseksi Ammalle, että voisi palvella häntä henkilökohtaisena avustajana.

Gayatrilla oli havinaisen viaton mieli eikä hän voinut ylläpitää pahaa tahtoa ketään kohtaan pitkään, kohteli tuo toinen häntä sitten kuinka huonosti tahansa. Sen lisäksi hän ei tahtonut elää maallista elämää ja oli riippuvainen siitä, että Jumala auttaisi häntä ja ohjaisi hänet oivallukseen. Meditoidessaan eräänä päivänä hän näki valon välähdyksen ja Amman elävän hahmon sisällään. Hänen sisältään nousi itsestään huuto: 'Äiti, Äiti, Äiti.' Ja sitten kaikki tuo katosi syvään hiljaisuuteen. Siitä lähtien hän oli äärettömän levoton halussaan lähteä Amman luo. Kun hän sai kuulla, että olimme aikeissa lähteä pian takaisin Amman luo, hän pyysi, että saisi lähteä mukaamme. Chandru katsoi minua ja sanoi:

"Minusta tuntuu siltä, että tästä tytöstä saattaa tulla Amman apulainen. Ottakaamme hänet mukaamme."

Sovittuani siitä, että joku huolehtisi taloistani Tirunvanna-malaissa, me kolme lähdimme. Emme olleet kovinkaan tietoisia siitä, että kokonaan uusi elämä olisi aukeava edessämme.

"Amma on mennyt pesulle. Hän palaa pian."

Tämän meille kertoi poika, joka vieraili usein Amman luona niinä päivinä, jolloin ei ollut *darshania*. Hän oli istunut temppelin edessä meditoimassa. Me istuuduimme odottamaan Ammaa. Muutaman minuutin kuluttua hän tuli juosten niin kuin

Amma ensimmäisen majan edessä – 1980

243

pikkutyttö ja tervehti meitä rakkaudellisesti. Me kumarruimme hänen jalkojensa juureen ja esittelimme hänelle Gayatrin. Hän tutki tarkasti Gayatria ja istuutui sitten seuraamme. Chandru kertoi hänelle kokemuksestamme junassa.

"Kun te lähditte, sinä olit hyvin sairas", hän sanoi ja katsoi minua. "Ajattelin sinua ja sen tähden sinä tunsit läsnäoloni."

"Amma, riittääkö se, että vain ajattelet jotakuta ja hän kokee niin kuin olisit siellä? Kuinka se on mahdollista?" minä kysyin häneltä.

"Poikani, tarvitaan keskittymistä ja vasta sitten se on mahdollista. Ensin ajattelen: 'Hän on tietyssä paikassa. Mutta tuo paikka ja kaikki paikat ovat minun sisälläni.' Kun ajattelen näin, mieleni menee tuon ihmisen luo. Jos hänen mielensä on jossain määrin puhdas, hän tuntee varmasti jotakin. Jos kysyt, miksi minun tulee mennä tietyn ihmisen luo, en voi sanoa. Minusta vain tuntuu siltä, siinä kaikki."

Sanottuaan tämän hän alkoi nauraa. Muutama lapsi leikki lähellä. Hän nousi ylös ja alkoi juosta heidän peräänsä ja leikkiä heidän kanssaan. Hän juoksi ja huusi aivan kuin he. Jos ei olisi ottanut huomioon hänen kokoaan, olisi voinut luulla, että hän oli kuusi- tai seitsemänvuotias. Viidentoista minuutin kuluttua hän palasi luoksemme hengästyneenä.

"Pitäisi viettää joka päivä hieman aikaa pienten lasten kanssa", hän sanoi. "Heidän viattomuutensa puhdistaa meitä ja saamme nauttia lapsen onnea. Itse asiassa meidän todellinen olemuksemme on, että olemme Jumalan viattomia lapsia, mutta sallimme sen peittyä itsessämme sellaisilla tunteilla kuten himo, viha ja ahneus. Saman viattomuuden, jonka näet lapsen silmissä, voit nähdä Jumal-oivalluksen saavuttaneen silmissä."

Amma, niin kuin me häntä kutsuimme, pyysi Gayatria istumaan viereensä ja meditoimaan. Muutaman minuutin kuluttua hän laittoi sormensa Gayatrin kulmakarvojen väliin ja katsoi häntä intensiivisesti. Hänellä tuntui olevan tietty tarkoitus tehdä niin. Pidettyään sormeaan tällä tavoin muutaman minuutin ajan hän hymyili yhtäkkiä. Mitä hyvänsä hän oli halunnut tehdä, hän oli ilmiselvästi tehnyt sen. Gayatri avasi hiljalleen silmänsä. Hän oli hyvin ujo ja epävarma Amman edessä.

"Älä ole niin ujo, tyttäreni. Jos tyttö haluaa edetä henkisessä elämässä, tuon ujouden pitäisi poistua. Jotkut miehiset ominaisuudet, kuten takertumattomuus ja rohkeus, naisen pitäisi omaksua, jos hän haluaa menestyä. Naiset eivät ole yleensä kiinnostuneita maallisesta elämästä luopumisesta saavuttaakseen Jumalan. Kuka muuten pitäisi luomista yllä? Mutta jos he pitävät yllä tuota kiinnostusta, he voivat kehittyä jopa nopeammin kuin miehet."

Päätettiin, että minä majoittuisin taloon, Amma ja Gayatri nukkuisivat temppelissä ja Chandru lepäisi mistä sattuisi löytämään suojan kylmältä ja sateelta. Amma otti Gayatrin nukkumaan vierelleen ja nukahti jalat hänen jalkojensa päällä. Amman lapsenomainen viattomuus yhdistyneenä hänen äidilliseen rakkauteensa ja ohjeisiinsa kosketti Gayatrin sydäntä ja sitoi hänet välittömästi häneen. Toisena päivänä hän päätti, ettei koskaan palaisi Arunachalaan.

Noina päivinä Amma vietti kaiken aikansa meidän kanssamme, paitsi silloin kun istui meditaatiossa. Hän syötti meitä omin käsin, laski leikkiä kanssamme tai lauloi lauluja ja kertoi mielenkiintoisia tarinoita. Koskaan ei ollut tylsää hetkeä. Ja kun päivät kuluivat, me huomasimme, että vain Amma oli meidän ajatuksissamme.

Darshan alkoi kuuden aikaan illalla ja jatkui kuuteen tai seitsemään asti aamulla. Jopa sen jälkeen Amma istui temppelin edessä ja keskusteli vierailevien oppilaiden kanssa kymmeneen tai yhteentoista aamupäivällä. Me emme voineet käsittää, miten hän kykeni kestämään sellaista painetta päivä päivän jälkeen. Me emme halunneet nukkua noina kolmena yönä. Kun Amma valvoi koko yön auttaakseen ihmisiä, kuinka olisimme voineet nukkua mukavasti? Aluksi paikalliset ihmiset eivät ymmärtäneet, miksi kaksi ulkomaalaista halusi asua pienessä kalastajakylässä Amman kaltaisen "hullun tytön" kanssa. Kuitenkin pian he alkoivat kokea meidät osaksi omaa väkeään. Me vain koimme voimakasta veto-voimaa Ammaa kohtaan, niin kuin hekin. Amma kielsi meitä paljastamasta vierailijoille ja kyläläisille hänen todellista olemus-taan *mahatmana*. Hän koki, ettei heidän uskoaan saanut häiritä, sillä he kokivat saavansa ongelmansa ratkaistuksi uskonsa avulla.

"Kaikki tulevat oikeaan aikaan, lapseni. Kuka toi teidät tänne? Hän tuo kaiken sen mikä on tarpeen, silloin kun se on tarpeen. Tehkäämme vain oma velvollisuutemme kaipaamatta sen hedel-miä. Amma ei tarvitse mainontaa. He, joiden sydän on puhdas ja jotka janoavat Jumalaa, tulevat, etsivät ja ymmärtävät hänet."

Hän jatkoi kaksoisroolinsa näyttelemistä ollen Jumala *dars-hanin* aikana ja jotakuinkin hullu mutta hurmaava tyttö muina aikoina.

Pian sen jälkeen, kun olimme tulleet Amman luo asettuak-semme sinne pysyvästi, rakennettiin maja, josta tuli ashramin ensimmäinen rakennus. Siinä oli vain yksi huone, tarpeeksi iso, jotta toista puolta voitiin käyttää keittiönä ja toista puolta paik-kana, missä asuttiin ja nukuttiin. Amma ja Gayatri oleskelivat yhdellä puolella, ja Balu, nuori mies, joka oli riittävän onnekas saadakseen isän suostumuksen asua kanssamme, oleskeli majan

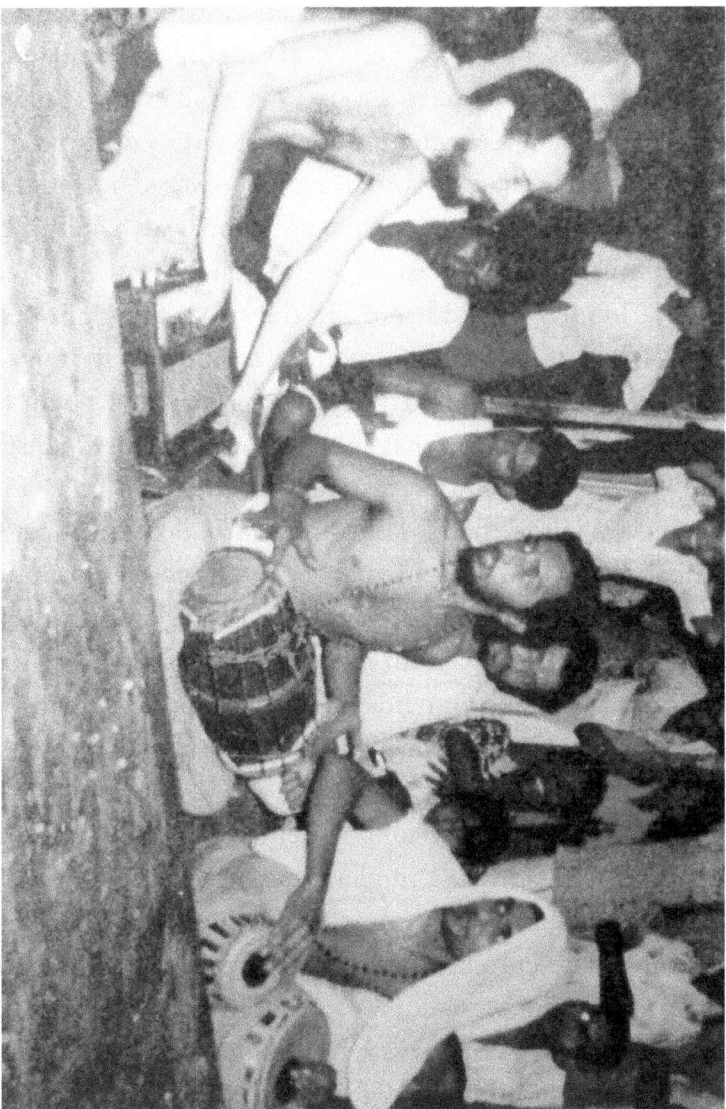

Alkuaikojen bhajanit

toisella puolella. Gayatri huolehti suojan valmistamisesta. Vaikka se olikin rakennettu kookoksen lehvistä, se riitti suojelemaan meitä luonnonvoimilta. Koska se oli ainoa suoja mitä oli tarjolla, monet vierailijat valitettavasti ahtautuivat sisälle täyttäen sen *darshan*-öinä ja jättäen tuskin tilaa meidän käydä makuulle.

Suurin osa ajastamme kului siihen, että yritimme mukautua vierailijoiden jatkuvaan virtaan, vierailijoiden, jotka tulivat majaan päivin ja öin. Siitä tuli meille kokopäivätyö, kun yritimme estää ihmisiä häiritsemästä Ammaa sen jälkeen, kun hän oli mennyt lopulta nukkumaan. He tulivat milloin vain heillä oli aikaa eivätkä ottaneet huomioon, ettei Amma välttämättä ollut nukkunut lainkaan kahteen tai kolmeen päivään. Usein minun piti asettua makaamaan oviaukkoon, jotta kukaan ei tulisi sisään ja Amma saisi levätä muutaman tunnin. Kun näin, että hän lepäsi kenenkään häiritsemättä, koin siitä suurta iloa. Maailma ylistää ihmistä, joka ilmentää hieman epäitsekkyyttä silloin tällöin. Amma oli epäitsekkyyden ruumiillistuma. Hän oli valmis luopumaan omasta elämästään helpottaakseen tavallisten ihmisten kärsimystä. Voidakseen tehdä näin hän luopui unesta, ruoasta ja kaikesta mitä voisi kutsua hänen omakseen. Yksi esimerkki saattaa riittää selventämään tätä.

Eräänä yönä *darshan* loppui hieman aiemmin, neljän aikaan aamuyöllä. Oli sadekausi, minkä vuoksi väkeä oli tavallista vähemmän. *Darshanin* jälkeen Amma istui temppelin verannalla puoli kuuteen asti keskustellen muutamien oppilaiden kanssa. Houkuteltuamme häntä pitkään hän suostui lopulta tulemaan majaan lepäämään. Olimme juuri käyneet makuulle ja laittaneet valon pois päältä, kun kuulimme oven takaa äänen. Siellä oli nainen, joka ei ollut ehtinyt bussiin, joka olisi tuonut hänet tänne. Hän oli kävellyt pitkän matkan yön aikana nähdäkseen Amman ja ehtiäkseen tänne *darshanin* aikana. Nähtyään, että *darshan* oli jo päättynyt, hän ajatteli, että hän voisi ainakin nähdä Amman ennen kuin hän palaisi takaisin. Me emme olleet halukkaita avaamaan ovea.

"Avatkaa ovi", Amma vaati. "Minä en ole täällä nauttiakseni levosta ja mukavuuksista. Jos minä voin lievittää ihmisten kärsimyksiä edes hieman, se riittää minulle. Heidän onnensa on minun onneni. Ymmärrättekö, minkälaisia vaikeuksia tämä nainen on joutunut kokemaan päästäkseen tänne, jotta hän voisi kertoa sydämensä murheet minulle? Jotkut tänne tulevat ihmiset ovat niin köyhiä, että he ovat säästäneet jokaisen rupiansa monen päivän ajan voidakseen ostaa bussilipun. Ennen kuin te tulitte tänne, minä olin vapaa tapaamaan kenet halusin, milloin tahansa he tulivat. Minun pitää voida tehdä niin myös tulevaisuudessa tai minä nukun ulkona, niin kuin tein ennenkin. Tarvitsenko minä tätä huopaa tai tyynyä? Minulla ei ollut ennen mitään, enkä tarvitse mitään nytkään. Vain miellyttääkseni teitä minä käytän näitä."

Amma nousi ylös ja puhui naisen kanssa ja vasta lohduttettuaan tätä, hän meni nukkumaan.

Sidottuaan minut itseensä rakkaudellisella käytöksellään Amma ryhtyi hiljalleen ja hienovaraisesti neuvomaan minua. Hän ei antanut minulle koskaan pitkiä selityksiä, vaan sanoi vain muutamia sanoja tai ehdotti pieniä muutoksia tapaani ajatella ja tehdä jotakin. Vain kolme tai neljä päivää saapumiseni jälkeen hän huomasi, ettei temppeliä ollut siivottu, vaikka kello oli seitsemän aamulla. Hän kutsui minut luokseen. Koska kehoni oli yhä kovin heikko ja kivulias, vietin suurimman osan ajastani makuulla. Amma kun oli itse täysin samaistumaton omaan kehoonsa, hän halusi, että nousisin hänen tasolleen, vaikka se olikin mahdotonta.

Hän pyysi minua nyt siivoamaan temppelin ja ryhtyi sitten itse suorittamaan tätä tehtävää. Ponnistelin, yritin parhaani ja sain jotenkin tehtäväni hoidettua. Hän näytti aina löytävän jonkin työtehtävän, jonka vain minä saatoin suorittaa. Fyysinen työ merkitsi minulle kipua ja halusin välttää sitä. Vaikka tiesinkin, että sen vältteleminen oli este henkiselle kehitykselle, epäröin silti kivun edessä.

On sanottu, että on olemassa kolmenlaisia lääkäreitä ja kolmenlaisia guruja. Ensimmäinen lääkäri neuvoo potilasta ja menee sitten pois välittämättä tietää, onko potilas ottanut lääkkeen. Hän on kuin guru, joka neuvoo opetuslapsia muttei välitä siitä, toimivatko he hänen ohjeidensa mukaisesti ja kehittyvätkö he. Toinen lääkäri määrää lääkkeen ja taivuttelee potilaan ottamaan sen. Hän on kuin guru, joka on vilpittömämpi, hän osoittaa runsaasti kärsivällisyyttä opetuslasta kohtaan, neuvoo loputtomasti ja rohkaisee opetuslasta toimimaan annetun neuvon mukaisesti. Viimeinen ja paras lääkäri ei epäröi istua potilaan rintakehälle ja pakottaa lääkettä alas hänen kurkustaan tietäen, ettei hän muuten ottaisi sitä. Amma oli kuin tämä viimeksi mainittu lääkäri. Hän tiesi, etten luopuisi kiintymyksestä kehooni, niinpä hän teki asiasta minulle pakollisen. Jopa *darshanin* aikana, kun meinasin nousta ylös, hän kehotti minua istumaan alas löytäen aina jonkin syyn, miksi minun tulisi pysytellä siinä.

"Minä olen *shakti* (voima)", hän sanoi. "Enkö minä anna sinulle tarpeeksi voimaa istua siinä? Olet huolissasi siitä, miltä sinusta tuntuu huomenna ja haluat nousta ylös ja lähteä pois tänään."

Vaikka olinkin levoton ja kärsin kivuista ja heikkoudesta, yllätyin siitä, että saatoin istua temppelissä hänen vieressään aina *darshanin* loppuun asti. Itse asiassa noina päivinä minulla oli parhaat meditaationi.

Eräänä sadekauden päivänä sain nuhakuumeen. Kun kuume laski, alkoi yskä. Tästä yskästä tuli niin ankara ja sitkeä, että ajattelin sairastuneeni johonkin keuhkotautiin. Se jatkui lähes kuukauden ajan. Öisin istuin ulkona yskimässä tuntikausia etäällä majasta, etten olisi häirinnyt Amman tai toisten unta. Lopulta menin lääkäriin ja hän antoi minulle lääkettä, jota minun tuli ottaa viikon ajan.

Kun palasin ashramiin, laitoin lääkkeen Amman käsiin ja pyysin häntä siunaamaan sen. Tämä oli yleinen tapa ihmisten parissa, jotka halusivat ottaa lääkkeen ja uskoivat siihen, että Amman armon avulla he paranisivat pian. Hän sulki silmänsä hetkeksi ja palautti sitten lääkkeen minulle. Hänen tuli tehdä päätös, tai *sankalpa* niin kuin nimitettiin sitä voimaa, mistä voitiin olla varmoja, että parantuisimme. Uskotaan, että valaistuneen ihmisen tahdonvoima on täydellinen ja että sen avulla on mahdollista saavuttaa se, mikä vaikuttaa mahdottomalta. Jos he tekevät voimallisen päätöksen, se toteutuu varmasti, oli sen tiellä sitten minkälaisia esteitä tahansa.

Otin lääkettä päivän tai kaksi, mutten kokenut minkäänlaista parantumista. Minulla oli rintakehässä ankara kipu hengittäessäni ja tulin levottomaksi etsiessäni siihen helpotusta. Päätin mennä toisen lääkärin luo ja palata uusien lääkkeiden kanssa. Laitoin jälleen lääkkeet Amman käsiin ja hän sulki jälleen silmänsä ja palautti ne minulle. Yritin niitä muutaman päivän ajan, mutta en kokenut minkäänlaista helpotusta. Oliko tehdyn päätöksen voimassa jotakin vialla? Tuona päivänä Amma meni lähikylään vieraillakseen oppilaan luona, joka oli kutsunut hänet sinne. Ajattelin, että olisin vain taakaksi toisille, niinpä päätin mennä yksityiseen sairaalaan ja olla siellä niin pitkään, kunnes tuntisin oloni paremmaksi. Tiesin, ettei Amma äidillisyydessään suostuisi päästämään minua sairaalaan. Niinpä käytin tilannetta hyväkseni, kun hän oli poissa ja menin hänen isänsä kanssa sairaalaan, joka oli runsaan kymmenen kilomerin päässä.

Olin siellä kolme päivää, mutta minkäänlaista parantumista ei tapahtunut. Sain runsaasti antibiootteja, mutta niistä ei ollut mitään apua. Sillä aikaa Amma sai tietää lähdöstäni, mutta hän ei sanonut mitään. Kolmantena yönä aloin tuntea hänen läsnäolonsa voimallisesti, jolloin itkin holtittomasti ja tunsin levotonta halua päästä hänen luokseen. Mutta kuinka se voisi olla mahdollista? Olin päättänyt, etten lähtisi sairaalasta, ennen kuin olisin parantunut. Seuraavana päivänä lääkäri tuli ja antoi minulle pillereitä sanoen, että ehkä minä kärsin jonkinlaisesta allergiasta enkä tulehduksesta. Juuri sillä hetkellä Amma käveli sisään viidentoista ihmisen seurassa.

"Poikani, viime yönä minä ajattelin sinua voimakkaasti. Tunsin sinun kärsimyksesi ja kirjoitin tämän laulun Jumalalliselle Äidille."

ISWARI JAGADISWARI

Oi Jumalatar, oi maailmankaikkeuden Jumalatar,
kaiken ylläpitäjä, armon antaja,
oi sinä, joka lahjoitat ikuisen vapautuksen,
vapauta minut kärsimyksistäni.

Minä olen nähnyt maallisen elämän nautinnot,
jotka ovat täynnä kärsimystä.
Älä anna minun kärsiä
kuin yöperhonen, joka lentää tuleen.

Halun hirttosilmukka sitoo minut edestä
ja kuoleman hirttosilmukka takaa,
oi Äiti, eikö ole sääli
sitoa ne leikkiessään yhteen?

Älä johdata minua väärälle polulle,
Oi ikuinen, anna armosi langeta minuun,
oi Äiti, joka tuhoat surun,
poista minun kärsimykseni taakka.

Se mitä näemme tänään, on kadonnut huomenna,
oi puhdas tietoisuus, kaikki on sinun leikkiäsi.
Se mikä 'on', ei voi tuhoutua,
kaikki mikä tuhoutuu, on väliaikaista.

Oi maailmankaikkeuden Äiti,
minä rukoilen yhteenliitetyin käsin,
että saisin saavuttaa ihmiselämän päämäärän,
oi maailmankaikkeuden Jumalatar,
Sinä joka olet kaikkien muotojen sisällä,
minä kumarran sinun jalkojesi juureen.

"Minä päätin, että tänään minun pitää tulla tänne ja hakea sinut. Sinun pitää tulla takaisin ashramiin. Älä ole huolissasi. Olosi paranee pian", hän sanoi.

Minä kysyin häneltä:

"Amma, miksi lääkkeet, jotka sinä siunasit, eivät auttaneet?"

"Kun tein päätöksen, ajattelin: 'Tulkoon hän paremmaksi ottamalla nämä lääkkeet', mutta sinä et ottanut niitä kuin päivän tai kaksi. Eikö sinun tulisi olla kärsivällisempi ja antaa päätökselle aikaa vaikuttaa? Sinä juoksit kuin levoton lapsi lääkäriltä toisen luo. Jos minä siunaan lääkkeen, sinun on otettava ne, jotta ne olisivat hedelmällisiä", hän sanoi.

Lääkäri suostui tietenkin siihen, että lähtisin ja niin me palasimme ashramiin. Tuona iltana oli *darshan*. Yskäni oli edelleen ankara. Menin Krishna-*bhavan* aikana Amman luo. Hän laittoi toisen kätensä pääni ja toisen sydämeni kohdalle ja seisoi sitten aloillaan hymyillen minulle muutaman hetken. Sitten hän viittasi minua istuutumaan temppelin nurkkaukseen. Kun istuuduin ja katselin ympärilleni, huomasin ihmeekseni, että jumalallinen valo loisti kaikkien kasvoilta, keitä vain katsoinkin. Tunsin samaan aikaan kuin oma kehoni olisi ollut tehty puusta – ei niin raskas vaan niin tunteeton. Vaikka yskinkin, en välittänyt siitä lainkaan. Nautin voimallisesta takertumattomuuden tunteesta fyysistä olomuotoani kohtaan ja autuaallisesta humaltumisen tunteesta mielessäni.

Nousin ylös ja menin ulos temppelistä. Illallinen tarjoiltiin aina samaan aikaan, niinpä vaelsin keittiöön, mutta en voinut syödä mitään. Ruoka näytti ja maistui aivan kumilta. Kuka olisikaan halunnut ruokaa tuossa vaiheessa? Kuka olisi edes voinut ajatella sitä? Menin jälleen temppeliin ja olin siellä muutaman tunnin. Noin kolmen tunnin kuluttua palasin tavanomaiseen mielentilaani. Parin päivän päästä yskä alkoi laantua ja hävisi lopulta kokonaan.

Luku 7

Jumalallinen Äiti

A mma on kaikkien niiden äiti, jotka tulevat hänen luokseen, olivatpa he sitten miehiä tai naisia, vanhoja tai nuoria. Hän pitää heitä kaikkia lapsinaan. Tämä puolestaan innostaa heitä näkemään hänet äitinään. Tämä sai aikaan suuren vallankumouksen monien hänen läheisyyteensä tulleiden ihmisten mielissä. He saivat kokea, ettei hän halunnut keneltäkään mitään, sen sijaan hän antoi aikansa luopuen ruoasta, terveydestä ja jopa levosta riippumatta siitä, kuka hänen luokseen tuli. He kokivat, että tällaista epäitsekästä rakkautta ei ollut missään muualla maan päällä. Meidän oma äitimme saattaa vihastua meille, jos emme tottele häntä, mutta Amma antoi anteeksi jopa niille, jotka yrittivät tappaa hänet ja rakasti heitä niin kuin he olisivat olleet vain tuhmia lapsia. Hän ei koskaan pyytänyt keneltäkään mitään ja hyväksyi kaikki sellaisina kuin he olivat, likaisina, puhtaina tai millaisina tahansa.

Tämä haluista vapaa rakkaus sitoi monet ihmiset Ammaan kestävin kiintymyksen sitein. Moni koki, että vain hänen seurassaan he saattoivat löytää tarkoituksen elämälleen. Hän oli aina läsnä heidän ajatuksissaan. He kokivat, että heidän tuli vapauttaa itsensä paheistaan, että he eivät olleet muuten hänen kelvollisia lapsiaan, vaikka hän ei itse koskaan sanonutkaan niin. Jotkut heistä asettuivat hänen lähelleen jättäen kotinsa, työpaikkansa tai opintonsa, siitäkin huolimatta, että hän vastusti sitä sanoen, ettei

Amma ja Neal

hän voisi ylläpitää tai syöttää ketään. Ihmiset, jotka päättivät olla hänen lähellään, riippumatta siitä mitä hän tai muut sanoisivat, olivat enimmäkseen nuoria miehiä, joilla oli yliopistotutkinto takanaan, mutta jotka kokivat, että maallinen elämä ei voisi tarjota heille todellista onnea hänen ihmeellisen, puhtaan ja epäitsekkään rakkautensa rinnalla.

Puhuessaan näille pojille Amma korosti maallisesta elämästä etsittävän onnen harhanomaisuutta, kuinka joudumme maksamaan muutamasta nautinnon hetkestä vuosien kärsimyksellä. Tulemme levottomiksi halutessamme nautintoja ja nautittuamme niistä halu nousee meissä esiin yhä uudelleen. Jatkuva nauttiminen, sen sijaan että se johtaisi tyydytykseen, johtaa pitkästymiseen ja lopulta epätoivoon. Jos todellinen ja kestävä onnellisuus ei ole löydettävissä loputtomasta aistinautintojen tyydyttämisestä, mistä se on sitten löydettävissä?

Amma osoitti näille nuorille miehille, että sama energia, joka käytettiin maallisiin tarkoituksiin, voitiin suunnata lahjoittamaan meille jumalallisen tiedon sisäistä autuutta. Maallinen nautinto alentaa energiaamme ja merkitsee hidasta kuolemaa, kun taas henkinen kokemus täyttää meidät energialla ja kohottaa meidät oivalluksen ja hienostuneen autuuden tasoille, joista tavallinen ihminen on täysin tietämätön. Hän sanoi:

"Nektari on varastoitu päälaellenne mystiseen tuhannen terälehden lootuskukkaan, mutta ihminen ei välitä suunnata katsettaan sinne ollessaan kiireinen viiden aistin kanssa täällä alhaalla."

Koska hän itse on oivaltanut totuuden, hänen sanansa kantoivat sellaista arvovaltaa, jota mikään määrä kirjaviisautta ei voisi antaa. Hän eli sitä, mistä hän puhui. Hän ei kuitenkaan painostanut ketään henkisiin harjoituksiin vaan avasi sen sijaan heille näkymän niihin.

Kaksi vuotta saapumiseni jälkeen viiden tai kuuden nuoren miehen ryhmä asettui Amman lähettyville. Heille ei ollut tarjolla asuinpaikkaa, niinpä he nukkuivat ulkosalla, puun alla tai temppelin verannalla. He eivät piitanneet ruoasta tai vaatetuksesta vaan tulivat toimeen sillä mitä saivat. Amma sanoi heille useasti, ettei hän kykenisi ylläpitämään heitä, siitä huolimatta he olivat haluttomia lähtemään hänen luotaan. Hänen seuransa ja sanansa olivat kaikki, mitä he halusivat. Ei voi kuin ihailla heidän luopumuksensa henkeä. Vaikka he eivät palavasti halunneetkaan itseoivallusta, he kokivat siitä huolimatta, että maallinen elämä ei olisi ratkaisu heidän haluunsa löytää onnellisuus. He olivat välinpitämättömiä maallisia nautintoja kohtaan ja kokivat, että Amman seura oli heidän ainoa onnen ja rauhan lähteensä.

Lukuun ottamatta niitä hetkiä, jolloin he sulkivat silmänsä laulaakseen antaumuksellisia lauluja *darshanin* aikana, ei voinut sanoa, että he olisivat olleet henkisellä polulla. Vaikka olinkin tietoinen heidän taustastaan ja heidän suhteestaan Ammaan, heidän vakavuuden puutteensa henkisten harjoitusten suhteen alkoi ärsyttää minua. Heidän asenteensa Ammaa kohtaan oli samanlainen kuin lasten suhde äitiinsä. Lapsi ei halua tehdä mitään muuta kuin olla äitinsä kanssa. Miksi siis yrittäisi tulla hänen kaltaisekseen? Hänen seuransa tuoma onni riitti.

Hakeuduttuani Amman seuraan voidakseni kohota henkisessä elämässä korkeammalle tasolle ja pitäessäni Ammaa gurunani ja oppaanani minulle tuotti kärsimystä se, että jotkut näistä pojista eivät osoittaneet hänelle oikeanlaista arvostusta oivaltaneena sieluna. Hän sanoi minulle yhä uudelleen, että he eivät nähneet häntä samalla tavalla kuin minä ja sen tähden minun ei myöskään pitäisi odottaa, että he käyttäytyisivät samalla tavalla kuin minä. Tämä alkoi käydä hermoilleni ja minä aloin ihmetellä, minkä tähden jäin tänne. Pyhimyksen seura on epäilemättä suurin apu henkiselle kasvulle, mutta ympärillä olevan ilmapiirin tulisi myös olla otollinen. Tällä tavoin ajatusteni juna kulki.

Toivoessani ja odottaessani, että Amman ympärillä olisi ollut ashramin ilmapiiri ja kun en löytänyt sitä, ajattelin että vika oli heissä, jotka olivat asettuneet sinne. Aloin nähdä heidän virheensä ja henkisyyden puutteensa, sen sijaan että olisin nähnyt heidän hyvät ominaisuutensa ja takertumattomuutensa maalliseen elämään. Mielestäni tuli levoton ja aloin ajatella paluuta takaisin Arunachalaan. Ehkä olin tehnyt virheen päättäessäni asettua tänne pysyvästi. En ollut odottanut, että tilanne voisi kehittyä tällä tavoin. Olin toivonut, että Amma tultaisiin tuntemaan valaistuneena, että häntä kunnioitettaisiin sellaisena ja että ashram muodostuisi hänen ympärilleen. Olin pettynyt.

Kun olin päättänyt jättää paikan, näin eräänä yönä unen. Näin Amman katsovan minua, täysikuun loistaessa vasemmalla puolella ja auringon loistaessa oikealla puolella taivasta hänen takanaan. Hän osoitti aurinkoa ja sanoi:

"Näetkö auringon kirkkaat säteet? Niin kuin nuo säteet, koeta nähdä jumalallinen valo jokaisen silmissä."

Heräsin tuntien oloni onnelliseksi. Kysyin Ammalta tästä seuraavana aamuna.

"Kyllä", hän sanoi. "Yritä nähdä tuo valo jokaisessa. Jos et ohita toisissa olevia virheitä, niin kuinka voisit nähdä tuon viattoman valon? Sinun tulee pyrkiä näkemään tuo viattomuus jokaisessa."

Koin, että tämä oli sopiva neuvo. Itse asiassa, jos kykenisimme siihen täydellisesti, jäisikö enää tilaa himolle, vihalle, kateudelle tai inhon tunteille? Hän kykeni selvästikin näkemään jumalallisen valon kaikissa ja niinpä hän kykeni neuvomaan toisia toimimaan samalla tavoin. Eikö hänen koko elämänsä ollut tuon kokemuksen ilmausta? Hän lisäsi, että vaikka aluksi tuli eläytyä siihen, että Jumala oli kaikissa, niin se oli kuin harjoitus ennen varsinaista esitystä, myöhemmin siitä tulisi välitön kokemus. Noudattaessani hänen ohjettaan huomasin, että vastenmielisyyden tunteeni vierailijoita ja asukkaita kohtaan liukeni ja saavutin uudenlaisen sisäisen rauhan tunteen, joka oli yhä vähemmän riippuvainen ulkoisista olosuhteista. Halusin silti, että Ammalle osoitettaisiin asiaankuuluvaa kunnioitusta, mutta se ei tullut toteutumaan lähivuosien aikana. Minun piti luopua näistä hyvistä unelmistani ja suurista toiveistani ja sukeltaa syvemmälle Amman hienosyiseen läheisyyteen sisälläni, välittämättä mistään muusta.

Lähipäivät toivat lisää ihmisiä, jotka asettuivat Amman läheisyyteen. Hän ei vaatinut, että he meditoisivat tai noudattaisivat päiväohjelmaa. Syy oli ilmeinen: ihmiset, jotka tulivat hänen luokseen, eivät etsineet henkistä oivallusta vaan he tulivat sen onnen ja rauhan takia, mitä he saivat kokea hänen läheisyydessään. Jos hän olisi edellyttänyt jonkinlaista kurinalaisuutta, he olisivat juosseet takaisin koteihinsa ja maallisiin toimiinsa. Hänellä oli meneillään vaihe, jossa hän sitoi heidät itseensä epäitsekkään rakkautensa avulla. Oikealla hetkellä hän ryhtyisi sitten muokkaamaan heitä henkisesti.

Näin toimii todellinen guru. Yksin gurun filosofia ja henkiset periaatteet eivät riitä ylläpitämään hänen ja opetuslasten suhdetta vahingoittumattomana pitkän ja raskaan henkisten harjoitusten ajanjakson aikana. Sen sijaan opetuslapsen tietoisuus siitä, että guru tuntee ääretöntä ja jakamatonta rakkautta ja huolenpitoa häntä kohtaan, tekee sen. Todellinen guru sitoo ensin opetuslapsen itseensä rakkauden avulla, sitten hän hiljalleen ohjaa opetuslapsen itsekurin tielle paljastaen näin mielen toimintatavat, sekä

Amma - 1982

karkeat että hienosyiset, aina kaikkein hienosyisimpään pisteeseen saakka, josta mielen olemassaolo saa alkunsa. Kun opetuslapsi saavuttaa 'mielen pohjan', hän näkee totuuden loistavan sisällään hänen omana Itsenään. Sekä keho että mieli ovat Itsen, hänen todellisen olemuksensa, epätodellisia heijastumia. Tämä vaihe on pitkä suurimmalle osalle oppilaista ja saattaa kestää pidempään kuin yhden elämän. Itsen tuntemisen, valheellisesta minuudesta luopumisen tiellä, on monia koettelemuksia ja testejä. Rakkaus on maailmankaikkeuden tärkein liikuttaja ja vain rakkaus saa meidät jatkamaan loppuun asti, polun varrella olevista vaikeuksista huolimatta. Jos rakkaus puuttuu alussa, opetuslapsi lähtee, kun matkanteosta tulee vaikeampaa. Siksi gurun tulee synnyttää rakkaus ja luottamus opetuslapsen sydämessä suhteen alussa jättäen kaiken muun huomiotta.

Kärsivällisyys sekä kehon että mielen kivun keskellä on olennainen ominaisuus, jotta Itseen vakiintuminen voidaan saavuttaa. Suuri tuska ja suru voivat aiheuttaa sen, ettemme pääse kosketuksiin autuuden kanssa. Auttaakseen minua saavuttamaan tuon tilan Amma antoi minulle monia mahdollisuuksia harjoitella sitä. Itse asiassa vakuutuin siitä pian, erään erikoisen tapahtuman kautta.

Eräänä päivänä Amma kutsuttiin vierailemaan oppilaan kotiin runsaan kymmenen kilometrin päähän. Siellä laulettaisiin antaumuksellisia lauluja kahden tunnin ajan illalla. Siihen aikaan oli neljä ihmistä, jotka osasivat soittaa harmoniumia (käsin pumpattavaa instrumenttia), joka oli olennainen osa musiikin tuottamisessa. Yksi näistä neljästä oli poika, joka oli lähtenyt hoitamaan asiaa eikä ollut vielä palannut. Minä olin toinen. Olin kärsinyt koko päivän pahasta päänsärystä enkä kyennyt edes istumaan. Amma kutsui minut mukaansa.

"Amma, minun pääni on halkeamaisillaan", valitin. "Eikö joku toinen voi lähteä ja soittaa harmoniumia?"

"Mitä?" hän huudahti. "Kuinka se on mahdollista? Jos sinä et tule, niin se ei ole hyvä. Sinun täytyy tulla."

Olin päättänyt antautua gurulleni, tapahtuipa mitä hyvänsä. Nyt oli minun tilaisuuteni toteuttaa tätä käytännössä. Lähdin hänen mukaansa ja istuuduin soittamaan. Kyyneleet valuivat poskiani pitkin, ei surun tai antaumuksen takia, vaan päässäni olevan paineen ja kivun takia. Olin pakotettu irrottamaan mieleni kehostani ja soittamaan välittämättä seurauksista. Ajattelin silloin, että tällaista kuolema tulisi olemaan. Pitää vain yksinkertaisesti kestää siihen liittyvä tuska kykenemättä tekemään mitään muuta. Myöhemmin kun ruokaa tarjoiltiin, en kyennyt syömään johtuen vatsassani pahoinvoinnista. Kun palasimme kotiin, minä nukahdin lopulta. Seuraavana päivänä, kun Amma käveli läheltäni, hän sanoi jollekulle, joka seisoi vierelläni:

"Katso kuinka julma minä olen! Vaikka hänellä oli niin kova päänsärky, minä laitoin hänet soittamaan harmoniumia."

Itse asiassa hän koki, että edisti tehokkaasti henkistä kasvuani. Ei pidä ajatella, että Amma olisi julma opetuslapsiaan kohtaan. Tosiasiassa asia on päinvastoin, mutta hän ei epäröi tehdä sitä minkä tietää koituvan hänen opetuslapsiensa parhaaksi, oli se sitten miellyttävää tai tuskallista.

Erään toisen kerran, kun minulla oli samanlainen päänsärky, Amma kutsui minua ja alkoi puhua minulle jotakin. Sanoin hänelle, että minun oli mahdotonta keskittyä siihen mitä hän sanoi johtuen kovasta päänsärystäni. Hän kehotti minua käymään makuulle. Menin huoneeseeni ja hän meni illan antaumuksellisiin lauluihin temppelin edustalle. Hän lopetti laulamisen kesken toisen laulun. Juuri sillä hetkellä rauhoittava valo ilmaantui mieleni kentälle ja katosi sitten. Muutaman hetken kuluttua se ilmaantui uudelleen vetäen kaiken kivun itseensä. Sitten se katosi ja Amma alkoi laulaa jälleen. Koska tunsin oloni melko hyväksi, nousin ylös ja menin temppeliin ja istuuduin kuuntelemaan loppuosaa lauluista.

Oli toinenkin tilanne, jossa Amma vapautti minut voimakkaasta kivusta. Eräänä päivänä Krishna-bhavan aikaan menin temppeliin ja seisoin nurkassa katsellen häntä. Minulla oli tavallista voimakkaampia kipuja kehossani. Menin temppeliin sillä ajatuksella, että harjoittaisin meditaatiota. Amma kääntyi ja katsoi minua vakaasti ja koin, että kipu vedettiin pois kehostani. Koin, että hänen läheisyydessään meditaatiostani tuli nopeasti syvää ja se virtasi veden lailla. Sen, mitä ei ehkä saavuta monenkaan vuoden yksinäisyydessä harjoitetun meditaation seurauksena, saattoi helposti saavuttaa Amman jumalallisessa läheisyydessä.

Kun päivät kuluivat, oivalsin hiljalleen, kuinka suuri mestari Amma oli. Kuinka monta ihmistä hyvänsä tulikaan hänen luokseen, hän ymmärsi heidän kehitystaustansa, ongelmansa ja mielenlaatunsa. Ja kuinka kehittää heitä henkisesti ja jos tarpeen, myös aineellisesti. Hän tiesi tarkalleen, kuinka toimia, oli ihmisiä sitten kuinka paljon tahansa. Hänen toimensa eivät näyttäneet tarvitsevan ajatuksia vaan ne virtasivat spontaanisti alkulähteestään sopien aina tilanteeseen. Se mikä on lääkettä yhdelle, on myrkkyä toiselle, ja tämän periaatteen hän ymmärsi täysin. Itse asiassa se, mikä on lääkettä yhdelle tietyllä hetkellä, vahingoittaa tuota ihmistä toisella hetkellä.

Omassa suhteessani häneen havaitsin hitaan mutta varman muutoksen. Kun aluksi tulin hänen luokseen, hän osoitti minulle äidillistä rakkauttaan. Hän jopa syötti minua omin käsin. Hän vietti suurimman osan ajastaan minun ja muutaman muun kanssa, jotka asuivat siellä. Koin levottomuutta, kun en voinut viettää hänen kanssaan edes muutamaa hetkeä ja kerroin siitä hänelle.

"Tulet pian tuntemaan minut aina sisälläsi, etkä välitä enää ulkoisesta läsnäolosta", hän vakuutti minulle.

Hänen sanansa osoittautuivat profeetallisiksi, kun menin päivä päivältä yhä syvemmälle itseeni noudattaen hänen ohjeitaan. Niiden erikoisten tilanteiden seurauksena, joihin jouduin, aloin tuntea hienovireisen läsnäolon mielessäni. Olin mieluiten yksin ja keskityin ajatukseen, kuin olisin istunut hänen seurassaan. Tietysti *darshanin* aikana tunsin erityisen voimakkaan keskittyneisyyden, jota käytin hyväkseni, mutta kun menin syvemmälle, huomasin Amman asenteessa minua kohtaan muutoksen. Kun tulin hänen lähelleen, hän jätti minut vaille huomiota. Vaikka puhuin hänelle, hän saattoi yhtäkkiä nousta ylös ja kävellä pois. En kyennyt ensi alkuun ymmärtämään tätä muutosta hänen asennoitumisessaan minua kohtaan. Sitten tapahtui jotakin, joka avasi silmäni.

Vaikka olin meditoinut jo monia vuosia, autuaallinen yhteys Jumalaan näytti olevan yhä kaukana. Tiesin, että oivaltaneella sielulla oli voima poistaa tietämättömyyden kalvo, joka peitti todellisuuden opetuslapsen mielessä. Olin kysynyt siitä Ammalta ja hän oli myöntänyt, että se oli mahdollista, mutta vain jos opetuslapsi oli siihen täydellisen kypsä. Hänen on täytynyt ensin puhdistaa itsensä henkisillä harjoituksilla siinä määrin, että hänestä on tullut kuin kypsä hedelmä, joka on valmis putoamaan puusta. Päätin kysyä Ammalta, miksi hän ei voisi siunata minua tällaisella armolla, sillä olin yrittänyt tätä niin pitkään. En tietenkään ymmärtänyt, että kysymykseni piti sisällään tietyn määrän vääränlaista ylpeyttä, että olisin saavuttanut täydellisen kypsän tilan. Lähestyin häntä, kun hän oli yksin.

"Amma, sinä olet sanonut, että valaistuneella on voima vapauttaa opetuslapsensa. Etkö voisi tehdä saman minulle?" kysyin. "Olen myös kuullut monista tapauksista, jolloin guru on siunannut opetuslapsensa korkeimmalla tilalla."

Kerroin tarinoita suurista pyhimyksistä, jotka olivat saavuttaneet korkeimman oivalluksen gurunsa armosta.

"Heillä oli korkein antaumus guruaan kohtaan", Amma aloitti. "Kun opetuslapsella on tällainen nöyrä antaumus mestariaan kohtaan, silloin Gurun mielessä herää kysymättäkin ajatus siunata opetuslapsi täydellisellä tietämättömyyden poistamisella ja sitä seuraavalla vapautuksen tilalla. Siihen asti, jos oppilas ei ole saavuttanut tuota kypsyyden astetta, vaikka hän makaisi edessäni tehden itsemurhaa ja sanoisi, että minun on siunattava hänet oivalluksella, minä en voi enkä tee sitä. Sillä hetkellä, kun olet valmis siihen, minun mielessäni kirkastuu ajatus toimia niin, ei ennen sitä."

"Mitä minun tulee tehdä siihen asti", kysyin. "Odotanko vain?"

"Jos vain odotat, sinun tulee todellakin odottaa pitkään. Älä odota, työskentele!" hän sanoi myötätuntoisesti.

"Etkö voi sanoa jotakin, jota voin tehdä ja joka siunaa minut sillä armolla?" jatkoin.

Amma oli hiljaa. Minä odotin kärsivällisesti viisi minuuttia ja kysyin saman kysymyksen uudelleen. Hän oli yhä vaiti. Mitä hän olisi sanonut? Hän oli jo vastannut kysymykseeni eikä muuta sanottavaa ollut. Lopulta hän nousi ylös ja meni pois.

Muutamaa päivää myöhemmin lähestyin häntä uudelleen samalla pyynnöllä. Jälleen kohtasin hiljaisuuden. Hiljalleen ymmärsin, että hänen hiljaisuutensa merkitsi sitä, että minun pitäisi olla hiljaa. Itse asiassa koko kysymyksen herääminen minussa tarkoitti sitä, että antaumukseni ja uskoni häntä kohtaan eivät olleet täysiä ja jos se oli tilanne, niin missä oli silloin täydellinen kypsyys? Jos voisin tehdä mielestäni täysin haluista vapaan, oivaltaisin suoran kokemuksen kautta, että sisäisin Itseni, jonka edessä oli erilaisia hienosyisiä ja karkeita halujen pilviä, oli se mitä olin etsimässä. Pyytämällä Ammaa paljastamaan minulle totuuden voimistin peitettä ja työnsin oivallusta kauemmaksi. Mieleni keskittäminen Ammaan sisäisesti ja muiden ajatusten esille nousun estäminen näytti olevan kaikkien henkisten harjoitusten ydin. Päätin yrittää sitä kokosydämisesti siitä lähtien. Päätöksestäni huolimatta kuitenkin kysyin Ammalta muutamia kertoja tarpeettomista epäilyksistä, joihin Amma vastasi olemalla hiljaa. Hiljaisuus viittasi siihen, että minun tulisi hallita oma mieleni ja tehdä siitä täydellisen hiljainen. Ei ollut muuta keinoa.

Koska ulkomaalainen ei voi asua Intiassa kuin kuusi kuukautta, ellei hän ole tekemisissä jonkin laitoksen kanssa joko opiskelun tai työn takia, oli tärkeää rekisteröidä ashram virallisesti valtiolle. Tämän seurauksena Amma koki, että siellä asuvien oppilaiden pitäisi alkaa seurata tietynlaista ohjelmaa. Niinpä hän laati aikataulun, jota tuli noudattaa niiden, jotka asuivat hänen lähellään. Hänen asenteensa alkoi muuttua tässä vaiheessa äidin asenteesta henkisen oppaan asenteeksi. Vaikka samanlainen äidillinen huolehtiminen ja kärsivällisyys oli olemassa, niin hän ryhtyi kokosydämisesti neuvomaan oppilaitaan harjoittamaan sitä tai tätä henkistä harjoitusta. Hän meni itse asiassa niin pitkälle, että sanoi, että ne, jotka eivät halunneet harjoittaa meditaatiota ja muita henkisiä harjoituksia, voisivat mennä kotiin seuraavalla bussilla. Tämä oli pienoinen järkytys heille, jotka olivat eläneet huoletonta elämää ajatellen, että näin tulisi jatkumaan ikuisesti.

Minulle se oli suuri helpotus ja jopa hienoinen yllätys, että Amma otti suitset käsiinsä tehdäkseen opetuslapsistaan pyhimyksiä. Aloin tuntea oloni kotoisammaksi ja ilmapiiri alkoi muuttua suuresta talosta ashramiksi, joka on täynnä henkisiä oppilaita, jotka ovat antautuneet karuun ja omistautuneeseen elämäntapaan. Amma pyysi minua valvomaan asukkaiden aikataulua yleisellä tasolla, sillä hänellä ei ollut mahdollisuutta olla jokaisen kanssa kaiken aikaa. Minun tuli kertoa hänelle, jos joku poikkesi päivittäisestä ohjelmasta.

Kun elämä ashramissa kävi läpi nopeita muutoksia, olosuhteet ashramin ulkopuolella muuttuivat myös. Yhä useammat ihmiset alkoivat ymmärtää, että Amma oli elävä pyhimys, joka oli oivaltanut korkeimman totuuden. Hänen ainutlaatuinen universaali rakkautensa, kärsivällisyytensä ja huolenpitonsa kaikkia kohtaan tulivat tunnetuiksi. Hänet kutsuttiin kaikkiin tärkeisiin temppeleihin Keralassa ja hänet otettiin vastaan kunnianosoituksin. Ihmiset, jotka vierailivat ashramissa, muuttuivat enemmän sellaisiksi, jotka kaipasivat henkistä kehitystä. Tätä muutosta olin pitkään toivonut. Nautin syvällisestä sisäisestä rauhasta ajatellen Amman laulaman laulun sanoja, jotka kuvaavat hänen elämänsä tarkoitusta:

Tanssiessani autuuden polulla,
mieltymyksen ja vastenmielisyyden tunteet katosivat
ja unohtaen itseni minä sulauduin
Jumalalliseen Äitiin luopuen kaikista nautinnoista.

Lukemattomat ovat ne joogit, jotka ovat syntyneet Intiaan
seuraten jumalallisen viisauden suuria periaatteita,
joista esi-isämme ovat kertoneet.
Lukuisat ovat ne totuudet, joista he ovat kertoneet,

jotka voivat pelastaa ihmiskunnan surulta.
Jumalallinen Äiti pyysi minua innostamaan ihmisiä
halajamaan vapautusta.

Sen tähden minä julistan koko maailmalle
sen korkeimman totuuden, jonka hän lausui:
"Oi ihminen, sulaudu Itseesi,
Oi ihminen, sulaudu Itseesi."

Vanha darshan-maja - 1979

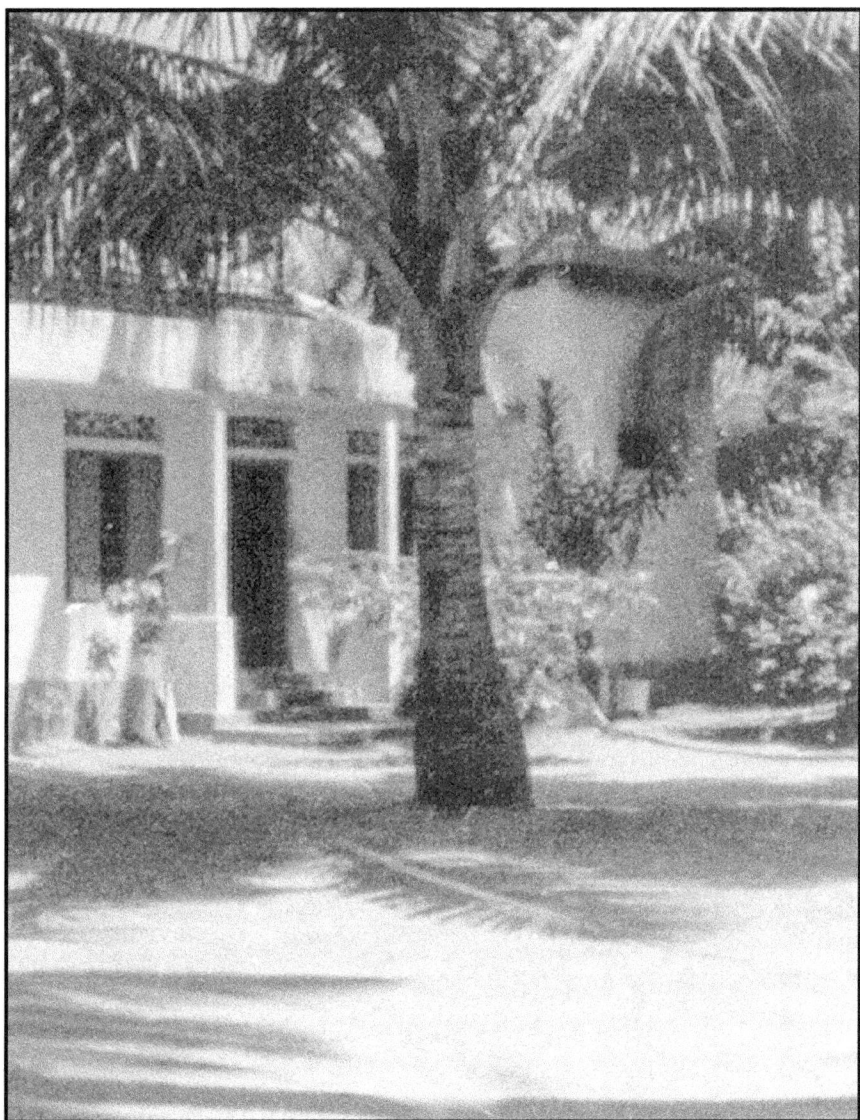

Vanha darshan-maja vasemmalla ja Amman talo oikealla - 1979

www.ingramcontent.com/pod-product-compliance
Lightning Source LLC
Chambersburg PA
CBHW071211090426
42736CB00014B/2776